社会的養護Ⅰ・Ⅱ
社会的養護の理念と実践

中野菜穂子 編
東　俊一　編

岩男　芙美
大迫　秀樹
岡正　寛子
笠　　修彰
倉光　晃子
重橋　史朗
杉浦　　誠
菅田　理一
友川　　礼
丹羽健太郎
平本　　譲
松藤　光生
水田　有美

みらい

●編者

中野　菜穂子（岡山県立大学）
東　　俊一（ノートルダム清心女子大学）

●執筆者（五十音順）及び執筆分担

岩男　芙美（中村学園大学）……………………………………………第1部-第7章
大迫　秀樹（福岡女学院大学）………………第2部-第1章第3節2～5、第2章第2節1・2、
　　　　　　　　　　　　　　　　　　　　　　第4章第1節2・3
岡正　寛子（川崎医療福祉大学）………………………………………第1部-第3章
笠　　修彰（西南女学院大学短期大学部）……………………………第1部-第1章
倉光　晃子（西南学院大学）……………………………………………第2部-第3章第2節
重橋　史朗（中村学園大学）……………………………………………第2部-第4章第2節
杉浦　　誠（常葉大学）…………………………………………………第1部-第6章
菅田　理一（鳥取短期大学）……………………………………………第1部-第2章
友川　　礼（松山東雲女子大学）………………第2部-第2章第2節3、第4章第3節
中野　菜穂子（前出）……………………………第1部-第8章、第2部-第1章第2節・第3節1、
　　　　　　　　　　　　　　　　　　　　　　第2章第1節・第2節5、第4章第1節1
丹羽　健太郎（椙山女学園大学）………………………………………第2部-第2章第2節4
東　　俊一（前出）………………………………………第2部-第1章第1節、第3章第1節
平本　　譲（鹿児島女子短期大学）……………………………………第1部-第5章
松藤　光生（中村学園大学）……………………………………………第1部-第9章
水田　有美（作陽短期大学）……………………………………………第1部-第4章

はじめに

　児童虐待や子どもの貧困と格差、孤立など、子どもをめぐる問題の深刻さが増すなか、社会全体ですべての子どもを健やかに育てるという社会的養護の基本理念を実効化することが、ますます重要な課題となっている。
　そのようななか、日本の社会的養護は歴史的な転換期にある。
　2016年の児童福祉法改正では、子どもが権利の主体であることを明記し、子どもが家庭において健やかに育成されるために、子育て支援から社会的養護までの公的責任を明確にした。社会的養護においては、家庭養護優先と施設養護における良好な家庭的環境の提供が規定された。翌年には厚生労働省から「新しい社会的養育ビジョン」が示され、さらに2024年の改定では、児童養護施設等の年齢上限が撤廃され、措置にあたって子どもの意見を尊重するように定められた。これらは、社会的養護のしくみに子どもの権利を反映させるための改革である。
　新たなしくみのもと、権利が保障された生活を子どもに提供する社会的養護の場で、その主要な担い手となるのは保育士である。同時に、保育士は子育て支援を通し、養護問題の発生予防や地域での相談対応等にも深くかかわることのできる専門職である。保育士には、子どもの権利に基づく児童観と倫理観を身につけ、実践の質を高めることがこれまで以上に求められている。

　本書は「社会的養護Ⅰ」「社会的養護Ⅱ」を学ぶ保育学生が、理論と実践を統一的に把握できることをねらった2部構成としている。すなわち、第1部で社会的養護の基礎理論やしくみを学び、第2部で社会的養護の実践の展開を学ぶ構成である。第1部を学びながら第2部を参照することで実際の展開を押さえたり、第2部を学びながら第1部に立ち戻り、しくみや理論を確認したりするなど、本書の特長を柔軟に活用して学びを深めてほしい。そして、子どもの権利を実現できる社会と日々の子どもへの支援のあり方について、理念的かつ具体的に思い描き、実践に臨んでほしいと願っている。

　このたび、本書は最新のデータや法令、新たな知見を反映させるために3度目の改訂を行い、タイトルも一新し、電子書籍化も行った。株式会社みらいの松井克憲氏には、刊行にあたり格別のサポートをいただいた。記して深謝申し上げる。

2024年8月

編者を代表して　中野菜穂子

もくじ

はじめに

●●●●●●●●●●●●● 第1部 ●●●●●●●●●●●●●●●
社会的養護の基本的視点─子どもの権利保障と養護の課題

第1章　子ども・家庭を取り巻く生活環境と社会的養護の視点
1　子どもをめぐる社会的状況と人権 ──────────── 10
2　「社会的養護」を考える ──────────── 11
　　1．「社会的養護」とは　／11
　　2．「社会的養護」の方向性　／13

第2章　社会的養護のあゆみ
1　海外における社会的養護のあゆみ ──────────── 15
　　1．イギリスにおける社会的養護のあゆみ　／15
　　2．アメリカにおける社会的養護のあゆみ　／17
2　日本における社会的養護のあゆみ ──────────── 18
　　1．近代化と養護の問題　／18
　　2．第二次世界大戦後の社会的養護　／20
　　3．社会福祉基礎構造改革以降の社会的養護の展開　／22
　　4．21世紀の社会的養護のあり方　／24

第3章　子どもの権利と養育
1　子どもの権利に関する宣言等と児童の権利に関する条約 ──────── 26
　　1．子どもの権利に関する宣言等の歴史的変遷　／26
　　2．子どもの権利条約　／28
2　日本における子どもの権利と社会的養護 ──────────── 30
　　1．日本における子どもの権利条約の位置づけ　／30
　　2．子どもの権利擁護を標榜とした日本における社会的養護　／31

第4章　社会的養護の基本理念と原理
1　社会的養護の基本理念 ──────────── 34

1．子どもの最善の利益のために　／34
　　2．社会全体で子どもをはぐくむ　／35
　2　社会的養護の基本原理──────────────36
　　1．家庭的養護と個別化　／36
　　2．発達の保障と自立支援　／37
　　3．回復をめざした支援　／37
　　4．家族との連携・協働　／38
　　5．継続的支援と連携アプローチ　／38
　　6．ライフサイクルを見通した支援　／38

第5章　社会的養護の法制度

　1　社会的養護の法体系──────────────40
　　1．児童福祉法等に基づく社会的養護のしくみ　／40
　　2．社会的養護における最低基準　／45
　　3．そのほかの関連法　／47
　2　社会的養護の基本的なしくみ──────────48
　　1．社会的養護提供の手続き　／49
　　2．社会的養護の法制度の充実に向けて　／50

第6章　社会的養護の実施体系

　1　社会的養護の体系───────────────52
　　1．「社会的養護専門委員会」で示された体系　／52
　　2．新しい社会的養育ビジョンで示された体系　／53
　2　社会的養護（社会的養育）の4つの体系──────54
　　1．施設養護（施設）　／54
　　2．良好な家庭的環境（施設（小規模型））　／57
　　3．家庭と同様の養育環境（里親、小規模住居型児童養育事業、養子縁組）　／58
　　4．家庭（実親による養育）　／60
　3　障害のある子どもの支援のための福祉サービスと社会的養育──61
　　1．障害児入所支援　／61
　　2．障害児通所支援　／62
　4　社会的養護における子どもの権利擁護のしくみ─────63
　　1．苦情解決と第三者評価　／63
　　2．子どもの権利ノートの活用　／63
　　3．被措置児童等虐待の防止　／64

第7章　社会的養護を担う人材

　1　保育士等の倫理と責務────────────65

    1．保育士の専門性と責務　／65
    2．保育士の倫理　／66
  2　社会的養護にかかわる専門職────────────────68
    1．施設生活の支援にかかわる職員　／68
    2．支援の充実にかかわる職員　／70
    3．障害のある子どもの支援にかかわる職員　／72

第8章　社会的養護の展開

  1　社会的養護の援助方法────────────────74
    1．日常生活支援（レジデンシャルワーク）　／74
    2．自立支援　／76
    3．治療的ケア　／77
  2　社会的養護の展開過程と支援内容────────────────78
    1．自立支援計画（個別支援計画）の作成　／78
    2．評価と記録　／79
    3．社会的養護の展開過程　／80
    4．家庭復帰への支援　／83

第9章　社会的養護の課題

  1　家庭と同様の環境で育つことの保障────────────────88
    1．児童福祉施設における家庭的養護の推進　／88
    2．親子関係再構築支援　／91
    3．里親養育・養子縁組の推進　／91
  2　問題発生の予防────────────────92
    1．子育て支援の充実による発生予防　／92
    2．妊娠中からの切れ目のない支援　／93
    3．連携強化による早期発見・支援　／94
  3　ケアの質の向上────────────────94
    1．職員の専門性の向上　／94
    2．子どもの自立と自立支援　／95
    3．今後の社会的養護　／96

第2部

社会的養護の実際

第1章　社会的養護と自立支援計画

1　（はじめに）第2部の構成と活用方法――98
1．第2部の構成　／98
2．それぞれの施設における社会的養護の課題と支援の理解　／99
3．それぞれの施設に共通する社会的養護の課題と支援の理解　／99

2　支援計画の作成過程――100
1．支援計画とは　／100
2．作成体制　／101
3．利用児・者理解に基づく支援計画　／102
4．援助関係の形成　／102

3　支援計画を立案するうえでの基本となる視点・知識・技術――103
1．ソーシャルワーク技術の活用　／103
2．ジェノグラム・エコマップ　／105
3．アセスメント　／107
4．目標の設定（支援計画の作成）　／108
5．当事者参加　／109

第2章　自立支援計画と保護を要する子どもの養護の実際

1　家庭養護の実際――110
● 里親による養育の実際　／110

2　施設養護の実際――118
1．養護を要する乳児と支援の実際　／118
2．小規模施設における子どもの養育の実際　／126
3．ひとり親家庭の子どもと支援の実際　／135
4．心理治療を必要とする子どもと支援の実際　／144
5．生活指導等を必要とする子どもと支援の実際　／153

第3章　個別支援計画と障害のある子どもの養護の実際

1　障害のある子どもの入所療育と支援の実際――164
1．障害児入所施設による療育の実際　／164
2．（補論）成人期障害者への支援　／172

2　障害のある子どもの地域療育と支援の実際————————176
　●児童発達支援センター、児童発達支援事業所による療育の実際　／176

第4章　施設・専門機関の支援ネットワークの実際

1　社会的養護と家庭支援の実際————————184
　1．里親と専門機関のつながり　／184
　2．施設と家族とのつながり　／187
　3．施設と地域ネットワークの形成　／190
2　障害児入所施設と地域の連携の実際————————194
　1．障害児入所施設と地域ネットワークの形成　／194
　2．障害児入所施設と児童発達支援センターとのかかわり　／198
3　社会的養護と子育て支援事業との連携————————200
　1．要養護問題の発生予防に向けて　／200
　2．早期発見・早期対応・地域ケア　／203

資料　／207
索引　／209

○本書の活用にあたって

　本書には二次元コードを埋め込んだ頁があります。スマートフォンやタブレットで読みとると、最新の情報等が掲載されるホームページや公表されている資料などにアクセスできます。
　学びを深めるため、ぜひ、ご活用ください。
　　※　画像を含むホームページの閲覧や、データのダウンロードには、データ量の大きい通信（パケット）が行われるため、ご注意ください（Wi-Fi環境でのご利用を推奨します）。
　例えば、「家庭養育」という用語との関係や、国際連合「児童の代替的養護に関する指針」（2009年）での用語の区別などをふまえ、ここ十数年の間で、国は社会的養護分野における用語の整理を行ってきた経緯があります。「家庭的養護」と「家庭養護」、「社会的養護」と「社会的養育」などの用語の違いや用いられ方を理解するためにも、常に新しい情報の収集に努める必要があります。

第1部
社会的養護の基本的視点

―― 子どもの権利保障と養護の課題

第1章 子ども・家庭を取り巻く生活環境と社会的養護の視点

①——子どもをめぐる社会的状況と人権

わが国では、1990年代にそれまでの措置制度による行政主導の福祉サービスから利用契約制度に基づく利用者主体の福祉サービスのあり方へと大きく舵を切った。その後、2000（平成12）年に成立した社会福祉法では、地域福祉の推進と地域福祉計画の策定が明記され、地域に関心が向けられた。近年、国は「地域共生社会」の実現を掲げ、「制度・分野ごとの『縦割り』や『支え手』『受け手』という関係を超えて、地域住民や地域の多様な主体が参画し、人と人、人と資源が世代や分野を超えてつながることで、住民一人ひとりの暮らしと生きがい、地域をともに創っていく」[1]社会づくりをめざしている。

他方、長らく続く経済の低成長状態に加え、各地で相次ぐ自然災害や世界的に猛威を振るった新型コロナウイルス感染症等の影響により、相対的貧困率[*1]は上昇傾向にあり、経済的格差が広がっている。また、少子化の進行に伴い人口減少が問題視されているが、貧困、いじめ、不登校、児童虐待（「子ども虐待」ともいう）などの子どもにかかわる問題は依然として多く発生しており、近年では、ヤングケアラー[*2]の存在にも社会的関心が向けられている。これらの諸問題は、子どもだけでなく、家庭、学校、地域、社会といった子どもやその家庭を取り巻く環境に起因する問題が複雑に絡みあっているため、まさに制度・分野を超えた包括的な対応や社会づくりが求められている。

このような状況のなか、子どもの最善の利益を第一に考え、子どもを社会の真ん中に据えた行政運営を図ることで、子どもの権利を包括的に保障することをめざし、子どもに関する施策の新たな司令塔として、2023（令和5）年4月に「こども家庭庁[*3]」が発足した。これを受けて、これまで厚生労働省、内閣府、文部科学省など各省庁にまたがっていた子どもに関する施策が一元化され、こども家庭庁を中心として制度や分野の壁を克服した包括的な支援の実現が可能となった。また、こども家庭庁の発足と同年、日本国憲

---

*1 **相対的貧困率**
世帯の可処分所得を算出し、世帯人数で調整した一人あたりの所得を計算して、世帯に属する各人の所得とし、すべての人を所得の低い順に並べ、その真ん中の人の等価可処分所得（中央値）を決定し、その半分以下を貧困線と定め、それを下回る等価可処分所得の人の割合を相対的貧困率としている。

*2 **ヤングケアラー**
「家族の介護その他の日常生活上の世話を過度に行っていると認められる子ども・若者」のことをいい、子ども・若者育成支援推進法の2024（令和6）年の改正により、支援の対象として明文化された（第15条第1項）。

*3 **こども家庭庁**
2022（令和4）年6月の「こども家庭庁設置法」「こども家庭庁設置法の施行に伴う関係法律の整備に関する法律」「こども基本法」の成立に伴い、内閣府の外局として創設された。なお、これら法の題名、条文においては「こども」と平仮名表記が用いられる。

法および児童の権利に関する条約（子どもの権利条約）*4の精神にのっとり、すべての子どもが、将来にわたって幸福な生活を送ることができる社会の実現をめざして、子ども施策を総合的に推進することを目的とした「こども基本法」が施行された。

これらの動向は、わが国が1994（同6）年に子どもの権利条約に批准して以来、はじめて本条約に対応した包括的な基本法および子どもの権利に対する横断的な行政機関が創設されたという点で画期的なことといえよう。

*4 児童の権利に関する条約
本部第3章p.28参照。

②——「社会的養護」を考える

1.「社会的養護」とは

(1)「社会的養護」の定義

わが国において、社会的養護は「保護者のない児童や、保護者に監護させることが適当でない児童を、公的責任で社会的に養育し、保護するとともに、養育に大きな困難を抱える家庭への支援を行うこと」2)と定義されている。つまり、子どもが実の父母などからその家庭において愛情を受け、大切に育てられていくことを私的な養護・養育ととらえるならば、社会的養護は、何らかの理由により、健やかな養護・養育を受けられない子どもたちやそれらの家庭への支援について、社会が公的責任をもって取り組んでいくということである。

社会的養護の対象は、第一に「要保護児童およびその保護者」といえる。「要保護児童」とは、児童福祉法第6条の3第8項において「保護者のない児童又は保護者に監護させることが不適当であると認められる児童」とされる。具体的には、保護者の家出、死亡、離婚、入院、服役などの事情にある子どもや、虐待を受けている子ども、家庭環境などに起因して非行や社会的な適応が困難な状態にあるさまざまな行動上の問題を有する子どもなどがこれにあたり、その保護者も含めて支援対象となる。また、児童相談所に通告しなければならない状態にある子どもなども含まれる。

しかしながら、より積極的に社会的養護の目的を推進していくためには「要支援児童および保護者」への支援も含めて考える必要がある。「要支援児童」とは、同法第6条の3第5項*5において、先述の要保護児童を除いた「保護者の養育を支援することが特に必要と認められる児童」とされる。具体的には、子育てに対して強い不安や孤立感、過度な負担感などを抱える保護者

*5 同条同項においては、要支援児童もしくは保護者に監護させることが不適当であると認められる児童およびその保護者、または出産後の養育について出産前において支援を行うことが特に必要と認められる妊婦（「特定妊婦」）について「要支援児童等」としている。

に育てられている子どもや、不適切な養育状態のなかで生活している子どもが含まれており、児童虐待などの発生につながるハイリスク群にある家庭環境の子どもやその保護者らが支援対象といえよう。

社会的養護は、家庭での適切な養育を受けられない子どもを養育する機能、適切な養育が受けられなかったこと等により生じる発達のゆがみや心の傷を癒やし回復させ、適切な発達を図る機能、親子関係の再構築等の家庭環境の調整、自立支援、施設退所後のアフターケア、地域における子どもの養育と保護者への支援などの機能をもつ、わが国の重要な施策の一つであるといえる。

(2) 社会的養護の理念と実践の原理

社会的養護の基本理念は、子どもを固有の権利主体として認め、「子どもの最善の利益」のために（子どもの権利条約第3条）、「社会全体で子どもを育む」ことの2つがあげられる。そして、次の6つの基本原理[*6]をもとに実践される[3]。

*6 詳しくは、本部第4章第2節で学ぶ。

> ①**家庭的養護と個別化**：すべての子どもは、適切な養育環境で、安心して自分をゆだねられる養育者によって養育されるべき。「あたりまえの生活」を保障していくことが重要。
> ②**発達の保障と自立支援**：未来の人生を作り出す基礎となるよう、こども期の健全な心身の発達の保障をめざす。愛着関係や基本的な信頼関係の形成が重要。自立した社会生活に必要な基礎的な力を形成していく。
> ③**回復をめざした支援**：虐待や分離体験などによる悪影響からの癒しや回復をめざした専門的ケアや心理的ケアが必要。安心感を持てる場所で、大切にされる体験を積み重ね、信頼関係や自己肯定感（自尊心）を取り戻す。
> ④**家族との連携・協働**：親と共に、親を支えながら、あるいは親に代わって、こどもの発達や養育を保障していく取り組み。
> ⑤**継続的支援と連携アプローチ**：アフターケアまでの継続した支援と、できる限り特定の養育者による一貫性のある養育。様々な社会的養護の担い手の連携により、トータルなプロセスを確保する。
> ⑥**ライフサイクルを見通した支援**：入所や委託を終えた後も長くかかわりを持ち続ける。虐待や貧困の世代間連鎖を断ち切っていけるような支援。

*7 「こどもの養育については、家庭を基本として行われ、父母その他の保護者が第一義的責任を有するとの認識の下、これらの者に対してこどもの養育に関し十分な支援を行うとともに、家庭での養育が困難なこどもにはできる限り家庭と同様の養育環境を確保することにより、こどもが心身ともに健やかに育成されるようにすること」（こども基本法第3条第5項）。

児童福祉法第2条（「児童育成の責任」）では、「国及び地方公共団体は、児童の保護者とともに、児童を心身ともに健やかに育成する責任を負う」（第3項）とある。また、こども基本法においても、国が行う「こども施策」の基本理念として同様に示されているように[*7]、社会的養護の基本理念および原理は、公的責任のもとで実践されていくことが明確にされている。子どもを権利の主体者としてとらえ、社会の責任によって子どもの養護に関する施策を策定し実施していくという積極的な責務を果たさなければならない。

2.「社会的養護」の方向性

(1)「社会的養護」の方向性の指針――子どもの権利条約と国内法の関係

　前節では、子どもの権利条約の批准国として、こども基本法の成立に至ったことを述べた。批准国は条約の規定を守る義務を負うことになるため、その規定に一致するように国内法を整備する必要がある（これにより、条約の内容が実際に国内で適用され、効力をもつことになる）。

　日本政府は国際連合子どもの権利条約委員会に対し、子どもの権利にかかる取り組みについて報告する義務があり、委員会からは総括所見、さらには勧告が出される*8。この勧告は、国内での法制度の改正や立法等をするにあたっての重要な指針となり、これの繰り返しにより、子どもの権利保障をさらに強化していくことができるのである。

(2)「新しい社会的養育ビジョン」で示された社会的養護の方向性

　社会的養護は、かつては、親がなかったり、親に育てられなかったりする子どもへの施策であったが、虐待を受けて心に傷をもつ子ども、何らかの障害のある子ども、DV*9被害の親子やヤングケアラーの支援など時代や社会的背景により役割が変化している。しかし、その役割や機能の変化に対して、社会的養護のハード面（保護・支援のための設備など）およびソフト面（支援する人材など）の変革が追いついていない現状がある。

　2011（平成23）年6月、厚生労働省がまとめた報告書「社会的養護の課題と将来像」において、本節でみた基本理念といった社会的養護のあり方が示された。そしてその後、「子どもが権利の主体であること」「国や地方自治体の責務として、実親による養育が困難であれば、里親や特別養子縁組などで養育されるよう、家庭養護優先が原則であること」を示した児童福祉法の改正が2016（同28）年に行われ、大きな転換期を迎えた。この改正児童福祉法の理念を具現化する目的のもと、先の報告書を全面的に見直す形で、「新しい社会的養育ビジョン*10」が2017（同29）年8月に発表された。以降、これに基づき、家庭への養育支援から代替養育としての社会的養護の推進が図られているところである*11。この進捗状況は、資料「社会的養育の推進に向けて」のなかでまとめられ、これまでは厚生労働省、2023（令和5）年度からはこども家庭庁により定期的に公表されている。現在、社会的養護の基盤づくりとして、次のことが中心に進められている4）。

*8　最新の勧告は、2019（平成31）年1月に行われた第4・5回の日本政府報告に基づく審査結果であり、翌月に公表された（本部第3章p.31参照）。

*9　DV
　domestic violence（ドメスティック・バイオレンス）の略語。同居関係にある配偶者や内縁関係の間で起こる家庭内暴力のことである。近年ではDVの概念は同居の有無を問わず、元夫婦や恋人など近親者間に起こる暴力全般をさす。

*10　新しい社会的養育ビジョン
　本部第3章p.32参照。
　なお、各報告書の傍点は筆者によるものである。

*11　国は、本ビジョンで掲げられた取り組みを通じて、子どもの最善の利益を実現していくため、2018（平成30）年3月に都道府県が社会的養育の体制について定める推進計画の見直し要領をまとめ、7月には各都道府県に、都道府県社会的養育推進計画の策定を義務づけている。なお、各都道府県は、2029（令和11）年度を終期とし「2020〜2024（同2〜6）年度」「2025〜2029（同7〜11）年度」の各期に区分して計画を策定している。

> ①家庭養育優先原則に基づき、家庭での養育が困難又は適当でない場合は、養育者の家庭にこどもを迎え入れて養育を行う里親やファミリーホーム（家庭養護）を優先するとともに、児童養護施設、乳児院等の施設についても、できる限り小規模かつ地域分散化された家庭的な養育環境の形態（家庭的養護）に変えていく。
> ②大規模な施設での養育を中心とした形態から、一人一人のこどもをきめ細かく育み、親子を総合的に支援していけるよう、ハード・ソフトともに変革していく。
> ③施設は、社会的養護の地域の拠点として、家庭に戻ったこどもへの継続的なフォロー、里親支援、自立支援やアフターケア、地域の子育て家庭への支援など、高機能化及び多機能化・機能転換を図る。
> ④ソーシャルワークとケアワークを適切に組み合わせ、家庭を総合的に支援する仕組みづくりが必要。

2022（同4）年6月に成立したこども基本法、改正児童福祉法では、「子どもの意見を表明する機会の確保」（こども基本法第3条第3項）と「子どもの意見の反映」（同法第11条）に関する規定に加え、入所措置や一時保護等で、子どもの意見・意向を勘案した手続きに整備すること（児童福祉法第6条の3第17項、第33条の3の3）、児童自立生活援助の年齢制限の緩和（同法第6条の3第1項第2号）などが図られた。

このように、子どもの権利条約、児童福祉法やこども基本法を根拠に、社会的養護のあり方を定め、現在では家庭養護を中心とした施策が推進されている。しかしながら、いまだ課題が山積していることも確かであろう。今後最も求められることは、一人ひとりの子どもに寄り添う、最適な養育環境により子どものウェルビーイング*12 を高めることである。また予防的に、家庭への養育支援を充実させ早期に家庭に介入することで家庭環境の改善を図るといった、地域における対応の強化が期待される。

*12 ウェルビーイング
本部第4章p.34参照。

〈引用文献〉
1）厚生労働省ホームページ：地域共生社会とは
　　https://www.mhlw.go.jp/kyouseisyakaiportal/
2）こども家庭庁ホームページ：社会的養護
　　https://www.cfa.go.jp/policies/shakaiteki-yougo
3）こども家庭庁「社会的養育の推進に向けて（令和6年8月）」p.2
4）前掲書3　p.2

〈参考文献〉
・社会福祉の動向編集委員会編『社会福祉の動向 2024』中央法規出版　2023年
・福祉・保育小六法編集委員会編「福祉・保育小六法　2024年版」みらい

こども家庭庁HP：社会的養護

社会的養育の推進に向けて（令和6年8月）

※最新版はこども家庭庁HPから確認すること。

第2章 社会的養護のあゆみ

　社会的養護は、先進諸国の資本主義社会の発展とともに生まれ、各国が相互に影響を与えながら現在に至っている。子どもの養護の取り組みがどのように開始され、どのような経緯で今日に至っているのかを把握しておくことは、現代を生きる私たちが子どもの支援の未来を創造する際に必要である。

①──海外における社会的養護のあゆみ

1. イギリスにおける社会的養護のあゆみ

（1）教会等による救済

　中世では、キリスト教会による貧窮者や孤児（貧孤児）、棄児たちの救済が行われており、病院で養育される、荘園へ託されるなどといった慈善家の活動により子どもたちは生活していた。エリザベスⅠ世の時代になり、荘園が廃止され、農地や家をもたない貧窮者が増加したため、国として救済策を設けなければならなくなった。1601年には「エリザベス救貧法」が制定されたものの、これは、教会の教区ごとに救貧税を課し、それをもとに働けない者を救助、働く能力のある者は強制的に働かせるようにしたものであった。労働能力により救済方法を区分し、貧孤児や棄児は救貧院へ収容するか、働ける者は職人など親方の家に住み込んで働かせる徒弟として、技術を見習わせた。この法は、その後のイギリスの公的な救済制度の基礎となった。

（2）産業革命期

　18世紀半ばから産業革命が起こり、農業社会から工業社会へ移行し、工場労働者が増加するなか、徒弟などとして低賃金で劣悪な労働環境で働き、心身を壊す子どもも増加した。しかし、19世紀はじめ頃からは、これらの問題を解決する動きがみられるようになり、オーエン（Owen, R.）は、人道的な立場で子どもの保護を主張した。このような活動により1833年には「工場法」

の制定へとつながり、安価な労働力とされていた女性や子どもたちの保護が始まった。当時は、過酷な環境のなかで一日あたり15時間もの労働を課されることもあったため、同法では9歳未満の子どもの雇用禁止と13歳以下の子どもの労働時間の制限により、心身の発育、教育の機会の確保を図ろうとした。その後、同法は労働者すべての労働時間を制限する法律へと発展していった。

一方、エリザベス救貧法は経営者や経済学者から経済の発展を妨げるとの批判が出るようになり、1834年に「新救貧法」が制定された。この法律は経済発展優先のため、労働者にはより厳しいものであった。また教会の教区ごとの貧窮施策を廃し、政府として貧窮行政を行うようになった。

1836年、ミュラー（Müller, G.）はブリストルに孤児院を創設した。1870年代になると、バーナード（Barnardo, T.）は孤児等を小舎制により養護するバーナード・ホームを創立し、さらに里親委託による養護も実施した。彼らの行った養護は、後述する日本の石井十次による岡山孤児院のモデルとなった。

(3) 児童福祉制度の展開

1942年に「ベバリッジ報告書」が出され、第二次世界大戦後の1945年には公的扶助と社会保険を中心とする社会保障制度が実施された。医療費は税金でまかない、失業保険・雇用保険制度を設け、子ども手当等を整備し、「ゆりかごから墓場まで」の最低生活の保障をめざすものであり、他国から社会保障のモデルと称された。1946年には「カーティス委員会報告書」が出され、家庭重視の子どもの養育の推進などを提唱した。これを受け、1948年には「児童法」が制定され、養護の必要な子どもへの国の支援の責務、里親による養育の推進などが規定された。この時期、施設で養護されていた戦災孤児たちに心身の成長に支障がみられたが、1951年にボウルビィ（Bowlby, J.）は、これを子どもと母親・養育者との間に情緒的な関係が築かれることが阻害された愛着障害によるものとした。

1970年代になると、経済力が低下したために社会保障は削減された。1975年の児童法改正は、子どもの安全を重視した施策を原則とし、1980年代以降は児童法の改正などをはじめとした法整備が進められ、子どもの養護のための施策の充実が図られることになった。例えば、児童虐待対策は、地方自治体ごとに子どもの権利擁護を重視しながら展開されるようになった。なお近年は、養護を必要とする理由は虐待である割合が最も多く、次いで家族の機能不全となっており、支援策は家庭養護を重視したものとなっている。

2. アメリカにおける社会的養護のあゆみ

(1) 教会による救済

　アメリカは新大陸発見により、転地先を求める移民がヨーロッパより渡り、植民地として開発された国である。イギリスからの独立戦争を経て1783年にアメリカ合衆国となった。独立の経緯から資本主義社会を構成し、思想、言論、信教の自由を認めた。自由な経済活動は、アメリカを経済大国に導いていった。一方で、富めるものとそうでないものの格差が広がり、低賃金の労働者が増え、その子どもも奉公に出されるようになった。また、孤児等であり徒弟となった者の生活環境の不十分さも問題となった。

　1800年代には貧窮者の増加から「救貧院（プアハウス）」を整備し、貧孤児たちの支援を行うようになった。しかし、救貧院は大人や病人も一緒に収容されており、養育環境がよくなかったこともあり、多くの慈善団体による収容施設や孤児院が設立されるようになった。はじめはプロテスタント系孤児院が多く設立されたが、1880年前後にはカトリック系のものも多く設立された。さらにさまざまな立場で孤児院が創立されていったが、創立者の思惑によって子どもの養育環境は左右されていた。

(2) 児童福祉制度の充実

　20世紀になり、今の社会を改革しなければならないという革新運動が起こった。その運動のなかで、孤児院も取り上げられるようになった。革新運動の推進者たちは、子どもを孤児院に隔離するのではなく親と暮らせるような社会にするべきだと考えた。1909年に大統領セオドア・ルーズベルト（Roosevelt, T.）は「第1回ホワイトハウス会議」を開催し、どのような事情であれ可能な限り子どもを家庭から切り離すべきではないとの宣言を採択した[*1]。これを契機に、子どもの養育の保障などをめざして、1912年に「連邦政府児童局」が創設された。その後、1929年の世界大恐慌による貧孤児、浮浪児の増加等の対策として、1935年に世界初の社会保障法が制定された。これはアメリカの福祉国家への転換点であったが、完全なものではなく、健康保険制度など、現在においても不十分なものもある。

　第二次世界大戦後は、さらに経済的な発展が進む一方で、離婚などといった家庭崩壊による養護問題も増加し、1960年代には、虐待を受けた子どもへの対応が課題となった。環境に恵まれない子どもやその家族に栄養、健康、教育のサービスを提供する事業が始まり、「ヘッドスタート」というプログラムとして継続されている。1980年には「養子縁組補助及び児童福祉法」が

*1　本部第3章p.26も参照のこと。

制定され、養護される子どもが束縛されないような環境を提供することを重視すること、家庭的な養護をめざすこと、アセスメントを行い18か月以内に家庭復帰か養子縁組を実施するという「パーマネンシー・プランニング」を作成することになった。また里親制度が推進され、保護を必要としている子どもの約80％（2018年頃）が里子となって養育されている。

②——日本における社会的養護のあゆみ

1. 近代化と養護の問題

(1) 明治期の子どもの養護

　明治期以前も寺院等による子どもの保護は行われていたが、明治時代になると、近代化とともに貧窮する子どもの保護や教育を組織的に行おうとする実践家やしくみづくりがみられるようになる。明治維新後、政府は1874（明治7）年に貧困者を救済するための制度である「恤救規則」を設けた。しかしその内容は、貧困状態にある者の救済は「人民相互の情誼」によってなされるべきと規定しており、貧困者の血縁・地縁関係を頼るという相互扶助の考え方を基本にした救済を行おうとするものであった。貧困家庭を救う全国的な制度が設けられた点で重要ではあるが、その内容は親戚や縁者の努力を期待し、国家による支援はほとんど期待できないというものであった。一方、政府は捨て子などの子どもの養育問題への対応策として、1871（同4）年に「棄児養育米給与方」という制度を設けているが、十分な子どもの支援にはつながらなかった。この制度は、捨て子には15歳（後に13歳に変更）までお米（後に金銭に変更）を養育にかかる費用として公費から支給するというもので、その支給対象は、実子でない子どもを福祉の立場から養育する者だけでなく、自分の子どもとして育てる（「貰受」と呼ばれた）者も含まれていた。

　近代化する明治期の日本社会で、捨て子や貧孤児を誰がどのように支援したかは、十分に明らかになっているわけではない。これらの子どもたちは、貧窮した環境のなかで心身の健康を保てずに命を落とすことも多かった。しかし、この時代に芽生えた子どもたちを養護する取り組みは、先駆的実践家および先進的な考え方をもつ官僚により少しずつ増加し、現在の社会的養護のしくみの基礎となっていった。

(2) 明治期の先駆的な養護の実践

この時期の先駆的な実践には、例えば次のようなものがある。

1879（明治12）年には、仏教諸宗派の合同により「福田会育児院」が東京に創立された。同育児院は、乳幼児で親の養育を受けられない貧孤児を多く受け入れて短期的な養育も子どもが成人するまでの長期的な養育も行った。養育の実践にあたり、支援組織を設けて安定的な経費の確保を図ろうとしたこと、地方での分院の設置を計画していたことなどから、わが国の貧孤児の救済施設の先駆的存在となった。なお、貧孤児のための施設を設置する取り組みは、キリスト教徒による大分県の「日田養育院」、長崎県の「浦上養育院」、公的資金による「東京養育院」が先行して開始されていたが、福田会育児院のような仏教系の取り組みが待たれていたようである。1886（同19）年には愛知県に「愛知育児院」が森井清八らによって仏教諸宗派の支援を受けて創立されているが、実践された養護のしくみは前述の福田会育児院のそれとよく似ており、影響を受けていたとみられる。

1887年（同20）年には、岡山県に岡山孤児院が創立された。創立者は、キリスト教徒の石井十次である。彼は寄附金を募りながら施設の安定的な経営をめざすとともに、イギリスのバーナードの小舎制による孤児養育、家族制度、養育委託制度などの海外の取り組みを参考にしながら養育方法の改良を進めた。その実績は、岡山孤児院十二則*2に著されており、現代においても学ぶべき内容を含んでいる。

1891（同24）年に濃尾大震災が発生し、愛知県から岐阜県にかけて大きな被害を出したが、震災で被災した乳幼児を受け入れる「孤女学院（後の滝乃川学園）」が創立された。創立者はキリスト教徒の石井亮一である。彼はその後、当時未開拓であった知的障害のある子どもの専門的な養護方法を構築し、わが国の知的障害児・者福祉の先駆者となった。身体障害児福祉については、1880（明治13）年に「楽善会訓盲院」が創立されている。

(3) 感化教育の開始

この時期、貧孤児であって救済を十分に受けられないままに、窃盗などの犯罪を繰り返している子どもも珍しくはなかった。1885（明治18）年、教誨師であった高瀬真卿は、このような環境で生活している子どもたちを入院させる「東京感化院」（当初は「私立予備感化院」）を創立した。感化院とは、不良行為をなし、またはなす恐れがある少年を入院させて、罰を与えるのではなく、教育を行おうとする施設をさすもので、今日では「児童自立支援施設」に該当するものである。入院した子どもに生活全般の指導および教育を

*2 岡山孤児院十二則
石井十次は、岡山孤児院の処遇理念を「①家族主義、②委託主義、③満腹主義、④実行主義、⑤非体罰主義、⑥宗教教育、⑦密室教育、⑧旅行教育、⑨米洗い主義、⑩小学校教育、⑪実業教育、⑫托鉢主義」の十二則にまとめた。

受けさせ、独立自活した大人になるように養護した。キリスト教徒で教誨師であった留岡幸助も家庭学校という名称の感化院を創立し、多くの成果をあげた。1900（同33）年には「感化法」が制定され、子どもの施設として規定された感化院が全国に創立されることになった。同法は、はじめて子どもの養護問題について制度化されたものとなり、施設の経費に公費をあてるというものであった。そのほか、感化院などの施設の専門的な養護方法を全国的に議論する取り組みも行われるようになった。

(4) 昭和戦前期まで

大正期には、産業革命が進むなか、子どもや女性は安価な労働力とされ、過酷な工場勤務で体調を崩す者が多くなり*3、1916（大正5）年に「工場法」が施行された。同法は、これらの人々の救済には十分な内容ではなかったが、後に後継となる第二次世界大戦後の「労働基準法」の制定に生かされることになる。

その後も1920（同9）年に生じた経済恐慌、1923（同12）年に発生した関東大震災などから国民の生活は困窮しており、前述の恤救規則では対応しきれないこと、これにかわる救貧制度が求められたことなどから、1929（昭和4）年には「救護法」が制定された。同法では、公費により13歳以下の子どもへの支援を実施することになっており、例えば「孤児院」が同法に基づく「救護施設」となり、公費によって子どもを受け入れることが可能となった。1933（同8）年には、感化法を廃止し新たに「少年教護法」が制定された。同法は、教育的な内容を重視した養護の推進（感化院は「少年教護院」と名称変更）、少年鑑別所制度の新設などを規定した。1937（同12）年には、母子心中事件の防止などのために「母子保護法」が制定され、貧窮した母子世帯への経済的扶助が実施されるようになった。

第二次世界大戦中、国民の生活は疲弊・困窮し、孤児院などの施設では食料や物資の不足するところも多かった。施設によっては、農業を子どもの養育内容に取り入れていたため、自給自足で食料を確保できていたところもあったようだが、この時期の施設や里親の養護の実態は不明な点も多い。

2. 第二次世界大戦後の社会的養護

20世紀は子どもの世紀ともいわれたが、大人により引き起こされた二度にわたる大戦が世界中の子どもたちを苦難に陥れることになった。ポーランドでは孤児院の子どもたちがガス室にて虐殺された。院長であって子どもたち

---

*3 紡績女工の悲惨な状況を描いた『女工哀史』（細井和喜蔵 1925年）は、工場の長時間労働、病気や死亡する子どもが後を絶たない状況であったことを著している。

とともに亡くなったコルチャック（Korczak, J.）の行動は、戦後の国際社会に知られるところとなり、彼の思想はその後、「子どもの権利条約」の制定などに生かされることになった。

(1) 戦後復興期の子どもの保護

わが国では、第二次世界大戦終戦後、貧孤児の保護が課題となった。1945（昭和20）年9月中に「戦災孤児等保護対策要綱」を定めて養育委託などを進めることにしたが効果を上げられず、政府は保護を必要とする子どもの強制的な施設入所の措置を一斉に実施した（「浮浪児狩り」と呼ばれた）。この子どもたちを受け入れた施設によっては、子どもの衣食住の確保を十分に行えないところもあり、海外からは施設に対する物資の支援も実施された。

その一方で、この混乱期には路頭をさまよい歩き、罪を犯すようになる子どももいた。いったん施設に収容されても、その生活の窮屈さなどから施設を抜け出してしまう子どもたちも多かった。政府は1947（同22）年に「児童福祉法」を制定し、子どもの育成責任を保護者とともに国、地方公共団体が負うという公的責任について明らかにするとともに、従来の孤児院などが行ってきた貧孤児の保護施策を制度化し、法令に基づいた公的な経費負担を行う社会的養護のしくみを整備した。孤児院は養護施設（現：児童養護施設）と呼ばれることになるなど、国のしくみとして児童福祉施設[*4]や里親制度をメインにした社会的養護を展開していくことになった。法により社会的養護のしくみが規定されたが、ただちにその効果があらわれたわけではなかった。1948（同23）年には、親の養育を受けられていない子どもたちが12万人いたが、そのうち施設に受け入れられていた子どもは1万人であった。

一方、連合軍最高司令部（GHQ）の要請でアメリカのフラナガン（Flanagan, E. J.）がわが国の養護問題について助言したことなどから「児童福祉施設最低基準[*5]」が設定され、養護施設等の設備や職員の配置の条件整備が進むことになった。これにより社会的養護を国家の責任において、ハード面、ソフト面から整備することになった。

1950年代頃になると、戦災孤児らが社会的養護の施設で長期間生活することで、子どもたちの情緒面や身体面、対人関係の発達に悪影響を与えるのではないかと懸念されるようになった。これはホスピタリズム[*6]と呼ばれ、施設病などともいわれた。そして、子どもたちが大舎制と呼ばれる施設で集団生活を送ることの弊害を改善する考えが生まれ、今日の小規模な施設づくりへの基礎となったが、資金的な余裕はなかったため、大規模な施設での集団生活による養護実践は続いた。

[*4] 児童福祉施設として規定された施設は、当時の名称で助産施設、乳児院、母子寮、保育所、児童厚生施設、養護施設、精神薄弱児施設、療育施設、教護院の9種類であった。

[*5] 現在の児童福祉施設の設備及び運営に関する基準（本部第5章p.45参照）。

[*6] ホスピタリズム（hospitalism）
乳幼児期に、施設入所や入院などにより、長期にわたって家庭から引き離されたことで、親との愛着関係・信頼関係を築く体験が不足した場合に、言葉の獲得やコミュニケーション能力の形成が困難になったり、身体的な発育が未成熟になるなど発達上の問題が生じることをいう。乳児院などの児童福祉施設では、家庭的処遇を取り入れ養育方法に配慮することで、このような問題に対処した。

一方、この時期に子どもの福祉に大きく貢献した人物に糸賀一雄がいる。糸賀は障害のある子どもたちの養護を専門的に実施する施設づくりを開始し、戦後の障害児支援の先駆者となるとともに、「この子らを世の光に」と述べて、福祉思想に多大な影響を与えた。

(2) 高度経済成長期の養護問題

　1960代年から70年代は高度経済成長期であり、子育て家庭の収入も増加した。しかし、衣食住は満たされる環境にあるものの、離婚や長期間の出稼ぎなどの家庭崩壊により、混乱し非行行動をとる子どもたちの存在などが知られるようになった。また、保護者が乳児を駅のロッカーに置き去りにするという事件も頻発した。

　1980年代中頃から1990年代初頭にかけては、養護施設で生活する子どもの数が減少していき施設不要論もみられたが、その後は子どもの数が増加に向かうことになった。これは、児童虐待問題等への対応を迫られた結果であり、虐待により心に傷を負った子ども、障害のある子どもなど、養育するのに困難を伴う子どもが入所するようになった。養護される子どもたちの変化に養護する側が対応することが困難となっていた。

3. 社会福祉基礎構造改革以降の社会的養護の展開

(1) 児童福祉法等の改正と社会的養護の展開

　2000（平成12）年前後の一連の社会福祉分野の法改正により、わが国の福祉施策は大きく転換した（「社会福祉基礎構造改革」という）。

　社会福祉基礎構造改革の要点としては、社会保障のしくみの導入による必要な福祉サービスの財源確保、多様な福祉サービス提供事業者の参入促進、自己選択・自己責任による利用契約制度や応益負担制度を取り入れるといったもので、1997（同9）年の児童福祉法の改正では、保育所の入所にあたり、これまで市町村による措置*7（行政処分）から選択利用システムとなり、保護者が利用したい保育所を選択し、それに基づき自治体が保育を実施することになった。社会的養護に関するものでは、教護院を「児童自立支援施設」と改称し、非行少年だけでなく生活指導が必要な子どもへの援助を行うことや自立支援を目的とすることなどを規定した。また、養護施設は「児童養護施設」と改称し、自立支援を目的とすることなどを規定した。

　それ以前の1994（同6）年には、わが国は子どもの権利条約を批准しており、障害児・者福祉の分野にみられるノーマライゼーション*8の考え方は、

*7　措置
　本部第5章p.49参照。

*8　ノーマライゼーション
　本部第4章p.35も参照のこと。

2000（同12）年前後からは社会的養護の分野にも導入されるようになる。例えば、子どもの権利ノート＊9の作成、全国養護施設高校生交流会などが試みられるようになった。施設の小規模化、グループホームの設置も進められた。さらに、施設で暮らす子どもたちの学習困難や低学力の課題、「学校教育に適応できずに、しだいに見過ごされる」という教育的ネグレクト[1]についての問題意識も生まれた。

　児童虐待は社会問題として注目されるようになり、児童相談所や行政機関は子どもの救出を強く期待されるようになり、2000年には、「児童虐待の防止等に関する法律」（児童虐待防止法）が制定され、虐待の早期発見を重視するようになった。2003（同15）年には、施設養護に地域の子育て支援の役割も期待されるようになり、ショートステイ、夕方から夜間にかけての子どもの預かりを行うトワイライトステイなどのサービスが開始された＊10。

　2007（同19）年、熊本の慈恵病院は「こうのとりのゆりかご」を設けた。これは、中世のキリスト教会等で実施されていた捨て子の生命を守るしくみを参考にしたもので、その意義や賛否の議論が起きるなど大きな反響を呼んだ。

　障害児福祉制度は、障害者福祉制度の再編に伴い2012（同24）年に改正児童福祉法が施行され、障害児施設は支援の内容により福祉型と医療型の障害児入所施設に再編された＊11。

　このように、子どもの権利条約を批准しているわが国は、国際連合子どもの権利委員会の審査および勧告をふまえ、適宜、子どもの福祉等に関する法律を改正している。これは、条約が日本国憲法に次いで国内法より上位にあり、本条約の規定にそぐわない法令・制度は速やかに改正されなければならないからである。社会的養護に関連する法令等については、本部第5章で学んでほしい。

（2）里親制度の展開

　ここでは、社会的養護のあり方として、今後さらなる推進を図るとされる里親制度について特段に取り上げ、これまでのあゆみについて振り返ってみたい（表1－2－1参照）。

　里親制度は、戦後の児童福祉法の制定により国の主導による運用がなされるようになるとともに、里親自身による里親会の設立などの養護への積極的なかかわりもなされるようになった。

　里親のしくみが法定化され、里子となる子どもの状況は変化してきたわけだが、「子どもの養育の舵取りは、養育者自身の価値観や、理論、その人間

＊9　本部第6章p.63参照。

＊10　2002（平成14）年の児童福祉法の改正により制度化された子育て短期支援事業は、保護者が入院・出産・親族の看護・出張などにより子どもの世話をすることが一時的に困難である場合に、児童養護施設等で子どもを預かり生活指導や食事の提供等を行うもので、原則7日間以内の範囲で子どもを預かる「短期入所生活援助（ショートステイ）事業」と、子どもを放課後から夜間まで一時的に預かる「夜間養護等（トワイライトステイ）事業」の2種類がある（2003（同15）年4月施行）。

＊11　本部第6章p.61参照。

表1-2-1　里親数等の推移（各年度末現在）

単位：人

	昭和30年	昭和40年	昭和50年	昭和60年	平成9年	平成17年	平成24年	平成27年	平成30年	令和3年
登録里親数	16,200	18,230	10,230	8,659	7,760	7,737	9,392	10,679	12,315	15,607
委託里親数	8,283	6,090	3,225	2,627	1,725	2,370	3,487	3,817	4,379	4,844
委託児童数	9,111	6,909	3,851	3,322	2,155	3,293	4,578	4,973	5,556	6,080
（参考）										
ファミリーホーム委託児童数							834	1,281	1,548	1,718
里親＋ファミリーホーム委託児童数							5,412	6,254	7,104	7,798

出典：厚生労働省「福祉行政報告例」をもとに作成

性に委ねられ、里親養育の統一性、基準がない」ということ、里親の養育内容は、「日本古来の子ども観」に影響を受けるため[2]、子ども一人ひとりのおかれた状況に応じられる里親に委託することが重要といえる。

2002（平成14）年に専門里親と親族里親を制度化し、里親支援事業、里親の一時的な休息のための支援であるレスパイト・ケアも制度化された。そのほか、児童福祉法の改正では、2004（同16）年には、里親も児童福祉施設の長と同様に子どもの福祉のための監護・教育・懲戒等を担うこと、里親の定義や委託児の就学義務を明確にすることなどが規定された。その後、2008（同20）年には、養育里親を養子縁組里親と区別し、養育里親の研修義務化、里親支援機関の整備、里親手当の引き上げ、小規模住居型児童養育事業（ファミリーホーム）の制度化などが行われた。2016（同28）年には、家庭と同様の養育の環境整備を推進し、児童相談所が里親の開拓から子どもの自立支援までの一貫した里親支援を担うことを規定した。なお、2011（同23）年には、「里親委託ガイドライン[*12]」の策定が行われている。

*12　里親委託ガイドライン

※最新版はこども家庭庁HPから確認すること。

こども家庭庁HP：社会的養護

4. 21世紀の社会的養護のあり方

2024（令和6）年に公表されたこども家庭庁「児童養護施設入所児童等調査の概要（令和5年2月1日現在）」によると、委託、あるいは施設入所と措置された子どものうち、「虐待経験あり」と回答した割合は、里親で46.0％、児童養護施設で71.7％、児童心理治療施設で83.5％など、被虐待児の割合は増加している[*13]。また、この調査結果から児童養護施設児の半数以上が引き続き施設で暮らす見通しであること、里親の高年齢化などが明らかとなっている。

2009（同21）年には、子どもの権利条約や、親による養護を奪われ、または奪われる危険にさらされている子どもの保護および福祉に関するそのほかの国際文書の関連規定の実施を強化することを目的とした「児童の代替的養

*13　前回調査（平成29年度調査）では、里親は38.4％、児童養護施設は65.6％、児童心理治療施設で78.1％であった。そのほか、前回調査との比較でみると、児童自立支援施設は73.0％（同64.5％）、乳児院は50.5％（同40.9％）、母子生活支援施設は65.2％（同57.7％）、ファミリーホームは56.8％（同53.0％）、自立援助ホームは77.7％（同71.6％）となっている。

護に関する指針」が国際連合により採択された。その後、国際連合子どもの権利委員会から、わが国の施設養護に偏っている現状を是正するよう指摘を受けた。

　2011（同23）年に厚生労働省が公表した「社会的養護の課題と将来像」は、「社会的養護の施策は、かつては、親が無い、親に育てられない子どもへの施策であったが、虐待を受けて心に傷をもつ子ども、何らかの障害のある子ども、DV被害の母子などへの支援を行う施策へと役割が変化」したことを指摘している[3]。社会的養護の専門性も変化が必要であり、その取り組みを加速化することが期待されている。

　本部第1章でみたように、子どもの権利条約の批准国として、児童福祉法の改正やこども基本法の立法等、国内法制度の整備とともに、現在は『新しい社会的養育ビジョン』に基づき、社会的養護の推進が図られているところではある。近年は、社会的養護のもとで暮らす子どもたちの大学等への進学の促進、貧困・格差の連鎖の防止が強く求められており、その対策が課題となっている。また、施設養護や家庭養護が一般家庭における養育の模範的な存在となることも期待されている。先駆的な実践家が試行錯誤したように、社会的養護のもとで暮らす子どもと実践家、さらには社会的養護の現場で働く保育者と子どもの間にどのように有効な家族的関係を築くかが常に問われている。

〈引用文献〉
1) 池上彰編『日本の大課題　子どもの貧困——社会的養護の現場から考える』筑摩書房　2015年　p198
2) 吉田菜穂子『里子事業の歴史的研究——福岡県里親会活動資料の分析』大空社　2011年　p.145
3) 厚生労働省ホームページ：社会的養護の課題と将来像（平成23年7月）
　http://www.mhlw.go.jp/bunya/kodomo/syakaiteki_yougo/dl/08.pdf

〈参考文献〉
• 吉田久一・岡田英己子『社会福祉思想史入門』勁草書房　2000年
• 右田紀久恵・高澤武司・古川孝順編『社会福祉の歴史——政策と運動の展開（新版）』有斐閣　2001年
• 橋本伸也・沢山美果子編『保護と遺棄の子ども史』昭和堂　2014年

社会的養護の課題と将来像（平成23年7月）

第3章 子どもの権利と養育

① 子どもの権利に関する宣言等と児童の権利に関する条約

　児童の権利に関する条約（子どもの権利条約）は、世界の子どもの権利保障の基準となっている。日本でも、こども基本法、児童福祉法のそれぞれ第1条に子どもの権利条約の精神にのっとることが明文化され、子どもの権利とそれに基づく子ども家庭福祉の保障が示されている。

　そこで、本章では子どもの権利に関する宣言等の歴史的変遷と子どもの権利条約との関係性を整理したうえで、日本での子どもの権利保障と社会的養護における養育について概観する。

1. 子どもの権利に関する宣言等の歴史的変遷

　古代から中世にかけて、子どもは親の所有物、労働力として扱われ、「小さな大人」として考えられてきた。18世紀以降、フランスの思想家のルソー（Rousseau, J. J.）を中心に、子ども期（年齢に応じた子どもらしさ）を認めようとし、子どもの権利に関する先駆的な取り組みがされた。その後、20世紀に入ってからの戦争などによる重大な権利侵害を引き起こしている世界情勢を背景として、子どもの権利に関するさまざまな宣言等が採択された。

(1) 第1回ホワイトハウス会議

　1909年、世界ではじめて子どもの福祉を検討するために、アメリカのルーズベルト大統領が「第1回ホワイトハウス会議」を開催した。この会議では「相応しい両親、または母親をもつ子どもたちは、原則として、自分の親と一緒に家庭で過ごすべきである」ことや、「ホームレスやネグレクト（育児放棄）された子どもたちは、可能な限り、家庭内で養育されるべきである」[1]ことなど、「家庭養育の原則」が決議された。

(2) 児童の権利に関するジュネーヴ宣言

　第一次世界大戦（1914-1918）では、多くの子どもが犠牲になった。これを背景に、1924年に国際連盟で「児童の権利に関するジュネーヴ宣言（ジュネーヴ宣言（ジュネヴァ宣言とも呼ばれる））」が採択された。

　ジュネーヴ宣言は、前文と5つの条項からなる。前文では、「人類が児童にたいして最善の努力を尽さねばならぬ義務」があることを掲げている。さらに、人種、国籍または信条に関する一切の事由にかかわりないという平等性を明文化し、次の条項を保障すべきこととして宣言している。その条項は、①正常な発達に必要な諸手段を与えられること、②食物を与えられること、病気の際に看病されること、発達の遅れのある場合は支援されること、非行から更生させられること、孤児や浮浪児は住居を与えられ、援助されること、③危機の際に最初に救済されること、④搾取から保護されること、そして、⑤子どもたちはその能力を「人類同胞への奉仕のために」発揮できるよう育てられるべきことの5つである。

(3) 世界人権宣言

　しかし、ジュネーヴ宣言後、第二次世界大戦（1939-1945年）が勃発し、世界は再び戦争の惨禍に見舞われた。戦時中の人種差別や迫害など多くの人権侵害があったことをふまえて1948年に国際連合で「世界人権宣言」が採択された。世界人権宣言では、すべての人類が固有の尊厳と平等で譲ることのできない権利をもつと宣言し、その権利は、すべての人民とすべての国とが達成すべき共通の基準として公布された。

　世界人権宣言は、必ずしも子どもを対象とするものではないが、子どもの権利に関するものが含まれ[*2]、また本宣言の採択は、次で述べる「児童権利宣言」の採択へとつながっていくことになる。

*2 例えば、世界人権宣言では「差別の禁止や教育を受ける権利」「母と子の特別な保護及び援助を受ける権利」などが含まれる。

(4) 児童権利宣言

　1959年、ジュネーヴ宣言や世界人権宣言をふまえ、国際連合総会で「児童権利宣言」が採択された。この宣言は、前文と全10条からなる。前文で「人類は、児童に対し、最善のものを与える義務を負う」とし、幸福な生活（Welfare of children）を送り、子どもの権利と自由を享有することが示され、差別の禁止（第1条）、発達保障（第2条）、社会保障の恩恵と母子保健、栄養・住居・レクリエーションや医療を与えられる権利（第4条）、教育を受ける権利（第7条）、放任、虐待および搾取からの保護（第9条）などが謳われている。そして、第2・7条において「法律制定にあたっては、児童の最善の

利益について、最高の考慮が払われなければならない」「教育及び指導について責任を有する者は、児童の最善の利益を指導の原則としなければならない」と明文化されているように、「児童の最善の利益」が子どもの権利の理念であるとされている。

(5) 国際人権規約

世界人権宣言の内容を基礎として、これを条約化[*3]した「国際人権規約」が1966年の国際連合総会において採択され、1976年に発効された。国際人権規約は、社会権規約（経済的、社会的及び文化的権利に関する国際規約で、A規約と略される）と自由権規約（市民的及び政治的権利に関する国際規約で、B規約と略される）からなり、日本は1979年に両規約とも批准している（一部保留、未批准の条項あり）[*4]。

2. 子どもの権利条約

児童権利宣言から30周年、「国際児童年[*5]」から10周年である1989年に、国際連合総会で「子どもの権利条約」が採択され1990年に発効した。子どもの権利条約は、それまでの子どもの権利に関する宣言等の理念や合意をもとに成立したもので、18歳未満のすべての人の保護と基本的人権の尊重を促進することを目的として、子どもの生存、発達、保護、参加などにかかわるさまざまな権利を前文と54の条文により具体的に規定している。日本は1990（平成2）年に署名し、1994（同6）年に批准した。

(1) 4つの原則

子どもの権利条約の基本的な考え方として、以下の4つの原則がある[2]。

①差別の禁止（第2条）	すべての子どもは、子ども自身や親の人種や国籍、性、意見、障がい、経済状況などどんな理由でも差別されず、条約の定めるすべての権利が保障される。
②子どもの最善の利益（第3条）	子どもに関することが決められ、行われる時は、「その子どもにとって最もよいことは何か」を第一に考える。
③生命、生存および発達に対する権利（第6条）	すべての子どもの命が守られ、もって生まれた能力を十分に伸ばして成長できるよう、医療、教育、生活への支援などを受けることが保障される。
④子ども意見の尊重（第12条）	子どもは自分に関係のある事柄について自由に意見を表すことができ、おとなはその意見を子どもの発達に応じて十分に考慮する。

[*3] 「宣言」から「条約」とすることで、批准した国はそれを遵守する義務が発生することになる。
なお「批准」とは、内容が確定している条約について、条約を締結する国家機関が確認、同意すること。日本の場合は、国会で審議・承認を得る。批准手続きをとった国は締約国と呼ばれる。

[*4] 第二次世界大戦後の日本においては、日本国憲法が1946（昭和21）年に制定され、その翌年に「児童福祉法」が制定された。その後、子どもの福祉に対する国民の意識を啓発するため、わが国最初の子どもの権利宣言として、1951（同26）年5月5日に「児童憲章」が制定された（国民の祝日として「こどもの日」が制定されてから3年後）。

[*5] 国際児童年
国際連合により定められた国際年の一つで1979年を当該年とした。児童権利宣言の20周年を機に、改めて世界の子どもの問題（栄養不良や教育を受けられないなど）を考え、その解決のために各国、各国民のすべてが取り組んでいこうとする注意喚起を目的としたものである。

これらは、それぞれ条文にある権利であるとともに、あらゆる子どもの権利の実現を考えるときにあわせて考えることが大切である。

(2) 権利主体としての子ども

子どもの権利条約以前、子どもは「特別な保護及び援助」の対象であり、大人や社会から権利を与えられ、守られる存在であるととらえられてきた。そのため、その権利も"〜される"と表現される「受動的権利」としての内容であった。

子どもの権利条約では、子ども自身が権利を行使することができる主体的存在であるととらえ、権利主体としての子どもとして、受動的権利に加え、「能動的権利」の保障がなされている。能動的権利の具体的なものとして、「意見表明権（第12条）」「表現の自由（第13条）」「思想、良心及び宗教の自由（第14条）」「結社及び平和的な集会の自由（第15条）」「私生活、家族、住居若しくは通信に対しての不法な干渉、名誉及び信用の保護（第16条）」「情報および資料の利用（第17条）」があげられる。

特に、4つの原則の一つである「意見表明権（第12条）」は保障されるのみならず、子どもが自らに影響がある事柄に主体的に働きかけることができるものである。意見表明権は、子どもの法的および社会的地位について扱われているものであるが、自己の意見をまとめる力のあるすべての子どもに対し、その子どもに影響を与えるすべての事柄について自由に意見を表明する権利を保障すること（第1項）、さらには、特に自己に影響を与えるいかなる司法上および行政上の手続きにおいても、意見を聴かれる権利があること（第2項）が示されている。

児童相談所運営指針や一時保護ガイドライン[*6]には、里親委託や施設入所措置・一時保護の決定等に際して、子ども（や保護者等）に十分説明し、意見を聴き、意向を十分尊重すべきことが定められている。また、里親の養育指針や各種施設の運営指針、さらに、都道府県社会的養育推進計画の策定要領でも、子どもの権利擁護の観点から、子どもからの意見聴取の重要性が定められているなど、自分の意見を表明することは、子ども自身のウェルビーイングにつながるといえる。そのため、年齢および成熟度にしたがって相応に考慮することを前提に、子どもが伝えたいことを意識したり言葉にしたりできるようにする意見形成支援、子どもからの意見を十分に聴き、子どもから同意を得たうえで関係機関に子どもの意見・意向を伝える意見表明等支援が重要となる[*7]。また、乳幼児や障害児など言語を用いた意見・意向の表明が困難な場合は、それをくみとり、代弁して関係機関に伝達する取り組み

[*6]「児童相談所運営指針」は、児童福祉法、同法施行令、同法施行規則に定められる児童相談所の運営や活動について基本的な業務のあり方を示した要領で、「一時保護ガイドライン」は、一時保護に関して、自治体や関係者が進むべき方針を共有し、一時保護を適切に行い、実効ある見直しを進めることを目的に示されるもの。元々同指針に示された一時保護に関する業務内容を抜粋、作成された。

[*7] 2022（令和4）年の児童福祉法の改正により、社会的養護にかかる子どもの権利擁護の環境整備が都道府県等の業務として位置づけられ、2024（同6）年4月から一時保護施設や里親家庭、児童養護施設等での生活上の悩みや不満等といった子どもの思いを関係機関に対し表明することを支援する「意見表明等支援員」が子どもの求めに応じるほか、定期的に訪問することになった。意見表明等支援員は、児童相談所等の行政組織から独立した立場の専門職であり、都道府県等は、意見表明等支援に関する研修等の実施に加え、実際の面談内容を検証する体制と必要な改善策につながる体制の整備などを行う。

が必要となる。

(3) 社会的養護に関する内容

子どもの権利条約には、社会的養護に関する内容の条項として「保護者および子どもを監護するものによる虐待、搾取からの保護の措置（第19条）」「代替的養護（第20条）」「養子縁組（第21条）」などが定められている。第20条第1項では、「一時的若しくは恒久的にその家庭環境を奪われた児童又は児童自身の最善の利益にかんがみその家庭環境にとどまることが認められない児童は、国が与える特別の保護及び援助を受ける権利を有する」とし、国の責務を明確にした。また、同条第3項で代替的養護として、里親委託、養子縁組または必要な場合の施設収容等があげられている。

このような代替養育が定められるなかで、子どもの権利条約には「できる限りその父母を知る権利（第7条）」が規定されている。代替的養育のなかで生活をしている子どもたちのなかには、自分の実親のことやなぜ施設や里親のもとで生活することになったのかなど、自らの生い立ちを知らない子どもの存在は少なくない。そこで、子どもたちがもつ生みの親や生い立ちの疑問について「真実告知」を行うことで、子どもの知る権利の保障することが重要である。その際、子どもの発達や養育者との関係性など、一人ひとりの状況に十分配慮しなくてはならない。

② 日本における子どもの権利と社会的養護

1. 日本における子どもの権利条約の位置づけ

日本の子ども家庭福祉の法体系は、日本国憲法を頂点とし、児童福祉法などの法律を中心として、児童福祉法施行規則や児童福祉施設の設備及び運営に関する基準などの省令、告示としての児童養護運営指針などからなっている。そのなかで、子どもの権利条約は、国際基準として日本国憲法に次ぐ法としての効力をもっており（図1-3-1）、特に児童福祉法とこども基本法への影響は大きい。

「児童福祉法」は、2016（平成28）年に理念である第1条を改正し、「全て児童は、児童の権利に関する条約の精神にのつとり」と規定し、日本が子どもの権利条約を批准して以来、はじめて子どもが権利の主体であることを国内法として明文化した。「こども基本法」においても、第1条（目的）で「こ

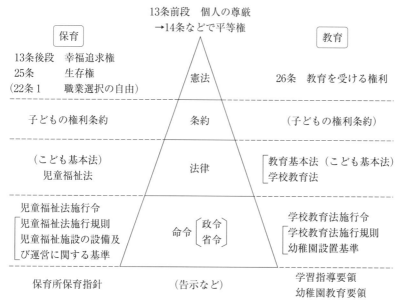

図1-3-1　日本の保育・幼児教育に関する法体系
出典：橋本勇人「多様性を包摂する教育と福祉の関係——多様性を支える日本国憲法とともに」『日本学校教育学会年報』第6号　日本学校教育学会　2024年　p.79

の法律は、日本国憲法及び児童の権利に関する条約の精神にのっとり」と明文化している。このように、子どもの権利条約は、国内法においても子どもの権利擁護の基準となることを明確にし、本条約に基づき、子ども施策、子ども家庭福祉の施策が展開している。

2. 子どもの権利擁護を標榜とした日本における社会的養護

(1)「社会的養護の課題と将来像」で示された日本の社会的養護

　2009年、国際連合総会は、世界人権宣言と子どもの権利条約等の子どもの権利に関する過去のすべての決議を再確認した。そして、「児童の代替的養護に関する指針」を決議した[*8]。この指針のなかでは、両親の養育下でできる限り生活できるようにすることを前提に、家族の養育からの離脱は最終手段であること、可能であれば一時的措置、もしくはできる限り短期間であるべきことが示されている。特に3歳未満の子どもの代替的養護は家庭を基本とした環境で提供されるべきであるとしている。

　これにより、施設中心だった日本の社会的養護はこの指針の採択を機に、家庭養育へと方針転換を始めた。そこで、2011（平成23）年に厚生労働省がまとめたものが「社会的養護の課題と将来像」である[*9]。しかし、今後の

*8　本指針を決議した目的は、子どもの権利条約や、親による養護を奪われた、あるいは奪われる危険にさらされている子どもの保護と福祉に関するその他の国際文書の関連規定の実施を強化することである。

*9　2010年6月、国際連合子どもの権利委員会から日本に対し第3回の総括所見が発表され、代替的養護（社会的養護）のあり方について本指針を考慮するようにという勧告を受けている。この時点で日本は1998、2004、2010と3度の総括所見のなかで代替的養護に関する勧告を受けている（日本の報告書提出は1996年、2001年、2008年）。

わが国の社会的養護のあり方に関し、乳幼児の家庭養育原則やこの原則に基づく永続性に関する内容を含むものではあったものの、「すべての子どもの養育に関する国の責任という観点」や「指針に示される子どもが家庭で育つ権利に関しての原則」が不明確であること、社会的養育のあるべき全体像とそこに至るプロセスが提示されていないこと等、本指針で示された精神やその内容を十分にふまえているとはいえないものであった。これらの改善を図るべく、家庭養育推進を含めた社会的養護のあり方と実現の方向性を提示するものとして、先述した2016（同28）年の児童福祉法等の抜本的な改正が議論されることになる。

(2)「新しい社会的養育ビジョン」で示された日本の社会的養護

2016（平成28）年の児童福祉法の改正では、第1条の理念の改正のほか、第3条の2・3（国および地方公共団体の責務）等が新設された。その内容は、子どもが権利の主体であることを明確にし、保護者が子どもを心身ともに健やかに育成することについて第一義的責任を負うとしながらも、国および地方公共団体は子どの保護者を支援しなければならないとしたものである。そして、家庭への養育支援から代替養育までの社会的養護の充実とともに「家庭養育優先の理念」を規定し、実親による養育が困難であれば、特別養子縁組による永続的解決（パーマネンシー保障）や里親による養育を推進することを明確にした。

2017（同29）年、この改正法の内容を具現化するため、先の「社会的養護の課題と将来像」を見直す形で、「新しい社会的養育ビジョン」が示された。①市町村の子ども家庭支援体制の構築、②児童相談所・一時保護の改革、③里親への包括的支援（フォスタリング機関）の抜本的強化と里親制度改革、④永続的解決（パーマネンシー保障）としての特別養子縁組の推進、⑤乳幼児の家庭養育原則の徹底と、年限を明確にした取り組み目標を定め、計画的に進めることが掲げられている[*10]。これらの子どもの権利条約の履行状況に関する日本の取り組みを2019年に審議した国際連合子どもの権利委員会は、差別の禁止、子どもの意見の尊重に加え、体罰、家庭環境を奪われた子ども、生殖に関する健康、精神的健康、そして少年司法の分野において緊急の措置がとられなければならないと勧告した。勧告を受け、わが国では児童福祉法、児童虐待の防止等に関する法などの改正、家庭養育優先の原則の徹底に向けた「新しい社会的養育ビジョン」の見直しをしながら継続的に取り組んでいる。

このように、子どもの権利を擁護するため、家庭養育優先を主軸に、日本

*10 国は本ビジョンのなかで、里親委託率の大幅な向上と各自治体における子ども家庭支援体制の抜本的強化を目標に掲げている。これを受け、全国の各自治体（都道府県・政令指定都市）では、既存の「都道府県推進計画」を全面的に見直し、新たに「都道府県社会的養護推進計画」を策定することとなった。

における社会的養護の改革が展開されている。今後も社会的養護の動向を注視する必要がある。

〈引用文献〉
1）WASHINGTON GOVERNMENT PRINTING OFFICE, *PROCEEDINGS OF THE CONFERENCE ON THE CARE OF DEPENDENT CHIRDREN, HELD AT WASHINGTON,D.C. JANUARY25,28, 1909*, London:FB&c Ltd., 2018., p.6.
2）ユニセフホームページ：子どもの権利条約の考え方
https://www.unicef.or.jp/crc/principles/

〈参考文献〉
- 外務省ホームページ：世界人権宣言と国際人権規約
https://www.mofa.go.jp/mofaj/gaiko/udhr/kiyaku.html
- 厚生労働省ホームページ：児童権利宣言の邦訳について（昭和35年2月23日）
https://www.mhlw.go.jp/web/t_doc?dataId=00ta1620&dataType=1&pageNo=1
- 厚生労働省ホームページ：児童の権利に関する条約
https://www.mhlw.go.jp/bunya/kodomo/dv-soudanjo-kai-betten.html
- 厚生労働省ホームページ：子どもの権利擁護に関する論点
https://www.mhlw.go.jp/content/11907000/000726091.pdf
- 厚生労働省ホームページ：(64/142.) 児童の代替的養護に関する指針
https://www.mhlw.go.jp/stf/shingi/2r98520000018h6g-att/2r98520000018hly.pdf
- 外務省ホームページ：児童の権利条約――同報告書審査後の同委員会の総括所見（仮訳）（2019年3月）
https://www.mofa.go.jp/mofaj/files/100078749.pdf
- 日本弁護士連合会ホームページ：子どもの権利委員会 一般的意見12号（2009年）
https://www.nichibenren.or.jp/library/ja/kokusai/humanrights_library/treaty/data/child_gc_ja_12.pdf
- こども家庭庁支援局長通知「『こどもの権利擁護スタートアップマニュアル』及び『意見表明等支援員の養成のためのガイドライン』について」（令和5年12月26日）

社会的養護の課題と将来像（平成23年7月）

新しい社会的養育ビジョン（平成29年8月）

児童の代替的養護に関する指針

第4章 社会的養護の基本理念と原理

①——社会的養護の基本理念

1. 子どもの最善の利益のために

　社会的養護は、「子どもの最善の利益のために」を基本理念の一つとしている。この「子どもの最善の利益」は、子どもの権利条約のなかに「生命、生存及び発達に対する権利」「子どもの意見の尊重」「差別の禁止」と並ぶ原則として示されている。

(1) ウェルビーイング (well-being)

　子どもの最善の利益とは、子どもにとっての「幸せ」ともいえるであろう。いつ、どこで、誰と、何を、どのようにあれば、"その子どもにとっての幸せ"になるのか。それは子どもを取り巻く社会状況によっても変わってくる。
　「福祉」や「幸福」を意味する、ウェルビーイングという言葉がある。ウェルビーイングとは「肉体的にも、精神的にも、そして社会的にも、すべてが満たされた状態」として世界保健機関(WHO)憲章に記されている。「well＝よく」「being＝在ること、人生」という語の意味から、現在だけよく生きることができていればよいのではなく、その先の人生もよりよく幸せに生きていくことを意味しているととらえられる。
　以前は、同じく福祉・幸福の意味をもつウェルフェア(welfare)という言葉が用いられていたが、ウェルフェアは福祉サービスや福利厚生など、支援を受けることでよい状態になるという受動的な幸福のあり方を示すものであった。そのように子どもを大人が保護し、守る対象として考えるのではなく、子ども自身が権利を主体的に行使し、現在も未来もよりよく生きていける状態を示すのがウェルビーイングであり、私たちはその実現のために社会のしくみと子どもの生活をよりよくしていくことに努めるものである。

(2) ノーマライゼーション（normalization）

　ノーマライゼーションは、「標準化」「正常化」という意味をもつ。これは、障害の有無や社会的立場等に関係なく、どんな人も同じ社会の一員として差別や特別視されることなく生活や権利を保障される社会を構築していくことを示す。こうしたノーマライゼーションの定義はデンマークのバンク・ミケルセン（Bank-Mikkelsen, N. E.）が提唱したものであるが、その実現のため、スウェーデンのベンクト・ニィリエ（Nirje, B）が示したノーマライゼーション原理の8つの基本的しくみが指標とされている。

> ① 1日のノーマルなリズム
> ② 1週間のノーマルなリズム
> ③ 1年間のノーマルなリズム
> ④ ライフサイクルにおけるノーマルな発達的経験
> ⑤ ノーマルな個人の尊厳と自己決定権
> ⑥ その文化におけるノーマルな性的関係
> ⑦ その社会におけるノーマルな経済的水準とそれを得る権利
> ⑧ その地域におけるノーマルな環境形態と水準

　これらをすべての子どもが当たり前の権利として得られる社会となっているであろうか。また、そのために私たちに何ができるであろうか。子どもの最善の利益を念頭におきながら、常に振り返り考え続けたい。

2. 社会全体で子どもをはぐくむ

(1) 社会全体で子どもをはぐくむとは

　児童福祉法第2条第3項「国及び地方公共団体は、児童の保護者とともに、児童を心身ともに健やかに育成する責任を負う」、第3条の2「国及び地方公共団体は、児童が家庭において心身ともに健やかに養育されるよう、児童の保護者を支援しなければならない」とあるように、子どもの養育を保護者のみにゆだねず、公的責任を明確にして「社会全体で子どもをはぐくむ」ことが、社会的養護のもう一つの基本理念として示されている。

　少子高齢化が加速の一途をたどり、2023（令和5）年の合計特殊出生率は過去最低の1.20となった。少子化の原因・背景の一つとして、現在の日本社会が子育てしづらい社会となっていることが指摘され、その克服のため、子育て支援対策が強化されている。公的責任に基づく施策の推進と並行して、地域で子育て家庭を支えるつながりづくりや専門職との協働を進めることが大切である。そして、そのような国と地域の取り組みを支える基盤となるの

は、私たち一人ひとりが、社会全体で子どもをはぐくむという意識を高め、共有することではないだろうか。地域の人々ともつながり、互いに支えあい協働しながら社会全体で子どもをはぐくんでいきたい。

(2) 子どもの意見表明権の保障

社会的養護は、保護者のない子どもや保護者に監護させることが適当でない子どもの代替養育を行うものである。「監護させることが適当でない」とされることのうち、現在、特に問題視されているのは児童虐待についてである。「児童虐待の防止等に関する法律」（児童虐待防止法）が施行されてから20年以上経つが、児童相談所における児童虐待相談対応件数は、同法施行前の1999（平成11）年度の1万1,631件から2022（令和4）年度の21万9,170件（速報値）へと、約19倍ともなっている。これは、虐待の早期発見に努めた結果ともいえるが、これだけ多くの子どもたちが権利を侵害されていることを思うと、児童虐待防止対策や被虐待児への対応にいっそう力を入れ取り組んでいく必要がある。

こうした現状をふまえ、子どもの権利養護においても特に意見表明権が重視されている。被虐待経験のある子どもたちは、保護された後も自分の意見を伝えることが困難となることがある。今、そうした子どもたちの言葉に耳を傾け、子どもの思いを代弁する「子どもアドボカシー」の取り組みが広がってきている。「アドボカシー（advocacy）」とは権利擁護を意味するが、「ad（〜に向かって）」＋「voco（声を上げる）」というラテン語が語源となっており、この子どもの代弁者のことを子どもアドボケイトと呼ぶ。子どもの権利擁護において、虐待の防止や早期発見・早期対応はもちろんのこと、まず目の前にいる子どもの声に丁寧に耳を傾けることを、子どもとふれあう大人一人ひとりが大切に心がけていきたい。

②——社会的養護の基本原理

1. 家庭的養護と個別化

社会的養護において第一にあげられる基本原理は、「家庭的養護と個別化」である。

2016（平成28）年の改訂児童福祉法において、まずは家庭において養育されることを第一とするが、そうすることが適切ではない場合には、家庭と同

様の養育環境、またはできる限り良好な家庭的環境のなかで子どもたちが心身ともに健やかに養育されるよう、家庭的養護の推進等が明記された。この子どもの育成にあたっての責任等に基づいた取り組みにより、里親・ファミリーホームといった「家庭と同様の養育環境」への委託児童数が増加しつつある[*1]。反対に、児童養護施設や乳児院といった「施設」の入所児童数は減少するとともに、施設を小規模化・地域分散化させることで、より家庭的な養育環境にする努力が行われている。そうした家庭的な環境のなかで子どもに日々「当たり前の生活」を保障していくことや、一人ひとりの子どものことをよく理解し丁寧かつきめ細やかにはぐくむ個別化が社会的養護に求められている。

[*1] 本部第2章p.24、表1−2−1参照。

2. 発達の保障と自立支援

子どもはいろいろな未来を自分でつくり出すことができる。その未来が子どもにとってよりよいものとなるよう、社会的養護では子ども期の健全な心身の発達の保障をめざす。特に、人生の基礎ともいえる乳幼児期においては、日々身近にふれあう大人との基本的信頼感や愛着関係の形成を図ることが重要である。この信頼感や適切な愛着関係が、子どもの自己肯定感（自尊心）を高めることや他者とのつながりへと結びついていく。

さらに、将来の自立や自己実現を図るには、基本的生活習慣や社会生活スキル等を身につけることができるよう、日々さまざまな体験をともに経験していくことも大切である。最初から自主的、主体的に行動することは難しい。しかし、その子どものペースに応じて支援する側も焦らず丁寧にかかわることで、自立を促すことができるだろう。自立支援は子ども期にとどまらず、青年期以降も見通した取り組みとすることが求められている。

3. 回復をめざした支援

社会的養護を必要とする子どもには、被虐待経験や保護者との分離などによる悪影響に対する支援も必要となる。そうした支援として、癒やしや回復をめざした専門的ケアや心理ケアなどの治療的な支援があげられる。

児童虐待による直接的な心身のダメージのみではなく、保護者との分離に伴う家族や親しい友人、慣れ親しんだ地域との分離もまた、子どもの心に深刻なダメージを与えていることが考えられる。社会的養護では、本来ならば家庭で得られたであろう安心感や大人から大切にされるという体験を、子ど

もが実感できるよう何度も何度も繰り返し積み重ねる。そうして人への信頼感や自己肯定感を取り戻すことができるよう支援していく。

4. 家族との連携・協働

　社会的養護がめざすものの一つに、早期家庭復帰の実現があげられる。保護者の不在、または養育が困難であったり不適切な養育であったりというように、社会的養護では親子関係に困難を抱える家庭が対象となる。しかし、子どもにとって実の親とは1番身近な社会的存在であり、それは親にとっても同じである。子どもが自身にとって大切な存在である親とよりよくかかわり続けるためには、親支援や親子関係の再構築といった家庭環境の調整が必要となる。施設等で子どものケアを行うことと並行して、家庭復帰後に子どもも保護者も互いに安心し信頼して暮らせるように、施設等が地域拠点としての役割を担い、家庭と地域資源とのつながりをコーディネートし、地域連携のもとで、子どもと家族を見守り、支える体制づくりが求められる。

5. 継続的支援と連携アプローチ

　子どもの養育は、特定の養育者による一貫性のある養育を行うことが望まれる。社会的養護では、心理士や保育士等、多様な専門職がそれぞれの専門性を発揮しながら支援を行うこととなるが、その際にも子どもの状態等の情報や支援方針などを適宜共有しておくことが大切となる。自立支援計画等の計画作成や実践、振り返りといったことも、子どもの支援にかかわる職員全員で連携・協働することが一貫した継続的な支援を可能とする[*2]。社会的養護を必要とする子ども一人ひとりを大切に丁寧にかかわるためには、子どもとその養護について同じ理念や目標をもち、支援内容にあわせて適任者がより専門性の高いアプローチを行う、チームによる支援が有効である。

　親が一人で子育てをする難しさと同様に、支援者も一人で子どもたちを支援することはできない。一人で無理をして頑張る姿よりも、支援者が連携することで協力しあい学びあいながら、愛情と信頼をもってかかわる姿を子どもたちにもみせ、人を頼る力の大切さも伝えていってほしい。

6. ライフサイクルを見通した支援

　社会的養護は、要保護児童等を家庭的な環境のなかで保護・養育するもの

---

*2　計画作成や実践、振り返りといった自立支援計画を通じた支援の内容については、本部第8章p.78、第2部第1章p.100参照。

*3　児童福祉法第61条の3第1項
　児童自立生活援助事業とは、次に掲げる者に対しこれらの者が共同生活を営むべき住居その他内閣府令で定める場所における相談その他の日常生活上の援助及び生活指導並びに就業の支援（以下「児童自立生活援助」という。）を行い、あわせて児童自立生活援助の実施を解除された者に対し相談その他の援助を行う事業をいう。
1　義務教育を終了した児童又は児童以外の満20歳に満たない者であつて、措置解除者等（中略）であるもの（以下「満20歳未満義務教育終了児童等」という。）
2　満20歳以上の措置解除者等であつて政令で定めるもののうち、学校教育法第50条に規定する高等学校の生徒であること、同法第83条に規定する大学の学生であることその他の政令で定めるやむを得ない事情により児童自立生活援助の実施が必要であると都道府県知事が認めたもの。

であるが、2024（令和6）年4月より、児童養護施設や里親家庭で育つ若者の自立支援に関し、原則18歳（最長22歳）までとなっている年齢上限が撤廃された[*3]。これまでは高校卒業等を迎えた後は、原則として施設退所や里親委託解除となっていた。しかし、すべての子どもが18歳までに完全に自立できているわけではない。困窮するケアリーバー（本部第8章p.83参照）が増えてきたことから、今後は年齢にかかわらず自立に適すると施設や自治体が判断するまで施設等での支援が受けられることとなった。

対象となる子どもとはじめて出会ったときから、子ども期を終えて青年期、成人期へと進んだ後も、その子どもとのつながりは続く。加えて、社会的養護の担い手も縦横のつながりを深め、乳幼児期だけ、学童期だけ、青年期からというように分断せず、その地域で暮らす子どもたちや家庭を継続して支え続けることのできる体制を整えていくことが求められる。

〈参考文献〉
- 中野菜穂子・東俊一・大迫秀樹編『社会的養護の理念と実践（第2版）』みらい　2017年
- こども家庭庁ホームページ：社会的養育の推進に向けて（令和6年8月）
  https://www.cfa.go.jp/assets/contents/node/basic_page/field_ref_resources/8aba23f3-abb8-4f95-8202-f0fd487fbe16/0604a387/20240805_policies_shakaiteki-yougo_104.pdf
- 厚生労働省「児童養護施設運営指針」2012年
- 相澤仁・林浩康編『社会的養護Ⅰ（第2版）』中央法規出版　2023年
- 日本WHO協会ホームページ：世界保健機関（WHO）憲章とは
  https://japan-who.or.jp/about/who-what/charter/
- 全国こどもアドボカシー協議会「こどもアドボカシー活動の手引き――こどもの権利擁護・保障を求めて」2024年
- 内閣府ホームページ：第3回孤独・孤立に関するフォーラム（2021年）：川瀬信一「子どもの声を尊重する社会の実現に向けて――子どもアドボカシーの取り組み」
  https://www.cao.go.jp/kodoku_koritsu/torikumi/forum/dai3/pdf/siryou2.pdf
- 厚生労働省ホームページ：令和5年（2023）人口動態統計月報年計（概数）の概況
  https://www.mhlw.go.jp/toukei/saikin/hw/jinkou/geppo/nengai23/dl/kekka.pdf

児童養護施設運営指針

社会的養育の推進に向けて（令和6年8月）

※最新版はこども家庭庁HPから確認すること。

こども家庭庁HP：社会的養護

第5章 社会的養護の法制度

①──社会的養護の法体系

　日本の社会的養護は、乳児院や児童養護施設という施設養護が中心であった。本部第3章で学んだように、国際連合による「子どもの権利条約」をはじめ、「3歳未満の児童の代替的養護は家庭を基本とした環境で提供されるべきである」とした「児童の代替的養護に関する指針」といった国際的な合意の形成をふまえたわが国の対応として、児童福祉法の改正等が行われてきた。特に2016（平成28）年の児童福祉法改正で「家庭養育優先の原則」が定められたことや2022（令和4）年のこども基本法の成立は、子どもの権利を擁護するうえで大きな転機となるものであった。
　ここでは、近年の社会的養護の動向をふまえ、社会的養護の法制度について概観する。

1. 児童福祉法等に基づく社会的養護のしくみ

(1) 児童福祉法の目的

　児童福祉法が成立したのは太平洋戦争が終結し、日本各地に親を失った子どもが実に約12万にものぼっていた状況のなか、戦災孤児対策として子どもの保護が主な目的であった。その後は社会の変化に伴い少年非行、貧困児童問題、児童虐待問題、ヤングケアラー問題等に対処しつつ改正を繰り返し、またわが国が「子どもの権利条約」を批准してからは、子どもを権利の主体とする「子どもの権利条約」の理念を中心とした法律へと変わり、今日に至っている。
　児童福祉法第1条に「全て児童は、児童の権利に関する条約の精神にのっとり、適切に養育されること、その生活を保障されること、その心身の健やかな成長及び、発達並びにその自立が図られることその他の福祉を等しく保障される権利を有する」と記されているように、国際連合総会において1989

年に採択された「子どもの権利条約」を土台として子どもを権利の主体としてとらえることが明確化されている。

続く第2条では、子どもの意見の尊重と最善の利益の優先が示され、「児童の保護者は、児童を心身ともに健やかに育成することについて第一義的責任を負う」とされ、「国及び地方公共団体は、児童の保護者とともに、児童を心身ともに健やかに育成する責任を負う」とある。第3条では「児童が家庭において心身ともに健やかに養育されるよう、児童の保護者を支援しなければならない」と国や地方自治体の責任を明確化している。さまざまな事情で子どもを家庭において養育すべきではない場合は「児童が家庭における養育環境と同様の養育環境において養育されるよう」と規定されている。

このように、児童福祉法は、子どもを権利の主体としてとらえ、すべての子どもの生活保障および心身の健やかな育成を目的とし、子どもとその家庭、地域社会への取り組みなど、子ども最善の利益や福祉を社会全体で保証していくための総合的な枠組みを示す法律である。

(2) 社会的養護にかかわる機関

要保護児童への対応の中心を担っているのが児童相談所である。児童相談所は都道府県や政令指定都市に設置が義務づけられており、社会的養護にかかわる事項のなかでも児童虐待対応の最前線としての役割を担っている。市町村は、児童福祉法第6条の3第8項に「保護者の養育を支援することが特に必要と認められる児童（要支援児童）」と規定されている対象の子どもと、その家庭を支援する役割を担うことになり、母子保健と子ども家庭福祉の機能をもつ「こども家庭センター」を中心とする体制の整備が進められている。

①児童相談所

社会的養護の主な対象は「要保護児童」である。上記の児童福祉法第6条の3第8項で示される「保護者に監護させることが不適当」とは、具体的には保護者からの虐待やネグレクトなどを受けている子どものことをさす。

この要保護児童に対する支援の専門機関が児童相談所である。児童相談所には児童福祉司と呼ばれるソーシャルワーカーが、子どもの養育全般にわたる相談を受け、必要に応じて家庭訪問を行ったり、親子を分離し、子どもを施設や里親に措置委託を行ったりするなど家庭の問題に対応している（図1-5-1）。

児童相談所は、児童福祉法第12条に基づき、各都道府県に設置が義務づけられた行政組織であり、子ども家庭福祉の専門機関である。すべての都道府県および政令指定都市の設置[*1]が義務づけられている。2024（令和6）年

*1 2006（平成18）年4月から、中核市も設置できるようになっている。

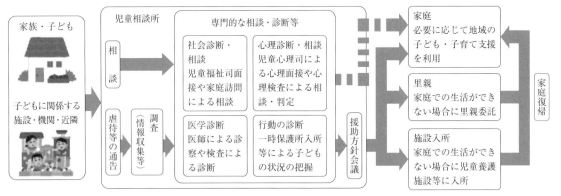

図1−5−1 児童相談所の相談から支援の流れ
出典：港区児童相談所児童相談課「広報みなと：港区子ども家庭総合支援センター特集号」（平成31年1月25日）

4月1日現在、全国に234か所設置されており、今後も必要に応じて増加していくことが期待されている。

②こども家庭センター

市町村における母子保健と子ども家庭福祉の機能をもち、妊娠から出産、子育てを支える機関としてつくられたのが「こども家庭センター」である。2016（平成28）年に児童福祉法の改正に伴い、市町村が子どもの身近な場所における福祉的支援を行う責務が明確化されたこと、母子保健に関する各種の相談に応ずる等の事業を行う「子育て世代包括支援センター」の設置をすることが求められた。しかし、母子保健と子ども家庭福祉の連携の問題などから継続的なかかわりが難しいという「支援の切れ目」を指摘する声があり、2022（令和4）年の児童福祉法の改正において市町村に対して、すべての妊産婦、子育て世帯、子どもに対し、母子保健・児童福祉の両機能が一体的に相談支援を行う機関として、こども家庭センターの設置に努めることが求められることとなった。

こども家庭センターは、地域全体の子育てのニーズや地域の社会資源の把握を行うとともに、不足する地域資源については新たな担い手となり得る者を開拓し、児童相談所などの関係機関間の連携を高めることにより、地域内の子育て家庭へ必要な支援を着実に提供できる体制を整備することをねらいとしている。具体的には、家族の介護や世話を日常的に担うヤングケアラーや虐待、貧困、若年妊娠など、問題を抱える家庭に対する支援提供計画「サポートプラン」の作成、家庭を訪問し家事や育児の援助を行うことである。また、子どもが家庭や学校以外で安心して過ごせる居場所づくりの支援や、保護者が育児の負担を軽減する目的で利用する一時預け施設の紹介も行うことを想定している（図1−5−2）。

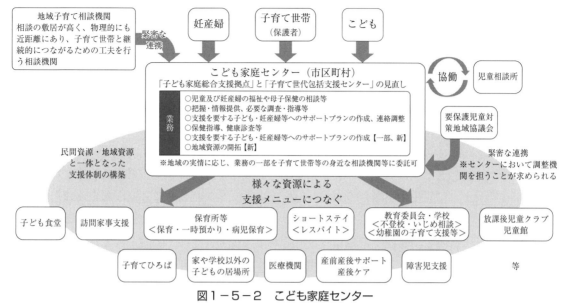

図1-5-2 こども家庭センター

出典：こども家庭庁「児童福祉法等の一部を改正する法律の施行に向けた検討状況」（令和6年1月25日）p.16

③児童家庭支援センター

児童家庭支援センターは、児童相談所や市町村その他の関係機関と連携しつつ、地域に密着したよりきめ細かな相談支援を行う児童福祉施設である。1997（平成9）年の児童福祉法改正によって制度化された。設置および運営の主体は、地方公共団体や社会福祉法人等であり、児童相談所を補完するものとして、児童養護施設や乳児院等に併設されている。

「児童家庭支援センター設置運営要綱」で定める事業[*2]の一つ「都道府県または児童相談所からの受託による指導」の対象となるのは、施設入所までは要しないが要保護性がある子ども、施設を退所後間もない子どもなど、継続的な指導措置が必要であるとされた子どもおよびその家庭であり、指導にあたっては児童相談所との密接な連携が求められる。よって、「児童相談所運営指針」においても「委託の趣旨、委託後の指導のあり方等について児童家庭支援センターと十分な協議を行う」「児童家庭支援センターが的確な援助計画を作成できるよう助言を行うなど、指導の一貫性・的確性が確保できるよう努める」「必要に応じ児童家庭支援センター職員を含めた事例検討会議を開催する」等、連携・協働のためのあり方を明確に示している。

④里親支援センター

里親制度は、要保護児童の養育を希望する一般の市民に児童相談所が委託する制度である。2022（令和4）年の児童福祉法の改正において、その制度を円滑運営していくために、里親の普及啓発、里親の相談に応じた必要な援

*2 ①地域・家庭からの相談に応ずる事業、②市町村の求めに応ずる事業、③都道府県または児童相談所からの受託による指導、④里親等への支援、⑤関係機関等との連携・連絡調整の5つの事業内容を定めている。
なお、本要綱、児童相談所運営指針とも厚生労働省の通知によるものだが、2023（令和5）年度からはこども家庭庁の所管となっている。

助、入所児童と里親相互の交流の場の提供、里親の選定・調整、委託を行う「里親支援センター」が第2種社会福祉事業として創設された。

里親支援センターの運営に関する基準は、児童福祉施設の設備及び運営に関する基準に基づき、「里親及び小規模住居型児童養育事業に従事する者、その養育される児童並びに里親になろうとする者について相談その他の援助を行うことを目的とする」と規定されている。

⑤市町村の子ども家庭相談

児童福祉法第10条1項では、市町村の役割として「児童及び妊産婦の福祉に関し、家庭その他からの相談に応ずること並びに必要な調査及び指導を行うこと並びにこれらに付随する業務を行うこと」「児童及び妊産婦の福祉に関し、家庭その他につき、必要な支援を行うこと」等が規定されており、地域における子ども家庭相談支援において、市町村が担う役割が明確化されている。また、同法第25条では、市町村が児童虐待など要保護児童の通告先の一つに位置づけられている。

⑥要保護児童対策地域協議会

要保護児童対策地域協議会とは、地域の子どもにかかわる機関(行政、児童福祉施設、教育委員会、保健所、病院、警察など)が連携を図り、被虐待体験のある子どもなど要保護児童等に関する情報の交換や支援方針を協議する機関である。2004(平成16)年の児童福祉法の改正により、要保護児童対策における体制強化を図るために法的に位置づけられた(第25条の2第1項)。主な目的は次の通りである。

①要保護児童等の早期発見につながる
②要保護児童等に対し、迅速な支援を開始できる
③情報の共有化が図られ、各機関の役割分担について共通の理解を得ることができる
④役割分担を通じて各機関の責任が明確になり、一貫した支援につながる
⑤各機関の限界や大変さを共有できる

2007(同19)年、厚生労働省は「児童相談所運営指針等の改正について」の通知のなかで、虐待事例について関係機関相互における情報共有の徹底を掲げ、児童相談所と要保護児童対策地域協議会(市町村)との連携の強化を図っている。

(3) 社会的養護を担う児童福祉施設

社会的養護の機能を担ってきたのが施設養護である。施設養護については児童福祉法第7条において「児童福祉施設とは、助産施設、乳児院、母子生

表1-5-1 社会的養護を担う児童福祉施設の現況

施　設	乳　児　院	児童養護施設	児童心理治療施設	児童自立支援施設	母子生活支援施設	自立援助ホーム
対象児童	乳児（特に必要な場合は、幼児を含む）	保護者のない児童、虐待されている児童その他環境上養護を要する児童（特に必要な場合は、乳児を含む）	家庭環境、学校における交友関係その他の環境上の理由により社会生活への適応が困難となった児童	不良行為をなし、又はなすおそれのある児童及び家庭環境その他の環境上の理由により生活指導等を要する児童	配偶者のない女子又はこれに準ずる事情にある女子及びその者の監護すべき児童	義務教育を終了した児童であって、児童養護施設等を退所した児童等
施設数	145か所	610か所	53か所	58か所	215か所	317か所
定員	3,827人	30,140人	2,016人	3,403人	4,441世帯	2,032人
現員	2,351人	23,008人	1,343人	1,103人	3,135世帯 児童5,293人	1,061人
職員総数	5,519人	21,139人	1,512人	1,847人	2,070人	1,221人

出典：こども家庭庁「社会的養育の推進に向けて」（令和6年8月）p.5

活支援施設、保育所、幼保連携型認定こども園、児童厚生施設、児童養護施設、障害児入所施設、児童発達支援センター、児童心理治療施設、児童自立支援施設、児童家庭支援センター及び里親支援センターとする」とされており、そのうち乳児院、児童養護施設、児童心理治療施設、児童自立支援施設、母子生活支援施設は、入所施設として社会的養護を必要とする子どもの生活拠点となっている。施設の利用については児童相談所が児童福祉法の措置として施設の利用を決定するしくみとなっている[*3]。

また、自立援助ホームも児童自立生活援助事業（児童福祉法第6条の3）として、社会的養護を担う児童福祉施設の機能をもつものとして認識されている（表1-5-1）。自立援助ホームは、義務教育終了後、ほかの社会的養護（児童養護施設、里親、児童自立支援施設など）の措置を解除された青少年および都道府県知事が認めた青少年に自立のための援助や生活指導を行う場である。

[*3] 措置については本章第2節参考。
なお、これら施設のうち、母子生活支援施設は、母子で入所できる唯一の児童福祉施設であり、児童相談所による措置ではなく、市町村の福祉事務所の相談窓口において、母親本人が申し込みを行う「選択利用」によるしくみとなっている。

2. 社会的養護における最低基準

(1) 児童福祉施設の設備及び運営に関する基準

乳児院や児童養護施設の運営については、1948（昭和23）年に、当時の厚生省が「児童の身体的、精神的及び社会的な発達のために必要な生活水準を確保するもの」（児童福祉法第45条第1項）として、「児童福祉施設最低基準」を制定した以降、職員の配置基準などの改正が行われてきた。そして、2011

(平成23)年に「児童福祉施設最低基準」の地方条例化に伴い、「児童福祉施設の設備及び運営に関する基準」と名称変更された。

児童福祉施設の設備及び運営に関する基準では、第３条で「都道府県は最低基準を常に向上させるよう努める」ことを求め、第４条において「児童福祉施設は、最低基準を超えて、常に、その設備及び運営を向上させなければならない」とされている。また、施設職員の一般要件では「入所している者の人権に十分に配慮するとともに、一人一人の人格を尊重して、その運営を行わなければならない」とし、入所する子どもの人権擁護の重要性が明確に示されている。

2004（同16）年には、施設内虐待の禁止（第９条の２）、施設職員の専門性の確保（第７条の２）、施設職員の秘密保持義務（第14条の２）、子どもたち個別の自立支援計画の策定が規定された。2011年（同23）には、児童養護施設を中心に、家庭支援専門相談員、個別対応職員のほか、条件つきである

表１-５-２　社会的養護の配置基準

乳児院	（10人未満の乳児院の配置基準） 　　義務配置　　　　：嘱託医、看護師（保育士）、家庭支援専門相談員 　　職員の配置基準　：看護師の数7名以上 　　　※看護師は、定められた人数を配置していれば、保育士または児童指導員でも可とする。 （10人以上の乳児院の配置基準） 　　義務配置　　　　：小児科の診療に相当の経験を有する医師または嘱託医、看護師（保育士）、 　　　　　　　　　　個別対応職員、家庭支援専門相談員 　　条件つき義務配置：（乳幼児または保護者10名上に心理療法を行う場合）心理療法担当職員 　　職員配置　　　　：０・１歳児　　　1.6：1 　　　　　　　　　　2歳児　　　　　2：1 　　　　　　　　　　3歳児以上　　　4：1
児童養護 施設	義務配置　　　　：嘱託医、児童指導員、保育士、個別対応職員、家庭支援専門相談員 条件つき義務配置：（児童10名以上に心理療法を行う場合）心理療法担当職員 職員配置　　　　：2歳児　　　　　2：1 　　　　　　　　　3歳児以上　　　4：1 　　　　　　　　　少年　　　　　5.5：1
児童心理 治療施設	義務配置　　　　：精神科または小児科の診療に相当の経験を有する医師、心理療法担当職員、 　　　　　　　　　児童指導員、保育士、看護師、個別対応職員、家庭支援専門相談員 職員配置　　　　：心理療法担当職員の数　　　10：1 　　　　　　　　　児童指導員、保育士の数　　4.5：1 　　　　　　　　　児童と起居をともにする職員　1人以上
児童自立 支援施設	義務配置　　　　：精神科または小児科の診療に相当の経験を有する医師または嘱託医、児童 　　　　　　　　　自立支援専門員、児童生活支援員、個別対応職員、家庭支援専門相談員 職員配置　　　　：児童自立支援専門員および児童生活支援員児童指導員の数　4.5：1 　　　　　　　　　児童と起居をともにする職員　1人以上

が心理療法・指導の担当職員の配置が義務づけられた（表1-5-2）。

（2）里親が行う養育に関する最低基準

児童福祉法第45条の2では「里親の行う養育並びに保護受託者の行う保護について、最低基準を定めなければならない」と規定されており、これに基づき、「里親が行う養育に関する最低基準」が定められている。

同基準第4条第1項では「里親を行う養育は、委託児童の自主性を尊重し、基本的な生活習慣を確立するとともに、豊かな人間性及び社会性を養い、委託児童の自立を支援することを目的として行われなければならない」と里親養育の原則が示されている。また、都道府県、政令指定都市において行われる里親の研修を受けることが求められている[*4]。さらに、里親は乳児院や児童養護施設の職員同様に子どもに対する養育の内容を常に向上させるように努めること（同基準第3条）、里子をほかの子どもと平等に養育すること（同基準第5条）、虐待の禁止（同基準第6条）などが規定されている。

（3）障害児施設等の運営基準

2006（平成18）年の障害者自立支援法（現：障害者の日常生活及び社会生活を総合的に支援するための法律（障害者総合支援法））の施行により、障害のある子どもの福祉サービスは児童福祉法から障害者自立支援法に根拠を移した。

その後、2010（同22）年の障害者自立支援法と児童福祉法の改正により、障害児施設および事業が再編された。それにより、通所支援を行う施設および事業は「児童福祉法に基づく指定通所支援の事業等の人員、設備及び運営に関する基準」の適用（児童福祉法第21条の5の19）、入所支援を行う施設は「児童福祉法に基づく指定障害児入所施設等の人員、設備及び運営に関する基準」の適用（同法第24条の12）を受けることになった。これら基準において、施設の構造設備や人員、運営について規定されている。

3. そのほかの関連法

（1）こども基本法（2022（令和4）年成立）

こども基本法は、子どもの権利と福祉を保障するために制定された法律で、子どもの権利の尊重、教育の充実、保護者の支援、そして社会全体での子どもへの配慮が強調されている。本法では、社会的養護が適切に行われるよう、またすべての子どもが平等に支援を受けられるようにするための指針を示し

*4 里親が行う養育に関する最低基準第4条第2項
里親は、前項の養育を効果的に行うため、都道府県（指定都市及び児童相談所設置市を含む。）が行う研修を受け、その資質の向上を図るように努めなければならない。

ており、本法の理念に基づき、社会的養護の充実を図るための政策や支援が進められることが期待されている。

(2) 子ども・子育て支援法（2012（平成24）年成立）

子ども・子育て支援法では、要保護児童を含めた地域の子どもや子育て家庭への支援事業を市町村が、社会的養護など高い専門性を必要とする施策については都道府県の設置する児童相談所が中心に行うとしている。また、市町村と都道府県の連携を確保するため、それぞれに「子ども・子育て支援事業計画」を策定し、両者の連携に関する記載をすることとしている。

(3) 児童虐待の防止等に関する法律（児童虐待防止法。2012（平成24）年成立）

児童虐待防止法は、子どもに対する虐待を防止し、虐待を受けた子どもを保護するための枠組みを示した法律で、児童虐待の定義（表1－5－3）、虐待が疑われる場合の通報義務、児童相談所による調査・対応、そして虐待を受けた子どもへの支援と保護等について定めている。

表1－5－3　児童虐待（子ども虐待）の定義（児童虐待防止法第2条）

① 身体的虐待	子どもの身体に外傷が生じ、または生じるおそれのある暴行を加えること（殴る、蹴る、もので叩く、タバコの火を押しつけるなど）。
② 性的虐待	子どもにわいせつな行為をすること、または子どもにわいせつな行為をさせること（性交や性的な行為を強要する、性器や性交、性的画像をみせるなど）。
③ ネグレクト	子どもの心身の正常な発達を妨げるような著しい減食または長時間の放置、保護者以外の同居人による「①」「②」「④」に掲げる行為と同様の行為の放置その他の保護者としての監護を著しく怠ること（食事を与えない、入浴させない、病気やけがの処置をしない、乳幼児だけ家に残して遊びに出かける、同居人による虐待を放置するなど）。
④ 心理的虐待	子どもに対する著しい暴言または著しく拒絶的な対応、子どもが同居する家庭における配偶者（事実婚を含む）に対する暴力その他の子どもに著しい心理的外傷を与える言動を行うこと（暴言を繰り返す、無視をする、ほかのきょうだいと著しく差別的な対応をする、子どもの目の前で同居している配偶者を暴行するなど）。

②——社会的養護の基本的なしくみ

社会的養護を必要とする子どもには、里親やファミリーホームなど、家庭と同様の環境での養育を図る家庭養護が推進されている。

しかし、なかなか里親委託が進まないこともあり、社会的養護を主に担っ

ているのは施設養護である。とはいえ、施設養護においては生活単位の見直しが進められており、小規模グループケア、地域小規模児童養護施設（グループホーム）など、より家庭に近い環境で子どもの養育を行うことが推進されている。

本節では、要保護児童に提供されることになる社会的養護の基本的なしくみについて概観する。

1. 社会的養護提供の手続き

（1）措置制度

保護者を亡くした子ども、保護者の病気などで養育を受けることができない子ども、虐待・ネグレクトなどの理由で社会的養護を必要とする子どもが里親に委託されたり、乳児院や児童養護施設へ入所したりすることは、児童相談所等の行政機関が子どもの福祉に関する専門的知見と児童福祉法に基づき、措置という行政処分に基づくものである。児童相談所が個々の家庭状況、支援の状況、子どもの状態像を総合的に判定し、最終決定を行っている。

この措置制度は児童福祉法第26条第1項第2号、第27条第1項第2号に基づく。措置に関する費用（措置費）は、国と当該自治体が支弁（国庫負担2分の1）することとなっている。

基本的には保護者の同意を得ての措置を行うが、虐待などで保護者の同意が得られない場合においても施設入所措置をとることがある。

（2）利用契約制度

母子生活支援施設、自立援助ホーム等の一部の児童福祉施設においては利用者と行政の契約制度による施設利用が行われるようになった。この利用契約制度は、利用者が自らサービスを選択し、施設を運営する事業者と利用契約を結ぶものである。

障害児入所施設もこれに該当するが、虐待や養育拒否等の場合は児童相談所の措置決定により入所する場合と、契約による入所の双方があるのが特徴である。

2010（同22）年の障害者自立支援法（現：障害者総合支援法）と児童福祉法の改正により、現在、障害のある子どもの通所による支援と入所による支援では、利用の手続きは異なっている。

児童福祉法に基づく障害児通所支援の利用に関しては、保護者が市町村に申請し、支援の必要性が認められる場合には、指定障害児相談支援事業者が

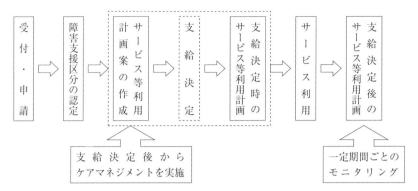

図1-5-3 支給決定・サービス利用の流れ
出典:障害保健福祉関係主管課長会議資料をもとに作成

作成する障害児支援利用計画案を提出し、市町村が計画案を勘案して支給決定がされる。その後、保護者は直接施設と契約を結び、サービスの提供を受ける(図1-5-3)。一方、障害児入所支援に関しては、障害児利用計画案の提出は必要なく、児童相談所が専門的な判断を行い、それに基づいて支給が決定される。その後、施設と契約を結びサービスの提供を受ける。

障害者総合支援法に基づく居宅サービスの利用に関する手続きの流れは、障害児通所支援の利用と同様だが、指定特定相談支援事業者にサービス等利用計画案の作成を依頼し、その計画案を市町村が勘案して支給決定されることになる。なお、通所・居宅サービスの利用にあたり、支援計画の作成を行う相談支援事業者は市町村により指定されるが、障害のある子どもの保護者が計画案を作成することもできる。

2. 社会的養護の法制度の充実に向けて

1989年の第44回国際連合総会において採択された「子どもの権利条約」の批准、さらに2009年に国際連合総会において採択された「児童の代替的養護に関する指針」により、すべての子どもには家庭における養育の機会が提供される家庭養育優先の原則が明確化された以降、日本の社会的養護は法律の改正を伴い大きく変わりつつある。

2019年、国際連合子どもの権利委員会による第4・5回日本政府報告書審査が行われ、その公式な報告書において、日本政府に対して改善が求められている。

> 29. 子どもの代替的養護に関する指針に対して締約国の注意を喚起しつつ、委員会は、締約国に対し、以下の措置をとるよう促す。
>   子どもを家族から分離するべきか否かの決定に関して義務的司法審査を導入し、子どもの分離に関する明確な基準を定め、かつ、親からの子どもの分離が、最後の手段としてのみ、それが子どもの保護のために必要でありかつ子どもの最善の利益に合致する場合に、子どもおよびその親の意見を聴取した後に行なわれることを確保すること。
>   （中略）6歳未満の子どもを手始めとする子どもの速やかな脱施設化およびフォスタリング機関の設置を確保すること。

このようにわが国の社会的養護に対する法制度や実施体制には、いまだ数多くの課題が存在していることがわかる。今後もすべての子どもの最善の利益のために、政府、行政機関、民間そして市民が一丸になって制度改革や社会の理解の醸成に取り組んでいく必要がある。

〈参考文献・ホームページ〉
- こども家庭庁「児童福祉法等の一部を改正する法律の施行に向けた検討状況（令和6年1月25日　自治体向け説明会）」
- こども家庭庁ホームページ：社会的養育の推進に向けて（令和6年8月）
  https://www.cfa.go.jp/assets/contents/node/basic_page/field_ref_resources/8aba23f3-abb8-4f95-8202-f0fd487fbe16/0604a387/20240805_policies_shakaiteki-yougo_104.pdf
- NHK NEWSWEB：里親 登録の7割が子ども受け入れできず　総務省が家庭庁に勧告
  https://www3.nhk.or.jp/news/html/20240607/k10014473661000.html
- ＡＲＣ　平野裕二の子どもの権利・国際情報サイト：子どもの権利委員会「総括所見　日本（第4～5回）」
  https://w.atwiki.jp/childrights/pages/319.html

児童の代替的養護に関する指針

社会的養育の推進に向けて（令和6年8月）

※最新版はこども家庭庁HPから確認すること。

こども家庭庁HP：社会的養護

第6章 社会的養護の実施体系

本章では、前章で学んだ社会的養護のしくみを詳しく理解するために、社会的養護の実施体系を整理していく。また、社会的養護の実施において外すことのできない課題の一つである子どもの権利擁護に関する取り組みについても理解を深めてもらいたい。

①——社会的養護の体系

1.「社会的養護専門委員会」で示された体系

社会的養護では、子どもとその保護者の状況に応じて、施設や里親制度等による代替養育サービスのほか、家庭への支援等が行われる。しかし、従来、これらサービスや支援が体系的に整理されていない状況があった。

こうした状況を受けて、2012（平成24）年の「第13回社会保障審議会児童部会社会的養護専門委員会」では、社会的養護について、乳児院や児童養

図1-6-1 厚生労働省「第13回社会保障審議会児童部会社会的養護専門委員会資料」（2012年）で示された社会的養護の体系

出典：厚生労働省「第13回社会保障審議会児童部会社会的養護専門委員会資料」（2012年）をもとに作成

施設などの施設で子どもが養育を受ける形態を「施設養護」、里親や小規模住居型児童養育事業（ファミリーホーム）など、養育者の住居等に子どもを招き入れ養育を行う形態を「家庭養護」、そして「施設養護」において、なるべく家庭的な養育環境をめざすための取り組みである地域小規模児童養護施設（グループホーム）や小規模グループケアによる養育の形態を「家庭的養護」として体系づけることが提案された*1（図1-6-1）。

*1 この当時は、家庭養護と家庭的養護の双方を推進することを「家庭的養護の推進」として提案されていた。

2. 新しい社会的養育ビジョンで示された体系

その後、2016（平成28）年の児童福祉法改正を受けて、厚生労働省から「新しい社会的養育ビジョン」（2017年）が示された。これにより、わが国の社会的養護は、従来の「代替養護」を中心とする社会的養護観を、「地域の変化、家族の変化により、社会による家庭への養育支援の構築が求められており、子どもの権利、ニーズを優先し、家庭のニーズも考慮してすべての子ども家庭を支援する」ことなどを骨格とする新たな養育観（社会的養育観）に改め、子どもの養育支援のあり方を整備していく方針をとることとなる。

この方針にあわせて、厚生労働省（2023（令和5）年度よりこども家庭庁に機能を移管）は社会的養護（社会的養育）を必要とする子どもの養育の体

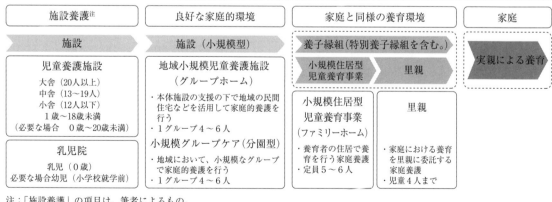

図1-6-2　家庭と同様の環境における養育の推進
出典：こども家庭庁「社会的養育の推進に向けて（令和6年8月）」をもとに作成

系を、「施設養護（施設）」「良好な家庭的環境（施設（小規模型））」「家庭と同様の養育環境（里親、小規模住居型児童養育事業、養子縁組）」「家庭（実親による養育）」の4つの区分で示し、「子どもが家庭において健やかに養育されるよう、保護者を支援する」ことを前提として、家庭と同様の環境における養育の推進がめざされることとなった（図1-6-2参照）。

②――社会的養護（社会的養育）の4つの体系

ここでは、前節で述べた4つの分類に基づいて、社会的養護の体系を整理していく。

1. 施設養護（施設）

(1) 施設養護（施設）の養育の特徴と課題

施設養護（施設）とは、社会的養護を必要とする子どもの養育を乳児院や児童養護施設などの児童福祉施設において行う形態のことである。

今日、社会的養護はより家庭的な環境で行うことが望ましいとされているが、わが国の社会的養護は、長い間、入所施設による養護を中心に展開してきた経緯があるため、現在も施設養護（施設）は、子どもたちの養育に大きな役割を果たしている。

なお、施設養護（施設）においては集団生活ならではの利点[*2]がある反面、養育者と子どもたち一人ひとりとの間に家庭のような連帯感が築きにくいなどの課題[*3]があるため、施設の保育者等には、子どもたち一人ひとりを十分に尊重しながら養育する力（専門性）が求められることになる。

(2) 施設の目的・対象・概況と「児童福祉施設の設備及び運営に関する基準」

社会的養護の入所施設には、乳児院、児童養護施設、児童心理治療施設、児童自立支援施設、母子生活支援施設や、後述する障害児入所施設などがあり、それぞれ子どもや保護者のニーズに応じた養育支援が展開されている（表1-6-1）。

また、各施設の職員配置や設備については、「児童福祉施設の設備及び運営に関する基準」等に基づき、表1-6-2に示す通りとなっている[*4]。

*2 施設では、「①専門家によるチームケア」（保育士や児童指導員のほか、医師、看護師、栄養士、心理療法担当職員などによる総合的な支援が受けられること）、「②生活の安定」（それまでの家庭生活で得ることが難しかった衣食住（食事・清潔・睡眠など）が安定すること）、「③集団の効果」（同じ境遇の仲間との相互作用）などの利点がある。

*3 集団生活では、規律があることにより自由が制限される、日常生活のさまざまな場面で自己決定の機会が少なくなる、プライバシーの確保が難しいなど、さまざまな制限がある。

*4 「児童福祉施設の設備及び運営に関する基準」に定められる基準は、あくまでも最低限の基準であり、「児童福祉施設は、最低基準を超えて、常に、その設備及び運営を向上させなければならない」ことが同基準第4条第1項に定められている。

表1−6−1 主な社会的養護の施設(入所施設)の目的と対象児童および概況

施設	乳児院	児童養護施設	児童心理治療施設	児童自立支援施設	母子生活支援施設
施設の目的	乳児(保健上、安定した生活環境の確保その他の理由により特に必要のある場合には、幼児を含む。)を入院させて、これを養育し、あわせて退院した者について相談その他の援助を行うことを目的とする施設【児童福祉法第37条】	保護者のない児童(乳児を除く。ただし、安定した生活環境の確保その他の理由により特に必要のある場合には、乳児を含む。)、虐待されている児童その他環境上養護を要する児童を入所させて、これを養護し、あわせて退所した者に対する相談その他の自立のための援助を行うことを目的とする施設【児童福祉法第41条】	家庭環境、学校における交友関係その他の環境上の理由により社会生活への適応が困難となつた児童を、短期間、入所させ、又は保護者の下から通わせて、社会生活に適応するために必要な心理に関する治療及び生活指導を主として行い、あわせて退所した者について相談その他の援助を行うことを目的とする施設【児童福祉法第43条の2】	不良行為をなし、又はなすおそれのある児童及び家庭環境その他の環境上の理由により生活指導等を要する児童を入所させ、又は保護者の下から通わせて、個々の児童の状況に応じて必要な指導を行い、その自立を支援し、あわせて退所した者について相談その他の援助を行うことを目的とする施設【児童福祉法第44条】	配偶者のない女子又はこれに準ずる事情にある女子及びその者の監護すべき児童を入所させて、これらの者を保護するとともに、これらの者の自立の促進のためにその生活を支援し、あわせて退所した者について相談その他の援助を行うことを目的とする施設【児童福祉法第38条】
対象児童	乳児(特に必要のある場合には、幼児を含む)	保護者のない児童、虐待されている児童その他環境上養護を要する児童(特に必要のある場合には、乳児を含む)	家庭環境、学校における交友関係その他の環境上の理由により社会生活への適応が困難となった児童	不良行為をなし、又はなすおそれのある児童及び家庭環境その他の環境上の理由により生活指導等を要する児童	配偶者のない女子又はこれに準ずる事情にある女子及びその者の監護すべき児童
施設数	145か所	610か所	53か所	58か所	215か所
定員	3,827人	30,140人	2,016人	3,403人	4,441世帯
現員	2,351人	23,008人	1,343人	1,103人	3,135世帯(児童5,293人)
職員総数	5,519人	21,139人	1,512人	1,847人	2,070人

出典:こども家庭庁「社会的養育の推進に向けて(令和6年8月)」等をもとに作成

表1-6-2　社会的養護にかかわる主な施設の職員配置および設備の基準

施設	職員配置の基準	設備に関する基準【設置義務のある設備】
乳児院	小児科の診療に相当の経験を有する医師または嘱託医、看護師（保育士または児童指導員をもって代えることができる）、個別対応職員、家庭支援専門相談員、栄養士、調理員（調理業務の全部を委託する場合は設置しないことが可能）、心理療法担当職員（心理療法を行う必要がある乳幼児またはその保護者が10人以上いる場合）、里親支援専門相談員（里親支援を行う場合）	①乳幼児10人以上を入所させる乳児院 寝室（乳幼児1人につき2.47㎡以上）、観察室（乳児1人につき1.65㎡以上）、診察室、病室、ほふく室、相談室、調理室、浴室、便所 ②乳幼児10人未満を入所させる乳児院 乳幼児の養育のための専用の室（1室につき9.91㎡以上とし、乳幼児1人につき2.47㎡以上）、相談室
児童養護施設	児童指導員、嘱託医、保育士、個別対応職員、家庭支援専門相談員、栄養士（児童が40人以下の施設の場合は配置しないことが可能）、調理員（調理業務の全部を委託する場合は設置しないことが可能）、看護師（乳児が入所している施設）、心理療法担当職員（児童10人以上に心理療法を行う場合）、職業指導員（実習設備を設けて職業指導を行う場合）、里親支援専門相談員（里親支援を行う場合）	児童の居室（1室の定員4人以下、1人につき4.95㎡以上、乳幼児のみは定員6人以下、1人につき3.3㎡以上、年齢に応じて男女別とする）、相談室、調理室、浴室、便所（男女別、少数の児童の場合を除く）、医務室および静養室（児童30人以上の場合）、職業指導に必要な設備（年齢、適性等に応じて設置）
児童心理治療施設	医師（精神科または小児科の診療に相当の経験を有する者）、心理療法担当職員（おおむね児童10人につき1人以上）、児童指導員・保育士（おおむね児童4.5人につき1人以上）、看護師、個別対応職員、家庭支援専門相談員、栄養士、調理員（調理業務の全部を委託する場合は設置しないことが可能）	児童の居室（1室の定員4人以下、1人につき4.95㎡以上、男女別とする）、医務室、静養室、遊戯室、観察室、心理検査室、相談室、工作室、調理室、浴室、便所（男女別、少数の児童の場合を除く）
児童自立支援施設	児童自立支援専門員・児童生活支援員（児童自立支援専門員・児童生活支援員をあわせて児童4.5人につき1人以上）、嘱託医、医師または嘱託医（精神科の診療に相当の経験を有する者）、個別対応職員、家庭支援専門相談員、栄養士（児童が40人以下の施設の場合は配置しないことが可能）、調理員（調理業務の全部を委託する場合は設置しないことが可能）、心理療法担当職員（児童10人以上に心理療法を行う場合）、職業指導員（実習設備を設けて職業指導を行う場合）	学科指導に関する設備については、小・中学校または特別支援学校の設備の設置基準に関する学校教育法の規定を準用（学科指導を行わない場合にあってはこの限りでない） 上記以外の設備については児童養護施設の設備の規定を準用（乳幼児の居室に関する規定は除く。男女の居室は別）
母子生活支援施設	母子支援員、嘱託医、少年を指導する職員（少年指導員）、調理員またはこれに代わるべき者、心理療法担当職員（心理療法を行う必要がある母子が10人以上いる場合）、個別対応職員（DV等の被害者の支援を行う場合）	母子室（調理設備、浴室、便所、1世帯1室以上、30㎡以上）、集会、学習等を行う室、相談室、保育所に準ずる設備（付近の保育所等が利用できない場合）、静養室（乳幼児30人未満）、および医務室（乳幼児30人以上）

出典：「児童福祉施設の設備及び運営に関する基準」、こども家庭庁「社会的養育の推進に向けて（令和6年8月）」等をもとに作成

2. 良好な家庭的環境（施設（小規模型））

前項の施設養護（施設）を、より「良好な家庭的環境」での養育にするための取り組みがこの形態である。具体的には、児童養護施設（本体施設）の分園である「地域小規模児童養護施設（グループホーム）」や施設の内外で行われる「小規模グループケア」と呼ばれる家庭的な小集団による養育形態などがこれに該当する（表1－6－3）。

(1) 地域小規模児童養護施設（グループホーム）

地域小規模児童養護施設（グループホーム）とは、2000（平成12）年に制度化された、児童養護施設（本体施設）の支援を受けながら地域の民間住宅などを活用した分園において子どもたちの養育を行う形態のことである。原則として、子どもの定員は4～6人[*5]であり、3人の職員により家庭的な養育が行われる。

*5 都市部等における小規模かつ地域分散化に向けた取り組みを促進するため、2021（令和3）年度より、分園型小規模グループケアおよび地域小規模児童養護施設の定員の下限が6人から4人に引き下げられている。

表1－6－3　地域小規模児童養護施設と小規模グループケアの定員および職員配置等

	施設内小規模グループケア	分園型小規模グループケア	地域小規模児童養護施設
定員	6人 （令和元年10月31日以前に指定された施設は除く）	4～6人[注1] （令和元年10月31日以前に指定された施設は除く）	4～6人[注1]
配置職員 （基本）	※定員6人（小学生以上）の場合 ・児童指導員、保育士 　（常勤、1.5人）	※定員6人（小学生以上）の場合 ・児童指導員、保育士 　（常勤、1.5人）	・児童指導員、保育士 　（常勤、2人） ・その他職員 　（常勤または非常勤、1人）
加算職員	【小規模グループケア加算】 ・児童指導員、保育士 　（常勤、1人） ・管理宿直等職員 　（常勤または非常勤、1人）	【小規模グループケア加算】 ・児童指導員、保育士 　（常勤、1人） ・管理宿直等職員 　（常勤または非常勤、1人） 【小規模かつ地域分散化加算】 ・児童指導員、保育士 　（常勤、最大3人[注2]）	【小規模かつ地域分散化加算】 ・児童指導員、保育士 　（常勤、最大3人[注2]）
職員配置基準 （加算あり）	（児童6人の場合） おおむね6：3	（児童6人の場合） おおむね6：6	（児童6人の場合） おおむね6：6
施設数		2,394か所	607か所

注1：都市部等における小規模かつ地域分散化に向けた取り組みを促進するため、2021（令和3）年度より、分園型小規模グループケアおよび地域小規模児童養護施設の定員の下限を6人から4人まで引き下げた。
注2：定員4人の場合は最大1名加配、定員5名の場合は最大2名加配
出典：こども家庭庁「社会的養育の推進に向けて（令和6年8月）」をもとに作成

（2）小規模グループケア

　小規模グループケアとは、2004（平成16）年に制度化されたもので、施設における生活単位を少人数化（ユニット化）して子どもの養育を行う形態のことである。本体施設内で行う「施設内小規模グループケア」と、本体施設外で行う「分園型小規模グループケア」の2つの運用形態がある[*6]。

*6　分園型小規模グループケアと地域小規模児童養護施設（グループホーム）は目的や形態が同じであるが、措置費上のしくみなどが異なる。

3. 家庭と同様の養育環境（里親、小規模住居型児童養育事業、養子縁組）

　「家庭と同様の養育環境」の養育形態では、原則として養育者の住居等において子どもの養育が行われる。具体的には、「里親」「小規模住居型児童養育事業（ファミリーホーム）」「養子縁組」の形態が位置づけられている。

（1）里親（里親制度）について

　里親（里親制度）は、何らかの事情により家庭での養育が困難または受けられなくなった子ども等を、温かい愛情と正しい理解を持った養育者の家庭に迎え入れて養育するしくみである。

　里親（里親制度）には、「養育里親」「専門里親（養育里親に含まれる里親で特に専門性を有する里親）」「親族里親」「養子縁組里親」の4つの類型があり、それぞれの特徴（対象児童、里親登録の要件、各種手当等）は表1-6-4の通りである。

表1-6-4　里親制度の概要

里親の種類	養育里親	専門里親	養子縁組里親	親族里親
概要	養子縁組を前提とせずに、要保護児童の養育を行う里親	要保護児童のうち、虐待された子どもや非行などの問題を有する子ども、障害のある子どもなど、一定の専門的ケアを必要とする子どもを養育する里親 ※養育里親名簿に専門里親として登録	養子縁組によって養親となることを希望する里親	両親が死亡、行方不明、長期入院などにより子どもを養育できない場合に3親等以内の扶養義務のある親族（祖父母等）*が里親となりその子どもを育てる家庭 ＊3親等以内でも本来扶養義務のない、おじ・おば等は養育里親の扱いになる
対象児童	要保護児童	次にあげる要保護児童のうち、都道府県知事がその養育に関し特に支援が必要と認めたもの ①児童虐待等の行為により心身に有害な影響を受けた子ども ②非行等の問題を有する子ども	要保護児童	次の要件に該当する要保護児童 ①当該親族里親に扶養義務のある子ども ②子どもの両親その他当該児童を現に監護する者が死亡、行方不明、拘禁、入院等の状態

	養育里親	専門里親	養子縁組里親	親族里親
		③身体障害、知的障害または精神障害がある子ども		となったことにより、これらの者により、養育が期待できないこと
基本的な要件	①要保護児童の養育についての理解および熱意並びに子どもに対する豊かな愛情を有していること ②経済的に困窮していないこと（親族里親は除く） ③里親本人またはその同居人が次の欠格事由に該当していないこと 　ア　禁錮以上の刑に処せられ、その執行を終わり、または執行を受けることがなくなるまでの者 　イ　児童福祉法等、福祉関係法律の規定により罰金の刑に処され、その執行を終わり、または執行を受けることがなくなるまでの者 　ウ　児童虐待または被措置児童等虐待を行った者その他子どもの福祉に関し著しく不適当な行為をした者			
里親登録の要件	・養育里親研修を修了していること ※年齢に一律の上限は設けない（養育可能な年齢であるかどうかを判断）	・専門里親研修を修了していること ・次の要件のいずれかに該当すること ア　養育里親として3年以上の委託児童の養育経験を有すること イ　3年以上児童福祉事業に従事した者であって、都道府県知事が適当と認めたものであること ウ　都道府県知事がアまたはイに該当する者と同等以上の能力を有すると認めた者であること ・委託児童の養育に専念できること ※年齢に一律の上限は設けない（養育可能な年齢であるかどうかを判断）	・養子縁組里親研修を修了していること ※一定の年齢に達していることや、夫婦共働きであること、特定の疾病に罹患した経験があることだけをもって排除しない 　子どもの成長の過程に応じて必要な気力、体力、経済力等が求められることなど、里親希望者と先の見通しを具体的に話しあいながら検討	・要保護児童の扶養義務者およびその配偶者である親族であること ・要保護児童の両親等が死亡、行方不明、拘禁、疾病による入院等の状態となったことにより、これらの者による養育が期待できない要保護児童の養育を希望する者であること
里親手当	月額90,000円 （2人目以降も同額）	月額141,000円 （2人目以降も同額加算）	なし	なし
一般生活費等	一般生活費（食費、被服費等）　乳児64,120円／1名　乳児以外55,530円／1名 ＋ その他（医療費、通院費、教育費、幼稚園費、入進学支度金、就職・大学進学支度費など）			

出典：こども家庭庁「社会的養護の推進に向けて（令和6年8月）」等をもとに作成

(2) 小規模住居型児童養育事業（ファミリーホーム）

　小規模住居型児童養育事業（ファミリーホーム）とは、保護者のない子どもや保護者に監護されることが不適当であると認められる子どもを養育者の住居で養育する事業（児童福祉法第6条の3第8項）のことである。

　ファミリーホームの定員は、原則として5～6名であり、3名の養育者[7]により子どもの養育が行われることが定められており、里親を拡大・事業化したものと考えると理解しやすい。

*7　3名の養育者は「2名の養育者（原則として夫婦）と補助者1名」、または「養育者1名と補助者2名以上（子どもの養育に適した家庭環境が確保される場合）」であり、かつ「養育者はファミリーホームに生活の拠点を置く者」とされる。

(3) 養子縁組

養子縁組は、民法に規定される実の親子関係にない者同士が、法律的な親子になるための制度で、「普通養子縁組」と「特別養子縁組」の2種類がある。

普通養子縁組は「実親と子どもの親子関係を継続したまま養親が養子の親権をもつ縁組」であることに対して、特別養子縁組は「実親と子どもの親子関係を断ち、養親が養子を実の子として迎え入れる縁組」であるという特徴がある（表1－6－5）。

表1－6－5　普通養子縁組と特別養子縁組の特徴

	普通養子縁組	特別養子縁組
縁組の成立	養親と養子の同意により成立	・養親の請求に対し家裁の決定により成立 ・実父母の同意が必要（ただし、実父母が意思を表示できない場合や実父母による虐待など養子となる者の利益を著しく害する理由がある場合は、この限りでない）
養親の要件	20歳以上	・原則25歳以上（夫婦の一方が25歳以上であれば、一方は20歳以上で可） ・配偶者がある者（夫婦双方とも養親）
養子の要件	尊属または養親より年長でない者	・原則、15歳[注1]に達していない者 ・子の利益のために特に必要があるときに成立
実父母との親族関係	実父母との親族関係は終了しない	実父母との親族関係が終了する
成立までの監護期間	特段の設定はない	6月以上の監護期間[注2]を考慮して縁組
離縁	原則、養親および養子の同意により離縁	養子の利益のため特に必要があるときに養子、実親、検察官の請求により離縁[注3]
戸籍の表記	実親の名前が記載され、養子の続柄は「養子・養女」と記載	実親の名前が記載されず、養子の続柄は「長男・長女」等と記載

注1：従来は年齢制限が「6歳に達していない者（6歳になる前から監護を受けていた場合8歳に達していない者）」であったが、2019（令和元）年6月の民法改正により2020（同2）年度から特別養子縁組の成立の審判の申立てのときに15歳未満であること（①15歳に達する前から養親候補者が引き続き養育かつ、②やむを得ない事由により15歳までに申立てができなかった場合は例外）が条件となっている。また、審判確定時に18歳に達している者は縁組できない（民法第817条の5第1・2項）。
注2：養子縁組里親等として6か月以上子どもを監護した期間が考慮される。
注3：民法第817条の10の規定により、「①養親による虐待、悪意の遺棄その他養子の利益を著しく害する事由があること。②実父母が相当の監護をすることができること」の要件がそろった場合のみ離縁が可能。
出典：こども家庭庁「社会的養育の推進に向けて（令和6年8月）」をもとに作成

4. 家庭（実親による養育）

社会的養護は「社会全体で子どもを育む」という基本理念のもと、施設や里親のような代替的な養育のみでなく、地域や家庭における子どもの養育を支援することもその対象としている。例えば、ひとり親で仕事をしながら子どもを育てることが難しい、経済的に困窮している、障害のある子どもの養育方法がわからないなど、さまざまな理由により保護者のみでは子どもを養

育することに困難がある場合に、保育者等が適切な養育を行うための支援を行うことも社会的養護の取り組みの一環として位置づけられているのである。

❸ 障害のある子どもの支援のための福祉サービスと社会的養育

障害のある子どもの養育支援を行うことも社会的養護の重要な役割の一つである。従来、障害のある子どもの支援は、知的障害や肢体不自由などの障害種別に設けられた各種の入所施設や通所施設において展開されてきたが、児童福祉法の改正により2012（平成24）年度からは障害種別の支援を改め、入所による支援を「障害児入所支援」、通所による支援を「障害児通所支援」として施設や事業を取りまとめて実施することになった。

1. 障害児入所支援

障害児入所支援は、主に「障害児入所施設」において行われることが児童福祉法に規定されている（児童福祉法第7条第2項）。

また、障害児入所施設は、日常的な医療的ケアの必要性の有無により福祉型と医療型の種別があり、以下のように規定されている。

> **児童福祉法第42条**
> 障害児入所施設は、次の各号に掲げる区分に応じ、障害児を入所させて、当該各号に定める支援を行うことを目的とする施設とする。
> 一　福祉型障害児入所施設　保護並びに日常生活における基本的な動作及び独立自活に必要な知識技能の習得のための支援
> 二　医療型障害児入所施設　保護、日常生活における基本的な動作及び独立自活に必要な知識技能の習得のための支援並びに治療

障害児入所施設については、本来であれば障害者施策（「障害者の日常生活及び社会生活を総合的に支援するための法律」に基づく自立支援施策）の対象となる18歳以上の利用者（過齢児）の成人施設への移行調整が十分に進まない状況があることが大きな課題となってきた。このため、2024（令和6）年度からは、都道府県と政令指定都市を障害児入所施設の入所児童等が地域生活等へ移行する際の調整を行う責任主体として明確に位置づけるとともに、入所児童等が「一定年齢以上になってからの入所で移行可能な状況に至っていない場合や、強度行動障害等が18歳近くになって強く顕在化するなど十分に配慮する必要がある場合」などは、22歳満了時（入所の時期として最も遅い18歳直前から起算して5年間の期間）までの入所継続を可能[*8]とする対

[*8] 従来（2023（令和5）年度まで）は、20歳未満までの入所の延長が可能とされていた。

応がとられることとなった。

2. 障害児通所支援

障害児通所支援には、「児童発達支援」「放課後等デイサービス」「居宅訪問型児童発達支援」「保育所等訪問支援」があり（児童福祉法第6条の2の2。表1-6-6）、これらは、児童福祉施設として規定される児童発達支援センターが中心となり実施することとなっている。

「障害児通所支援」の開始以来、児童発達支援センターは、利用する子どもの障害の状況（治療の必要性の有無）により「福祉型」「医療型」に施設種を区分してきたが、「障害種別にかかわらず、身近な地域[*9]で必要な発達支援を受けられるようにすること」や「児童発達支援センターが地域における障害児支援の中核的役割を担うことを明確化」することなどを目的として児童福祉法の改正（児童福祉法第43条）が行われ、2024（令和6）年度からは福祉型・医療型の区分を排して統合されることとなった。

[*9] 施設の偏在等があり地域によっては利用が難しくなるなどの事情があった。

> **児童福祉法第43条**
> 児童発達支援センターは、地域の障害児の健全な発達において中核的な役割を担う機関として、障害児を日々保護者の下から通わせて、高度の専門的な知識及び技術を必要とする児童発達支援を提供し、あわせて障害児の家族、指定障害児通所支援事業者その他の関係者に対し、相談、専門的な助言その他の必要な援助を行うことを目的とする施設とする。

表1-6-6 「障害児通所支援」における支援の内容（児童福祉法第6条の2の2）

支援の種類	支援の内容
児童発達支援	児童発達支援センター等の施設に通わせ、日常生活における基本的な動作および知識技能の習得、集団生活への適応のための支援、その他の支援を行う（肢体不自由のある子どもについては治療も行う）。
放課後等デイサービス	学校教育法第1条に規定する学校（幼稚園および大学を除く）または専修学校等に就学している障害のある子どもについて、授業の終了後または休業日に児童発達支援センター等に通わせ、生活能力の向上のために必要な支援や社会との交流の機会等を提供する。
居宅訪問型児童発達支援	重度の障害児等であって、児童発達支援または放課後等デイサービスを受けるために外出することが著しく困難な子どもの居宅を訪問し、日常生活における基本的な動作および知識技能の習得並びに生活能力の向上のために必要な支援等を行う。
保育所等訪問支援	「保育所その他の児童が集団生活を営む施設として内閣府令で定めるものに通う専門的な支援が必要な障害のある子ども」、または「乳児院その他の児童が集団生活を営む施設として内閣府令で定めるものに入所する障害のある子ども」について、当該施設を訪問し、当該施設における障害のある子ども以外の子どもとの集団生活への適応のための専門的な支援その他必要な支援を行う。

❹──社会的養護における子どもの権利擁護のしくみ

社会的養護の対象となる子どもたちは、社会的養護の支援に至るまでに、さまざまな不利益や権利の侵害を被っている場合が多い。社会的養護に携わる保育者等には、子どもたちが権利侵害を受けないように護り、そして、子どもが主体的かつ適切に権利を行使できるように支援することが求められている。

1. 苦情解決と第三者評価

(1) 苦情解決制度

社会的養護にかかわらず、福祉サービス利用者の苦情や要望を受けつけ、解決を行うしくみとして、苦情解決制度（社会福祉法第82条）[*10]がある。

施設に勤める保育者等には、日々の生活のなかで子どもたちとの信頼関係を形成し、子どもたちが意見や希望を伝えられる環境をつくること、また、子どもたちが伝えたいことをくみとり、子どもたちの権利を護ることができるように支援[*11]することが大切である。

(2) 第三者評価事業

第三者評価事業は、事業者の提供するサービスの質を外部の第三者評価委員が公平・中立の立場から評価するもので、社会的養護の施設は3年に1回受けることが「児童福祉施設の設備及び運営に関する基準」により義務づけられている[*12]。第三者評価は施設における子どもの養育が適正に行われているかを検討する機会になる。また、評価の結果が公表されることにより、質の高い支援に向けた改善の取り組みを促進させるなどの効果が期待される。

2. 子どもの権利ノートの活用

子どもの権利ノートとは、施設や里親のもとで暮らす子どもに、「自分自身の権利」をわかりやすく伝えるための小冊子のことである。ノートの内容は各自治体により違いがあるが「施設（里親）の役割や意義に関すること」「施設（里親家庭）での生活の流れに関すること」「日常生活のさまざまな場面における権利行使の方法」「各種関連機関の連絡先」などが、子どもにわかりやすい平易な表現で記載されている。

---

*10 社会福祉法第82条（社会福祉事業の経営者による苦情の解決）では「社会福祉事業の経営者は、常に、その提供する福祉サービスについて、利用者等からの苦情の適切な解決に努めなければならない」とされている。

*11 意見を伝えることが難しい利用者の意見をくみとり代弁・擁護する「アドボカシー」の機能を果たすことが重要である。

*12 社会福祉法における「福祉サービス第三者評価事業」は任意事業であるが、社会的養護施設については、子どもが施設を選ぶしくみでない措置制度等であり、また、施設長による親権代行等の規定もあるほか、被虐待児等が増加し、施設運営の質の向上が必要であることから、本事業の実施が義務づけられている。

子どもの権利ノートは、単に配布するだけでなく、子どもと養育者が日常生活における権利侵害の有無を確認する際に活用するなど、実用性を保ちながら使用することが大切である。

3. 被措置児童等虐待の防止

本来であれば子どもを守る立場にある施設職員や里親などが関与した不適切なかかわりが例年のように報告されている実態がある[*13]。こうした実態に対して、わが国では児童福祉法第2章第7節に「被措置児童等虐待の防止」の項目が設けられるなど、これまでにも、さまざまな取り組みが行われてきた。

こうしたなか、厚生労働省（2023（令和5）年度からこども家庭庁に移管）は、「被措置児童等虐待対応ガイドライン——都道府県・児童相談所設置市向け」を作成し、被措置児童等虐待の予防のために、①風通しのよい組織運営、②開かれた組織運営、③養育者の研修、資質の向上、④里親・ファミリーホームにおける予防的な視点[*14]、⑤子どもの意見を実現するしくみ等に関する取り組みが重要であることを指摘している。社会的養護に携わる保育者等はこれら5つの取り組みについて常に意識して子どもの支援にあたるとともに、日々、子どもの権利擁護に努めなければならない。

〈参考文献〉
- 厚生労働省「新しい社会的養育ビジョン」2017年
- こども家庭庁「社会的養護の推進に向けて（令和6年8月）」

---

*13 統計資料はこちら。

*14 本ガイドラインは2009（平成21）年3月に厚生労働省から通知されたものだが、「④里親・ファミリーホームにおける予防的な視点」については2022（令和4）年6月の一部改訂から追加されることとなった。

新しい社会的養育ビジョン（平成29年8月）

社会的養育の推進に向けて（令和6年8月）

※最新版はこども家庭庁HPから確認すること。

こども家庭庁HP：社会的養護

第7章 社会的養護を担う人材

❶——保育士等の倫理と責務

1. 保育士の専門性と責務

(1) 保育士の専門性

　保育士は児童福祉法に基づく国家資格であり、保育所やそのほかの児童福祉施設に配置される専門職である。その業務は「保育士の名称を用いて、専門的知識及び技術をもつて、児童の保育及び児童の保護者に対する保育に関する指導を行うこと」と規定されている（児童福祉法第18条の4）。「保育士」として働くためには、保育士資格を有していることに加え、都道府県の保育士登録簿への登録が必要であり、これを保育士登録制度という（同法18条の18）。

　従来、保育士は「保育の専門家」としての役割を果たしてきたが、近年、地域の子育て支援の専門職としての役割にも期待が高まっている。

(2) 保育士の義務

　2003（平成15）年の改正児童福祉法の施行により、保育士は名称独占の国家資格となった（児童福祉法第18条の23）。名称独占とは、一定の技能を有する資格をもつ者しかその名称を名乗ってはならないという法的規制である。

　法定化された保育士の義務は3つある。第1に守秘義務[*1]（同法第18条の22）、第2に信用失墜行為の禁止（同法第18条の21）、第3が保育指導業務に関する自己研鑽の努力義務（同法第48条の4第3項）である。すなわち、正当な理由なく業務に関して知り得た人の秘密を漏らした場合、守秘義務違反とみなされ、これは退職後も同様である。また、犯罪や守秘義務違反、体罰行為など、保育士という職業全体の信用を傷つけるような行為を行った場合、信用失墜行為の禁止違反とみなされる。前者2つの義務の違反に対しては、都道府県知事により保育士の登録抹消や名称の一定期間の使用禁止と

*1　守秘義務
　児童福祉施設の設備及び運営に関する基準第14条の2において、保育士に限らず、「児童福祉施設の職員は、正当な理由がなく、その業務上知り得た利用者又はその家族の秘密を漏らしてはならない」とされている。

いった行政処分が行われる。加えて、第3の自己研さんの努力義務については、児童福祉施設の職員は「常に自己研さんに励み、法に定めるそれぞれの施設の目的を達成するために必要な知識及び技能の修得、維持及び向上に努めなければならない」(児童福祉施設の設備及び運営に関する基準第7条の2)とも規定されている。自己研さんについては罰則規定のない努力義務ではあるものの、求められる専門性から鑑みても重要な義務の一つであるといえる。研修会への参加などによる知識や技能の修得、維持、向上をめざし、専門職としていっそう成長していけるような努力をしなければならない。

保育士には、日々の保育を通じ子どもの健やかな成長と発達を促すこと、保護者の子育てに関する相談に応じることができる専門的な知識と技能、それらの基盤となる豊かな人間性が求められる。

(3) 社会的養護における保育士の専門性と責務

児童福祉法に規定されている児童福祉施設は13ある(第7条)。助産施設、乳児院、母子生活支援施設、保育所、幼保連携型認定こども園、児童厚生施設、児童養護施設、障害児入所施設、児童発達支援センター、児童心理治療施設、児童自立支援施設、児童家庭支援センター、里親支援センターである。児童福祉施設は、何らかの事情により家庭での養育が困難な子どもを対象とする施設や、障害のある子どもを対象とする施設など、多様な目的で設置されている(第36～44条の3)。したがって、各施設で求められる保育士の職務も多様である。

2. 保育士の倫理

倫理とは、人として守り行うべき道であり、善悪・正邪の判断において普遍的な規準となるものであり、道徳やモラルとも言い換えることができる。

(1) 全国保育士倫理綱領

2003(平成15)年に、全国社会福祉協議会[*2]、全国保育協議会[*3]、全国保育士会[*4]により、全国保育士会倫理綱領が定められた(表1-7-1)。このことについて柏女は、「全国保育士会倫理綱領は、保育所保育士(者)が行う援助の共通原理、行動指標を示すものといえ、それは内部の規範であると同時に、外部に対する専門職としての決意表明でもある」[1)]と述べ、専門職として倫理を高く意識し遵守することの重要性を示した。

---

*2 **全国社会福祉協議会**
社会福祉法に基づいて都道府県と市町村に設置されている「社会福祉協議会(社協)」の中央組織。全国各地の社協とのネットワークを構築し、福祉サービス利用者と社会福祉関係者との連絡・調整や活動支援、各種制度の改善への取り組みなどを行っている。

*3 **全国保育協議会**
全国社会福祉協議会の分野別組織であり、全国の認可保育所の約9割が加入している保育団体。会報誌やホームページ等による情報提供や広報活動、研修会の企画・開催、保育にかかわる調査・研究事業、保育制度や施策に関する行政への提言を行っている。

*4 **全国保育士会**
全国社会福祉協議会の分野別組織であり、保育士相互の交流を図り、保育士の専門性の確立をめざす保育士による任意団体。保育内容の向上のための研究活動、保育士の労働条件、保育条件改善のための調査研究や予算対策活動、研究大会や研修会の開催を行っている。

表1-7-1　全国保育士会倫理綱領

全国保育士会倫理綱領

　すべての子どもは、豊かな愛情のなかで心身ともに健やかに育てられ、自ら伸びていく無限の可能性を持っています。

　私たちは、子どもが現在（いま）を幸せに生活し、未来（あす）を生きる力を育てる保育の仕事に誇りと責任をもって、自らの人間性と専門性の向上に努め、一人ひとりの子どもを心から尊重し、次のことを行います。

・私たちは、子どもの育ちを支えます。
・私たちは、保護者の子育てを支えます。
・私たちは、子どもと子育てにやさしい社会をつくります。

1. 子どもの最善の利益の尊重
　　私たちは、一人ひとりの子どもの最善の利益を第一に考え、保育を通してその福祉を積極的に増進するよう努めます。
2. 子どもの発達保障
　　私たちは、養護と教育が一体となった保育を通して、一人ひとりの子どもが心身ともに健康、安全で情緒の安定した生活ができる環境を用意し、生きる喜びと力を育むことを基本として、その健やかな育ちを支えます。
3. 保護者との協力
　　私たちは、子どもと保護者のおかれた状況や意向を受けとめ、保護者とより良い協力関係を築きながら、子どもの育ちや子育てを支えます。
4. プライバシーの保護
　　私たちは、一人ひとりのプライバシーを保護するため、保育を通して知り得た個人の情報や秘密を守ります。
5. チームワークと自己評価
　　私たちは、職場におけるチームワークや、関係する他の専門機関との連携を大切にします。
　　また、自らの行う保育について、常に子どもの視点に立って自己評価を行い、保育の質の向上を図ります。
6. 利用者の代弁
　　私たちは、日々の保育や子育て支援の活動を通して子どものニーズを受けとめ、子どもの立場に立ってそれを代弁します。
　　また、子育てをしているすべての保護者のニーズを受けとめ、それを代弁していくことも重要な役割と考え、行動します。
7. 地域の子育て支援
　　私たちは、地域の人々や関係機関とともに子育てを支援し、そのネットワークにより、地域で子どもを育てる環境づくりに努めます。
8. 専門職としての責務
　　私たちは、研修や自己研鑽を通して、常に自らの人間性と専門性の向上に努め、専門職としての責務を果たします。

社会福祉法人　全国社会福祉協議会
全国保育協議会
全国保育士会

（平成15年2月26日　平成14年度第2回全国保育士会委員総会採択）

(2) 各児童福祉施設における倫理綱領

全国保育士会倫理綱領以外にも、全国児童養護施設協議会、全国乳児福祉協議会、全国母子生活支援施設協議会など、児童福祉施設ごとに倫理綱領が定められている（巻末の資料参照）。また、独立行政法人国立病院機構全国保育士協議会は、全国保育士会倫理綱領を基盤としつつ、「全国保育士協議会倫理綱領ガイドブック」において、医療機関で働く保育士としての行動規範を示している。このように、倫理綱領を基本として、どのような施設で、どのような子どもを対象としているのかを考慮し、社会情勢もふまえ、その職場における保育士の倫理とは何かを十分に理解しておく必要性がある。

②──社会的養護にかかわる専門職

児童福祉施設における業務は、施設種別や利用型、通所型、入所型など施設の形態、また対象となる子どもの年齢や特性によって異なる。必然的に、そこで働く保育士等の専門職に求められる役割も異なってくる。

児童福祉施設の設備や運営上の基準となるのは「児童福祉施設の設備及び運営に関する基準」（以下、設置運営基準）であり、児童福祉法第45条に基づき定められている。設置運営基準は、「児童福祉施設に入所している者が、明るくて、衛生的な環境において、素養があり、かつ、適切な訓練を受けた職員の指導により、心身ともに健やかにして、社会に適応するように育成されることを保障するもの」（第１条第２項）であり、職員の職種と人員等も、これに定められている。

児童福祉施設における職員の基本的な組織は、施設長のもと、事務職員、保育士や児童指導員などの直接処遇者、栄養士や調理員などに分かれている。ここでは、保育士以外の直接処遇を行う職員を取り上げるが、多職種連携のもと、入所している子どもたちの家庭の事情や成長の様子を見極め、一人ひとりにあわせた支援計画を立てたうえで支援にあたることが前提となる。

1. 施設生活の支援にかかわる職員

(1) 児童指導員

児童指導員とは、保護者がいない、虐待されているなど、家庭環境上養護を必要とする子どもが入所する児童福祉施設等で子どもたちの育成、生活指導等を行う者をいう。入所している子どもたちの基本的な生活習慣や社会の

ルール・マナーの定着、年齢や能力にあわせた学習指導と進路・職業指導[*5]、安全で安心な生活環境づくりなど、子どもの心身の健全な発達と将来の社会的自立を支援している。また、関係機関との連絡調整をしたり、親子関係の再構築をめざして家族と面談したりすることも重要な職務である。日常生活を豊かなものにするための行事を企画し実行することもある。

それぞれの児童福祉施設において児童指導員の役割も異なる。とりわけ障害のある子どものための施設では、健康管理や安全な環境づくりなど、障害の種類や程度に応じた細やかな配慮が求められる。

配置される施設は、乳児院、児童養護施設、福祉型障害児入所施設、医療型障害児入所施設、児童発達支援センター、児童心理治療施設であり(設置運営基準:第21条第6項、第42条第1項、第49条第1項、第58条第1項、第63条第1項、第69条、第73条第1項)、その人数は施設によって異なる(資格要件は表1-7-2参照)。

(2) 母子支援員

母子支援員とは、母子生活支援施設に配置され、母子の生活支援を行う者をいう。離婚などで生活や経済の基盤を失ったり、配偶者からの暴力をうけて精神的なケアが必要となったりと、さまざまな生活課題を抱えた母親に対して、自立の促進を目的とした就労支援や、日常における子育てや家事に関する悩みについての相談、必要な場合には法的手続きや関係機関との連絡調整などを行う。

配置人数は、母子10世帯以上20世帯未満を入所させる施設では2人以上、母子20世帯以上を入所させる施設では3人以上である(運営設置基準:第27

[*5] 職業指導を行う場合は職業指導員をおかなければならず、児童養護施設、福祉型障害児入所施設、児童自立支援施設に配置される(基準:第42条第5項、第49条第14項、第80条第5項)。このうち、児童養護施設と児童自立支援施設は、「実習設備を設けている」という条件つきである。

表1-7-2 児童指導員、母子支援員、児童自立支援専門員等の資格要件(設備運営基準)

児童指導員 (第43条)	児童福祉施設の職員養成校を卒業した者、社会福祉士、精神保健福祉士、大学において社会福祉学、心理学、教育学、社会学の学科や課程を修めて卒業した者、幼稚園、小・中・義務教育学校・高等学校または中等教育学校の教諭免許状所持者、または3年以上の児童福祉事業従事者で都道府県知事が認めた者等。
母子支援員 (第28条)	児童福祉施設の職員養成校を卒業した者、保育士、社会福祉士、精神保健福祉士、または2年以上の児童福祉事業従事者等。
児童自立支援専門員 (第82条)、 児童生活支援員 (第83条)	児童自立支援専門員:精神保健に関して学識経験のある医師、社会福祉士、児童自立支援専門員の養成校その他の養成施設を卒業した者、大学において社会福祉学、心理学、教育学、社会学の専修学科や相当する課程を修めて卒業した者等、3年以上の児童自立支援事業従事者等、小・中・義務教育学校・高等学校の教諭免許状所持者で1年以上の児童自立支援事業従事者、または2年以上の教員職務従事者等。 児童生活支援員:保育士、社会福祉士、または3年以上の児童自立支援事業従事者。

条第5項。資格要件は表1－7－2参照)。

　なお、母子支援員同様に母子生活支援施設のみに配置される少年を指導する職員（少年指導員）は、子どもの学習や生活習慣づくりなどといった日常生活を援助している。

(3) 児童自立支援専門員・児童生活支援員

　児童自立支援専門員と児童生活支援員は、いずれも児童自立支援施設に配置される。児童自立支援専門員は、子どもの自立支援を行う者をいい、児童生活支援員は、子どもの生活支援を行う者をいう。非行経験や非行のおそれのある子ども、家庭環境などに問題があって生活指導が必要な子どもに対し、自立を目的とした生活指導や学習指導、職業指導のほか、教員や医師など外部専門家との連携や家庭との連絡調整も行っている。児童自立支援専門員と児童生活支援員は、教育・社会的自立支援および生活全般についての指導を担っている。生活をともにし、子どもを温かく受け止めて根気よく支援することにより、信頼関係を築いていくことが求められる。

　配置される児童自立支援専門員および児童生活支援員の総数は、おおむね子ども4～5人に1人以上である（設置運営基準：第80条第6項。資格要件は表1－7－2参照)。

2. 支援の充実にかかわる職員

(1) 家庭支援専門相談員（ファミリーソーシャルワーカー）

　家庭支援専門相談員とは、虐待など家庭環境上の理由により施設に入所している子どもの保護者に対し、面接等によって相談支援を行う者をいう[*6]。児童相談所と密接に連携しつつ、保護者等を対象として早期家庭復帰のための相談・養育指導を行うこと、あるいは里親を早期にみつけるためのサポート、子どもと実親もしくは里親との関係構築、退所後の子どもに対する継続した相談対応、要保護児童の状況把握や情報交換を行うための協議会への参画、さらには地域の子育て家庭からの相談受付、施設職員への指導など幅広い役割を担っている。

　家庭支援専門相談員は、虐待による子どもの入所が増加した状況に対応するため、乳児院、児童養護施設、児童心理治療施設、児童自立支援施設に配置されることになった専門職で（設置運営基準：第21条第1項、第42条第1項、第73条第1項、第80条第1項)、その配置人数は、各々1人、定員30人以上の施設においては2人以上である（資格要件は表1－7－3参照)。

*6　厚生労働省雇用均等・児童家庭局長通知「家庭支援専門相談員、里親支援専門相談員、心理療法担当職員、個別対応職員、職業指導員及び医療的ケアを担当する職員の配置について」（雇児発0620第16号）に資格要件、業務内容等が記されている。

(2) 個別対応職員

個別対応職員は、虐待を受けた子どもや愛着障害のある子どもに対して、面接や生活指導などの個別対応や保護者援助などを行う者をいう。個別のケアの確保を重視し、職員と子どもとの1対1の関係の構築、保護者への定期的なケア、子どもへのケアに関するほかの職員への助言を行う等の役割を担っている[*6]。

個別対応職員は、増加する児童虐待に対応するため、乳児院（定員10人以上）、児童養護施設、母子生活支援施設（配偶者からの暴力を受けたこと等により、個別に特別な支援を行う必要がある場合）、児童心理治療施設、児童自立支援施設に配置される（設備運営基準：第21条第1項、第27条第4項、第42条第1項、第73条第1項、第80条第1項）。

配置人数や資格要件については、特に規定がない。

(3) 里親支援専門相談員

里親支援専門相談員は、里親委託の推進や里親支援の充実のため、児童相談所と連携しながら活動する専門職である。児童相談所の里親担当職員、里親委託等推進委員、里親会等と連携し、所属施設に入所している子どもの里親委託の推進、退所した子どものアフターケアとしての里親支援、所属施設を退所した子ども以外を含めた地域支援としての里親支援を行う[*6]。そのほか、前述の家庭支援専門相談員とも連携、または分担しながら、里親向けの研修や子どもを迎え入れた家庭への訪問や電話相談、レスパイト・ケアの調整等の役割を担っている。

里親支援専門相談員が配置される乳児院や児童養護施設は、地域の里親や

表1-7-3 家庭支援専門相談員、里親支援専門相談員、心理療法担当職員の資格要件（設備運営基準）

家庭支援専門相談員	社会福祉士、精神保健福祉士、あるいは該当施設における5年以上の養育・指導従事者、または児童福祉司任用資格の保持者（第21条第2項、第42条第2項、第73条第4項、第80条第2項）。
里親支援専門相談員	社会福祉士、精神保健福祉士、該当施設（里親を含む）における5年以上の養育・指導従事者、または児童福祉司任用資格の保持者であり、里親制度への理解、および各家庭のもつ問題に社会的な環境や状況もふまえて働きかけていくソーシャルワークの視点を有するもの。
心理療法担当職員	（資格要件は配置施設によって異なる） 乳児院、母子生活支援施設、児童養護施設：心理学を専修する学科や相当の課程を修めて卒業したもので、個人および集団心理療法の技術を有する者またはこれと同等以上の能力を有するもの（第21条第4項、第27条第3項、第42条第4項）。 児童心理治療施設、児童自立支援施設：（上記用件に加え）大学院への入学を認められたものであり、かつ心理治療に関する1年以上の経験を有するもの（第73条第3項、第80条第4項）。

ファミリーホームを支援する拠点となっている。配置人数は、都道府県知事等に指定された一施設につき1人である（資格要件は表1－7－3参照）。

(4) 心理療法担当職員

心理療法担当職員は、虐待や配偶者等からの暴力による心的外傷のため、心理療法を必要とする母子等に遊戯療法やカウンセリングなどの心理療法を行う者である。心理療法により、心理的困難の改善、安心感や安全感の再形成、人間関係の修復を図り、自立を支援するとともに、施設職員への助言や指導を行う役割も担っている[*6]。

心理療法担当職員が配置されるのは、乳児院、母子生活支援施設、児童養護施設、児童心理治療施設、児童自立支援施設であり、配置基準は設備運営基準に定められている（第21条第3項、第27条第2項、第42条第3項、第73条第5項、第80条第3項。資格要件は表1－7－3参照）。

(5) 看護師

看護師とは、厚生労働大臣の免許を受けて療養上の世話や診療の補助を行う者をいう（保健師助産師看護師法第5条）。免許を受けるには看護師国家試験に合格しなければならない（同法第7条第3項）。

児童福祉施設においては、助産施設、乳児院（定員10人以上）、乳児が入所している児童養護施設、児童心理治療施設、主として自閉症児を入所させる福祉型障害児入所施設、主として肢体不自由児入所させる福祉型障害児入所施設、医療型障害児入所施設、主として重症心身障害児を通わせる児童発達支援センターのそれぞれに、設備運営基準の定めにより配置される。

3. 障害のある子どもの支援にかかわる職員

(1) 理学療法士

理学療法士（PT：Physical Therapist）とは、厚生労働大臣の免許を受けて、医師の指示のもとに理学療法を行う者をいう（理学療法士及び作業療法士法第2条第3項）。免許を受けるには理学療法士国家試験に合格しなければならない（同法第3条）。理学療法とは、身体に障害のある者に対して、主として基本的動作能力の回復を図るために、体操や運動を用いた訓練や刺激、マッサージ、温熱等の物理的手段を加えることをいい、病院やリハビリテーション施設などの医療関連施設、介護老人保健施設、障害者支援施設、スポーツセンター等の医療、保健、福祉、スポーツ分野において広範囲に活

躍している。

児童福祉施設においては、主として肢体不自由児や重症心身障害児を入所させる医療型障害児入所施設のほか、児童発達支援センターに配置される。

(2) 作業療法士

作業療法士（OT：Occupational Therapist）とは、厚生労働大臣の免許を受けて、医師の指示のもとに作業療法を行う者をいう（作業療法士及び作業療法士法第2条第4項）。免許を受けるには作業療法士国家試験に合格しなければならない（同法第3条）。作業療法とは、身体または精神に障害のある者に対して、主として応用的動作能力または社会的適応能力の回復を図るため、日常生活の基本的な作業や、手芸、工作等の作業を行わせることをいい、理学療法士同様の分野において広範囲に活躍している。児童福祉施設における配置は理学療法士と同様である。

(3) 言語聴覚士

言語聴覚士（ST：Speech Therapist）とは、厚生労働大臣の免許を受けて、言語聴覚士の名称を用いて、音声機能、言語機能または聴覚に障害のある者の機能の維持向上を図るため、言語訓練その他の訓練、必要な検査や助言、指導その他の援助を行う者をいう（言語聴覚士法第2条）。免許を受けるには言語聴覚士国家試験に合格しなければならない（同法第3条）。

言語聴覚士も広範囲で活躍するが、とりわけ児童福祉施設においては、主として難聴児を通わせる児童発達支援センターにおいて配置される。

〈引用文献〉
1）柏女霊峰監修、全国保育士会編『改訂2版　全国保育士会倫理綱領ガイドブック』全国社会福祉協議会　2018年

〈参考文献〉
・柏女霊峰監修、独立行政法人国立病院機構全国保育士協議会倫理綱領ガイドブック三訂版作成委員会編『三訂版　医療現場の保育士と障がい児者の生活支援』生活書院　2018年
・全国社会福祉協議会ホームページ：福祉の資格
　https://www.shakyo.or.jp/guide/shikaku/setsumei/09.html
・厚生労働省ホームページ：職業情報提供サイトjobtag
　https://shigoto.mhlw.go.jp/User

第8章 社会的養護の展開

①——社会的養護の援助方法

1. 日常生活支援（レジデンシャルワーク）

(1) レジデンシャルワーク（residential work）とは

　社会的養護は、保護を必要とする子どもに社会が家庭に代わる環境を保障することで実施される。すなわち、施設や里親など、本来の家庭に代わる暮らしの場所が提供されることとなる。レジデンス（residence）とは「住む場所」「暮らす場所」のことであるが、レジデンシャルワーク（residential work）については統一した定義はない。高齢者福祉の領域では「施設での利用者の生活をできるだけ在宅に近いものにしようという活動」[1]とされているが、社会的養護における施設実践では1950年代のホスピタリズム論争を経て、「家庭的養護理論」や「集団的養護理論」が生まれ、施設を家庭的環境になるように変革することと並行して、日常生活を通して、子ども相互のかかわりを活用しながら自立を支援することが追及されてきた。そうした取り組みのなかでは、生活を営む場である施設での支援は、ケアワーク（日常生活援助）とソーシャルワーク（社会資源との連携や家族への支援など）に区分されず、両者は生活のなかで一体的に提供される。こうした経緯をふまえ、本書ではレジデンシャルワークとは「社会的養護における、子どもが住んでいる場所において営まれる日々の暮らしを通した援助の総体」とする。

　子どもの暮らしのなかで展開するレジデンシャルワークは、子どもの健全育成と自立支援にその理念をおく。そのために、まず日常生活のなかで、子どもに寄り添い、成長発達を支援することを第1の目標とする。そして、治療や学校等との連携、家庭調整など、子どもがその背後に抱えている問題へ対応し、子どもが問題を乗り越えて健やかに育つ環境を整えることが第2の目標である。

(2) 当たり前の生活

　子どもの権利条約の前文では「児童が、その人格の完全なかつ調和のとれた発達のため、家庭環境の下で幸福、愛情及び理解のある雰囲気の中で成長すべき」と明記している。また児童福祉法第1条ではすべての児童に「適切に養育されること、その生活を保障されること、愛され、保護されること、その心身の健やかな成長及び発達並びにその自立が図られる」権利を定めている。これらの子どもの権利は日常生活を通して子どもに保障される。「児童養護施設運営ハンドブック」では、「一人一人の子どもが愛され大切にされていると感じることができ、子どもの育ちが守られ、将来に希望が持てる生活」が必要であり、それは「あたりまえの生活」として子どもに提供されると述べている。食事の心配をしないで過ごせ、ゆっくり休める場所があり、不安やつらいことがあれば聞いてもらい慰められ、頑張ったことはほめてもらえるといった何気ない日々の日常生活こそが子どもの権利として保障されるべきである。

　社会的養護を必要とする子どもたちは不適切な養育環境のなかで傷ついた体験を有するだけでなく、家族や家庭から離されることで二重につらい体験をした子どもたちである。子どもたちは、社会的養護の場での安心・安全・受容・承認を基盤とした「当たり前の生活」が日々重ねられることを通して癒やされ回復し、本来の個性や能力を発揮していく。

　レジデンシャルワークは「当たり前の生活」として子どもに提供される。まず、生活の基本である衣食住の充実が問われてくる。特に、食は心身の成長の原点と位置づけられる。規則正しく適切な内容の食事を準備し、楽しい団らんのなかで食事をし、後片づけをすることで、食の基本的な営みが身につく。季節にあわせた行事食や郷土料理、誕生日などのお祝いメニューや子どもの希望などを日々の献立に取り入れることも大切である。

　同様に、住生活や衣生活においても、居場所が実感でき、くつろげる住環境の創造、清潔で子どもの身体の動きを妨げずに、子どもの個性や好みにも配慮した衣服の選択を行うとともに、適切な環境整備やTPOに応じた選択などができるように段階に応じて子どもに伝えていく。こうした「当たり前の生活」を通して子どもの情緒的安定や自立への支援が行われていく。

(3) 丁寧に暮らす

　暮らしの場（レジデンス）で営まれる生活を通して子どもは日々育っていく。子どもの育ちの基盤となるものは「自己肯定感」といわれる。これは「生まれてきてよかった」と意識的・無意識的に思い、自己の存在に自信をもて

るようになることである。こうした自己認識をはぐくむためには、子どもが存在そのものを全面的に受容され、安心して自分をゆだねられる大人の存在と配慮のある丁寧な生活とその継続が必要である。

　配慮のある丁寧な暮らしを構成するものは、「環境」と「情（愛情）」である。子どもを「いとおしい・かわいい」と思う「情」は「環境」を整えることにも具現化される。四季折々の花、額やクロスのうえにおいて飾られた子どもの制作物や絵、日にあてられた寝具など、ささやかかつ細やかな配慮のある生活環境の創造が大切である。さまざまな困難を抱え社会的養護の場にやってくる子どもは温かく配慮が行き届いた環境のもとでの生活を日々重ねることによって、自分が大切にされていると実感し自己肯定感を形成・回復させていく。そして、それは自立への推進力となる。

2. 自立支援

(1) 自立概念の問い直し

　自立とは、一般に「他への従属から離れて独り立ちすること。他からの支配や助力を受けずに、存在すること」[2]と理解されている。社会的養護の場においては、子どもが自立するために形成されるべき能力や人間性として、「健康な心身を育む」「他者を尊重し、ともに生きる」「自分を大切にする」「基本的な生活を営む」「考えて対処する」「自分らしく生きる」といった6つの内容があげられている。

　子どもの自立へ向けて支援をする際に、「自立」が意味するところは「独り立ち」ではない。「『依存先を増やしていくこと』こそが自立」とは、熊谷晋一郎[*1]の言葉であるが、家族や親に頼ることが難しい要保護児童にとっては、必要なときに必要な支援を受けることができる「依存できる場・資源」を知り、適切に「依存できる力」を育成することが大切である。

　また、自立は年齢で一律に求められない。2024（令和6）年度から、原則18歳（最長22歳）までとされていた社会的養護の対象年齢が撤廃された。年齢で自立を求めるのではなく、子どもや若者の個々の状況や本人の意向をふまえて必要とされる時期まで自立支援を継続することが可能となった。

(2) 自立支援の方法

　児童養護施設運営指針で「子どもは子どもとして人格が尊重され、子ども期をより良く生きることが大切であり、また、子ども期における精神的・情緒的な安定と豊かな生活体験は、発達の基礎となると同時に、その後の成人

*1　熊谷晋一郎
（くまがやしんいちろう。1977年生まれ）。
　生後間もなく脳性麻痺により手足が不自由となる。東京大学医学部卒業後、小児科医として10年間病院に勤務し、2015（平成27）年から東京大学先端科学技術研究センター准教授。専門は小児科学、当事者研究。

期の人生に向けた準備」と述べているように、子ども期の権利が保障された生活が成人期というライフステージでの自立した生活につながる。

社会的養護の場において、子どもに安心できる場所と、自己の意見が表明でき、大切にされるという体験を提供し、自己肯定感や愛着関係を育むことが、自分は守られているという安定感と周囲への信頼感につながる。これらの子どもの権利を尊重した日々の養育が、困ったときは相談できる、頼ることができるという、「依存できる力」をはぐくむ基礎となっていく。

そのうえで、自立に必要な知識や技術、マナーなどについて子どもが獲得できるように支援していく。前項で述べたように、配慮に満ちた「当たり前の生活」を創造し、衣食住の基本的な生活の営みを通し手伝いや自己管理を体験させたり、小遣いや買い物などから金銭感覚や管理を学んだりするなど、年齢に応じて計画的に支援を進めていく。あわせて、学習や学校の卒業資格の必要性や働くことの意義を伝え、将来の夢をはぐくむなど、進学や就職に向けた支援も必要となる。里親や施設から大学等への進学率が全国平均と比べて低いことも指摘されていることから、大学等への進学を安心して選べるように、精神的な支援、受験勉強への支援に加えて学費や生活費などへの経済的な支援も必要である。

3. 治療的ケア

社会的養護の実施は、それまでの権利侵害からの回復と子ども自身が本来有する権利がケアの提供を通じ保障されるということである。

子どもは権利侵害を受けたことを多様な形で表現する。場合によっては、ほかの子どもや大人への荒い言動や、反発など、さまざまな形で問題とされる行動をとることで、それまでの権利侵害による被害を表現することもある。

こうしたケースへの対応においては、現象面に焦点があてられ、問題となる行動をやめさせ、再発させないための指導に関心が向きがちである。しかし、望ましくない行動を起こす子どもの背景には、その子ども自身が受けた権利侵害があり、荒い言動により周囲に加害を与えているようにみえたとしても、権利侵害による子ども自身の被害に基づく行動ととらえる視点が必要である。その場の対応に終始せず、日常生活のなかで権利の回復・擁護をめざした治療的なかかわりを検討し、積み重ねることが重要である。

そのためにはまず、子どもの望ましくない行動が発生した経緯や理由に目を向けるとともに、生育歴のなかでの権利侵害の実際を把握し、それが子どもの認識や行動に影響を与えていることを理解する。その理解に基づき問題

となる行動に至った子ども自身の背景と権利充足へのニーズを受容する。具体的に子どもに対応する場面では、子どものとった行動を否定しても、子ども自身と子どもが抱いた感情は否定せずに受容する。

次に、子ども自身にその行動のもつ意味についての認識を促し、望ましくない行動に至らずにすむスキルが身につくよう、粘り強く支援する。このような日常生活のなかでの子どもの問題理解とその修正・克服に向けた支援が治療的なかかわりである。

また、虐待を受けた場合はもとより、事故や災害などで家族を失った場合についても、子どもの受けた精神的衝撃は大変大きく、心的外傷が懸念される。心的外傷のある子どもには、健やかに育つ権利の回復・保障のために、心理専門職による心理治療が導入されるが、子どもの心理的ケアは心理治療のみでは完結しない。日常生活そのものが子どもの安定や安心、人への信頼をはぐくめるものとして提供されることが重要であり、そのことが心理治療の基盤となる。子どもに障害がある場合は、各種セラピストによる訓練や療育が行われるが、生活と訓練との調和を図り、子どものQOL（Quality of Life）[*2]が低下しないように配慮しなければならない。また、基本的生活習慣や言語などは日常生活や遊びのなかでこそ身につけ、伸ばすことができるため、生活の場でも意図的な取り組みの継続が必要である。

*2 QOL
「生命の質」「生活の質」「人生の質」などと訳され、「人が充実感や満足感をもって日常生活を送ることができること」を意味する。1960年代のヨーロッパで非物質的で数量的にはとらえがたい生活や心の豊かさをめざすスローガンとして用いられ始め、近年では、医療や福祉の分野において、個々人の生活や人生のいっそうの充実をめざす意味で使用される。本人の意思決定・表明が重視される。

❷——社会的養護の展開過程と支援内容

1. 自立支援計画（個別支援計画）の作成

社会的養護を必要とする子どもについて、児童相談所は、家族関係や生育歴、子どもや保護者の意見、心理判定等の結果、支援方針について記載された援助指針を作成する。その援助指針をふまえ、施設は、児童相談所の処遇方針に基づいて、「自立支援計画」を作成し、子どもの最善の利益を考慮しながら、発達と自立への援助を行う。里親へ委託された子どもの自立支援計画については、児童相談所が作成し里親へ示す。

自立支援計画の作成にあたっては、子どもや家族についての十分な情報収集に基づく実態把握と評価が行われる（アセスメント）。このアセスメントが適切に行われることが大切である。子どもと家族のアセスメントの視点として、以下をあげることができる。

○子ども本人の状況
- 健康状態（身体の発育状況、疾病の有無）
- 情緒や行動の発達（身体能力、知的・言語発達、ストレス反応や自己抑制の程度、養育者への感情や行動のあらわし方など）
- 生育歴（出生時の様子、年齢別によるライフステージをどう過ごしてきたのか、養育者がどのようにかかわり、どのような刺激を受け、どういう影響を受けてきたのかなど）

○養育者を含む家族の状況
- 養育の基本姿勢（生活習慣や価値観、子どもへの接し方など）
- 家族史（家族メンバーの生育歴、家族のライフイベントなど）
- 生活環境（経済環境・住環境・家族の関係性や連帯感など）

○地域社会の環境
- コミュニティとのかかわり（居住地域の生活環境、住民の意識、交流の度合い）
- 利用可能な社会資源（保健、医療、福祉、教育などで活用できる社会資源がどの程度あるのか、支援者が存在しているか）

なお、自立支援計画の作成にあたっては、本人および家族に十分に説明し、その意向を反映させることが求められる。

2. 評価と記録

　支援計画を組織的に進めていくため、評価・検証を行うためにも、記録の整備は不可欠である。記録には、個別児童の記録、育成経過・行動観察の記録、支援の記録、入退所の記録等がある。記録にあたっては、子どもの行動特性、心理・発達状況に焦点を絞り、何があったのか、どのように対応しているのか、そして、どうなっているのか等の経過を客観的事実のみに絞って記入する。また、心理・発達・知能検査等の結果や医療記録（通院・通所状況等）、心理療法の実施状況、家族の面会や外出、外泊状況、学校との連絡事項等も記入する。なお、記録の扱いや記録の際の用語の使い方等においては子どもの人権への配慮が求められる。守秘義務をふまえ厳重な取り扱いを行うとともに、不適切な用語は使用してはならない。人権への配慮を欠く用語を使う記録者の意識は人権侵害の方向性をもつことにつながるため、留意すべきである。

　児童福祉施設の設備及び運営に関する基準では、第5条第3項に、「児童福祉施設は、その運営の内容について、自ら評価を行い、その結果を公表す

るよう努めなければならない」と定めている。施設では第三者評価を導入するほか、施設独自に子どもの意見表明の機会確保や、主体的な取り組みについて評価する取り組みを進めている。

また、自立支援計画の作成後における支援効果について、および計画（課題設定・目標設定・援助の方法等）の妥当性についての評価も行い、適切に再度アセスメントを行い、自立支援計画を見直し子どもの直面する発達課題に応じた内容に改善していく必要がある。その際は、子ども本人を評価の主体に位置づけ、子どもが目標をどれだけ達成できたか、どこが足りなかったか、支援は十分だったか、ほかにどのような支援が必要かを子どもの発達段階にふさわしい方法で、子どもの意見を聞きながら明らかにする作業が必要である。その際、改善されたことがあれば、それに注目し、高く評価することが望ましい。子どもの成長の事実を大きく取り上げ評価することで、子ども自身が問題に立ち向かう意欲や心情がはぐくまれていく。

3. 社会的養護の展開過程

(1) アドミッションケア (admission care)

社会的養護を開始する前後に必要なケアのことをアドミッションケアと呼ぶ。児童相談所との緊密な連携により、子どもの問題と援助指針を理解し、当面必要な支援について検討・実施する段階である。特に、子どもにとっての生活環境の大きな変化に伴う不安や緊張を解消・緩和するための細やかな配慮が必要である。

まず、子どもや保護者への十分な説明と同意（インフォームドコンセント）が重要である。子どもの意見表明権と関連するため、子どもの年齢や発達段階にあわせた形で説明の方法が検討され、子ども自身の納得と同意が得られるように配慮されなければならない。

児童相談所の援助指針を理解したうえで自立支援計画が作成されるが、先に述べたように、子ども自身の見解や願いを可能な限り聞きとることが大切である。特に子ども自身に行動上の問題がある場合には、計画作成に本人を参加させることにより、子どもが課題を自覚し、支援を受けながら課題を乗り越えようとする前向きな生活姿勢の形成につなげていく。

(2) インケア (in care)

施設や里親家庭で育つ子どもたちに、個々の課題の克服や自己実現に向けた支援を日々の生活のなかで展開していくことがインケアである。

子どもは日常生活のなかで、生活をともにする養育者（保護者または施設職員、里親）と愛着関係、信頼関係をはぐくみ成長していく。子ども自身が抱える社会的不適応があれば、それを修復して心身ともに健全な人格形成を行うことも、日常生活の継続性・安定性があってこそ可能となる。望ましい生活習慣、生活意欲、生活技術など、子どもの自立に向けた諸技能、諸能力の習得も日々のインケアを通してはぐくまれる。レジデンシャルワークの項で述べたように子どもの心身の安定と健康、成長発達のうえで日常生活がもつ意義は大きい。日常生活そのものが教育力・治療効果をもっていることをふまえ、子ども自身が「自分は愛され尊重されている」と実感できるようなQOLの高い日常生活を創造することが重要である。

　そのためにも学校や地域と連携することが重要である。特に学齢期の子どもについては、学校と連絡を密にとり、子どもの状況や人間関係、学習への意欲や学力の定着状況などを把握し援助に反映させることが求められる。社会的養護を必要とする子どものなかには、それまでの学習環境が整っていなかったことから、低学力に陥っている子どももいる。放課後子ども教室や学習ボランティアなど、地域の資源を活用しながら、学力の回復・向上や学習習慣定着へつなげることが重要である。

　また、定期的通院を必要とする疾患や障害のある子どももいる。医師からの指導に基づき、投薬管理や生活管理を適切に行う。また、投薬を受けている場合は、子どもの成長や症状の変化にあわせて内容の見直しが必要になることがあるので、医師に子どもの状態が適切に伝えられるようにする。

(3) リービングケア（leaving care）

　社会的養護は、子どもが自立のために必要な期間にわたって提供されるが、施設退所、就労・自活などが予定されている子どもたちに対して実施される「巣立ちのためのケア」をリービングケアと呼ぶ。

　この時期の子どもは、住み慣れた生活場所や人間関係からの別離のさびしさや新生活への期待・不安などが入り混じった複雑な心境を抱えている。まずは、子どものその心情に寄り添いながら、子どもの措置解除の理由や今後の進路・生活環境にあわせた支援をインケアとの連続性に考慮しながら計画的に進めていく。インケアの段階から、子どもの年齢や発達段階に応じ、自立に向けた生活経験を積み重ね、判断力や自己管理能力をはぐくんでいくことが求められるが、リービングケアの段階では、その実践が求められる。ソーシャルスキルトレーニング講習会の開催や施設内で自立生活を体験する機会をもたせたり、ライフストーリーワーク（生い立ちの整理）*3を行ったり

*3 イギリス発祥の社会的養護のもとで暮らす子どもの生い立ちを子どもとともに整理する技法。子どもの知る権利を保障し、自分を大切にでき、誇りをもって成長することをめざして行われる。実施にあたっては、子どもとの十分な信頼関係のもとで子どもの同意を得て行われる。

する場合もある。

　また、進学や就職、一人暮らしなどの進路にあわせて、奨学金や支度金、自立援助ホームなど、利用可能な社会資源の情報提供も充分に行っておく。

(4) アフターケア（after care）
①地域でのケアと見守りのための社会資源

　児童福祉法では、社会的養護にかかわる児童福祉施設に「退所した者に対する相談その他の自立のための援助」を目的の一つとしてアフターケアの実施を求めている。家庭復帰の場合は、地域での見守りや支援の体制を整備する。施設や児童相談所からの定期的な連絡にあわせて、地域の民生委員・児童委員、保育所や学校など、さまざまな社会資源を活用し、家庭復帰後の家族の生活を支えていく。ここでは、要保護児童対策地域協議会[*4]や養育支援訪問事業について述べる。

　虐待を受けた児童を地域でケアしていくために、関係機関が連携を図り児童虐待等への対応を行う要保護児童対策地域協議会は、施設から一時的に帰宅した子どもや、施設を退所した子ども等に対する支援に積極的に取り組むことも期待されている。関係機関のはざまで適切な支援が行われないといった事例を防止するためにも、児童相談所や児童福祉施設等と連携を図り、家庭復帰が予定されているケースにおいては、施設に入所している段階から子どもの養育状況を適宜共有するなど、一時帰宅の際や退所後の支援の円滑な実施に向けた取り組みを進めることのできる体制を地域で整備していく必要がある。

　養育支援訪問事業は、養育支援が特に必要であると判断した家庭に対し、保健師、助産師、保育士等がその居宅を訪問し、養育に関する指導、助言等を行うことにより、家庭の適切な養育の実施を確保することを目的とした児童家庭福祉事業であるが（同法第6条の3第5項）、児童養護施設等の退所または里親委託の終了により、子どもが復帰した後の家庭についてもこの事業の対象となっている。

　「養育支援訪問事業ガイドライン」（厚生労働省）では、6か月から1年程度の中期的目標を設定したうえで、当面3か月を短期的目標として、定期的な訪問支援を行うとともに、目標の達成状況や養育環境の変化などを見極めながら支援内容の見直しを行っていくとされている。また、専門的相談支援は保健師、助産師、看護師、保育士、児童指導員等が、育児・家事援助については、子育てOB（経験者）、ヘルパー等が実施することとし、必要な支援の提供のために複数の訪問支援者が役割分担のもとに実施する等、効果的に支

*4　要保護児童対策地域協議会
　第1部第5章p.44も参照のこと。

援を実施することが望ましいとされている。子どもが育つ地域において必要な支援を受けながら、虐待の再発を未然に防ぎ、家族のもとで子どもが健やかに育っていくことができるようにきめ細かなサービスの提供が必要である。

②ケアリーバーへの支援体制構築

児童養護施設や里親など、社会的養護の場から離れた子ども・若者のことをケアリーバーと呼ぶ。

ケアリーバーは保護者や家庭の機能が脆弱なことが多いため、精神的なサポートや、転職、病気や怪我、金銭問題などの具体的な問題解決への支援が必要である。しかし、全国調査からは、施設などのサポートを受けていないケアリーバーは5人に1人にのぼり、赤字生活に陥る割合も高いという実態が明らかになっている[3]。ケアリーバーの孤立や貧困は、要養護問題の再生産にもつながりかねないことから、ケアリーバー本人と次世代の子どもたちのために、安心・安定した生活の継続に向けた支援体制の構築が急務である。

「新しい社会的養育ビジョン」(2017年)において、「代替養育の目的の一つは、子どもが成人になった際に社会において自立的生活を形成、維持しうる能力を形成し、また、そのための社会的基盤を整備すること」と、「代替養育の場における自律・自立のための養育、進路保障、地域生活における継続的な支援を推進する」と述べられて以降、自立支援のための制度創設が行われてきたが、2024(令和6)年度からは、「社会的養護自立支援拠点事業*4」が都道府県・政令指定都市に義務づけられ、相互交流の場の提供、自立した生活に関する情報提供、就労に関する相談支援や助言、関係機関との連絡調整等が実施されている。ほかにも、大学等進学時に利用できる給付型の奨学金も自治体や民間団体でも整えられるなど、ケアリーバーへの支援体制が強化されつつある。これら新たなしくみや制度を活用するためには、一人ひとりの子ども・若者に即した情報提供と、相談しやすい人間関係と場の構築が不可欠である。あわせて、ケアリーバーのエンパワメント*5に資するための当事者団体での活動や、当事者の意見を制度・政策形成に反映させる取り組みも求められるところである。

4. 家庭復帰への支援

(1) 家庭調整

子どもが本来育つべき場である家庭に復帰することができるように、親や家庭に働きかけていくことを「家庭調整」と呼ぶ。家庭調整は児童相談所のワーカーと協働する領域であり、施設や里親と児童相談所との密接な連携の

---

*4 社会的養護自立支援拠点事業
「内閣府令で定めるところにより、措置解除者等又はこれに類する者が相互の交流を行う場所を開設し、これらの者に対する情報の提供、相談及び助言並びにこれらの者の支援に関連する関係機関との連絡調整その他の必要な支援を行う事業をいう」(2022(令和4)年の改正により児童福祉法第6条の3第16項に規定。2024(同6)年4月1日施行)。

なお、本事業はケアリーバーのみならず、児童相談所等へ一時保護されたものの、措置には至らず在宅指導等のみを受けた子ども等も対象としている。

*5 エンパワメント (empowerment)
エンパワー (empower) とは、「能力や権限を与える」ことを意味する。エンパワメントとは、生活のなかでさまざまな課題を抱えた人が、支援を得ることで、本来もっていた潜在能力を発揮させ、問題解決に向けて行動できるようになることと、そのための実践方法をさすこともあるが、単に個人や集団の自立を促すのではなく、すべての人間の潜在能力を信じ、その潜在能力の発揮を可能にするような人間尊重の平等で公正な社会を実現しようとすることに価値をおく概念である。

もとで行われる必要がある。欧米では、子どもと養育者との永続的な関係性を重視するパーマネンシー（permanency）保障の考え方に基づき、養子縁組・法的後見人への措置を含む、永続的な家庭養育環境の保障を目標とするケア計画（パーマネンシープランニング）が行われている。わが国の場合は「自立支援計画」に、保護者への援助、子どもと保護者の関係の改善等、家族調整の方針や方法などが盛り込まれている。

　虐待による子どもの児童福祉施設への入所が増加したことに対応し、乳児院、児童養護施設、児童心理治療施設、児童自立支援施設へ家庭支援専門相談員（ファミリーソーシャルワーカー）が配置され、家庭調整のための親子関係の再構築に向けた相談・養育指導などの窓口となっている。近年、家族の抱える問題は複雑化、多様化の傾向があるため、家庭支援専門相談員には、専門的知識と面接技法および社会資源に関する幅広く、かつ詳細な知識を備えることが求められる。

(2) 家庭調整の方法

　家庭調整のために行われる主要かつ具体的な方法を以下にあげる。なお、虐待ケースにおいて、面会や外出・一時帰宅を保護者が強要することにより、子どもの側に混乱がみられたり、虐待の再発が懸念されたりする場合には、児童相談所長または施設長は保護者の要求を拒むことができる[*6]。その際は、子どもの状況や気持ちを最優先した結果であることを保護者にも伝え、保護者の子どもに対する気持ちを子どもにも伝えるなど、親子の絆の維持とトラブルを可能な限り回避する配慮が求められる。また、一時帰宅は施設等と保護者だけではなく、児童相談所とも協議して決定される。

　家庭調整は可能な限り家庭復帰をめざすが、そのためには、社会的・経済的・家族関係等、総合的な観点からの冷静な検討と判断が要求される。施設等と児童相談所の緊密な連携が求められるところである。

①面会

　面会は家族と子どもの絆を維持するために有効である。家族に子どもの施設生活の様子や成長の姿を伝えるとともに、家族の様子や感情の動きなどについて観察し、把握する。

②家庭訪問

　子どもが育った家庭を訪問することにより、家庭の様子や周囲の環境について多くの情報を得ることができる。あまり面会に来ない保護者や不安定な状態にある家庭に対しては、訪問するという積極的なアプローチをとることにより、関係づくりの糸口がみえてくることが多い。そのためにも、必ず事

＊6　児童虐待の防止等に関する法律第12条第1項
　児童虐待を受けた児童について児童福祉法第27条第1項第3号の措置（以下「施設入所等の措置」という。）が採られ、又は同法第33条第1項若しくは第2項の規定による一時保護が行われた場合において、児童虐待の防止及び児童虐待を受けた児童の保護のため必要があると認めるときは、児童相談所長及び当該児童について施設入所等の措置が採られている場合における当該施設入所等の措置に係る同号に規定する施設の長は、内閣府令で定めるところにより、当該児童虐待を行った保護者について、次に掲げる行為の全部又は一部を制限することができる。
1　当該児童との面会
2　当該児童との通信

前に了解を得たうえで訪問することが大切である。

③一時帰宅

一時的に家庭に戻り、家族と生活をともにすることである。家族の関係を維持するために、また、本格的な家庭復帰に向けてのステップとなる有効な方法である。家族との協働作業であるという認識のもとに、子ども自身や家族に過重な負担をかけないように配慮されなければならない。

④外出

保護者や家族などと一時を過ごす外出は、日常生活と違う場面で子どもが解放感を味わい、家族との密接なふれあいができる機会である。楽しい体験が共有されることにより、絆が深まるように配慮して実施する。

(3) 虐待の再発防止

児童虐待のケースでは、子どもを保護するために親子分離をし、施設入所または里親委託をしても、それは子どものケアの最終目標ではない。子どもと保護者の双方を支援することで親子関係再構築をめざし、子どもの家庭復帰を行うことが最終的な目標となる。しかし、虐待ケースのすべてに家庭復帰が実現するわけではない。保護者に重篤な疾患があったり、他者への不信感が強く援助関係が構築できなかったりする場合もある。家庭に復帰し生活をともにすることができない場合でも、時々面会する、連絡をとる、経済的支援をするなど、ある程度の距離を保った形での親子関係再構築の可能性を追求することが望まれる。

虐待ケースにおいて子どもの家庭復帰を進めていく場合は、虐待の再発防止が不可欠である。子どもへの虐待の背景には、家族の抱える社会的、経済的、心理的等のさまざまな問題があることに加え、地域の子育て機能の低下などを背景とした保護者自身の養育力の不足や性格等も虐待を引き起こした要因の一つとしてあげられる。そこで、虐待の再発防止策のために、経済的問題や住宅、夫婦関係や地域との関係など、養育環境調整のためのソーシャルワーク的支援とあわせて、保護者自身への直接的な支援も必要となる。

児童福祉施設において虐待をした保護者への支援を進めるためには、まず、保護者との協働の姿勢をもつことが求められる。保護者が虐待の事実を認め、保護者が子どもとの家庭生活を再開したいという願いをもっていることを確認し、子どもが家庭に戻ったときに再び虐待が起きないようにするためには何が必要かをともに考えていこうという基本姿勢の共有が、虐待防止に向けた保護者への支援の基盤となる。そのために保育士などの支援者は、虐待を行った未熟で問題のある保護者を指導するというのではなく、保護者に共感

し寄り添いながら、ともに子どもを育てようという専門的態度で支援に臨むことが求められる。

　虐待のきっかけについては「しつけのため」と理由づけされることが多いが、「しつけ」を名目にした虐待の禁止は法[*7]にも明記されたところである。しかし、保護者が自分の思い通りにならない子どもの行動に激しい怒りをもち、不適切な方法で「しつけ」にあたろうとすればするほど、その結果、子どもの行動がさらに悪化し、不適切な「しつけ」がエスカレートする悪循環に陥りがちである。こうした悪循環がどのような場面で生じていたかを見出し、検討することを通じ、悪循環を断つために、保護者の子どもへの認識と行動のパターンをつくり変える支援が必要である。そのため、保育士がモデルとなり、子どもとその行動の肯定的な見方を伝え、子どもへの対応の仕方の実際をみせるとともに、体罰など不適切な方法によらないしつけの方法を具体的に提示するなど、子育ての場面に即した支援が行われている。

　なお、保護者自身が過去に虐待を受けていた世代間伝達がある場合や、精神疾患がある場合などは、保護者への心理治療など、適切な専門的支援が提供されるよう、児童相談所や保健センターなどにつなげていく。

　保護者へのカウンセリングや保護者の育児行動の改善を支援するペアレントトレーニング[*8]プログラムは、児童相談所や保健センター、児童福祉施設などの一部で取り入れられ始めているが、まだ支援の場そのものが不足しているのが現状である。また、子どもの保護や措置をめぐって、時に保護者と厳しい対立関係になることもある児童相談所で保護者支援を行うのは難しいという指摘もある。十分な支援が実施できる場を増やすことや、支援を行う人材の養成など、虐待を再発させないための保護者支援の実施に向けた条件整備が求められている。

*7　児童虐待の防止等に関する法律第14条（親権の行使に関する配慮等）
　児童の親権を行う者は、児童のしつけに際して、民法第820条の規定による監護及び教育に必要な範囲を超えて当該児童を懲戒してはならず、当該児童の親権の適切な行使に配慮しなければならない。

*8　ペアレントトレーニング
　第2部　第4章 p.202参照。

〈引用文献〉
1）タップコミュニケーションズホームページ：介護保険・介護福祉用語辞典
　　http://www.kaigoweb.com
2）小学館「デジタル大辞泉」　https://daijisen.jp/
3）三菱UFJリサーチ＆コンサルティング「児童養護施設等への入所措置や里親委託等が解除された者の実態把握に関する全国調査」厚生労働省　2021年

〈参考文献〉
- 厚生労働省「児童養護施設運営ハンドブック」2014年
- 厚生労働省「新しい社会的養育ビジョン」2017年
- こども家庭庁ホームページ：社会的養育の推進に向けて（令和6年8月）
　https://www.cfa.go.jp/assets/contents/node/basic_page/field_ref_resources/8aba23f3-abb8-4f95-8202-f0fd487fbe16/0604a387/20240805_policies_shakaiteki-yougo_104.pdf

児童養護施設運営ハンドブック

新しい社会的養育ビジョン（平成29年8月）

- 厚生労働省雇用均等・児童家庭局家庭福祉課監修『この子を受けとめて、育むために——育てる育ちあう営み』全国社会福祉協議会　全国児童養護施設協議会　2008年
- 厚生労働省「被措置児童等虐待対応ガイドライン」2009年
- 伊藤嘉余子『児童養護施設におけるレジデンシャルワーク——施設職員の職場環境とストレス』明石書店　2007年
- 全国児童養護施設協議会「季刊　児童養護」全国社会福祉協議会全国児童養護施設協議会
- 全国児童養護施設協議会「この子を受け止めて、育むために（他職種連携編）——思いやりの輪の中で子どもをはぐくむ」全国社会福祉協議会全国児童養護施設協議会　2023年
- NPO法人おかえり編　初めて知るあなたへのガイドブック「ライフストーリーワークって何？」カラコ社　2017年
- みずほ情報総研株式会社「18歳到達後の継続支援計画策定における支援者向けガイドライン」厚生労働省　2018年

社会的養育の推進に向けて（令和6年8月）

※最新版はこども家庭庁HPから確認すること。

こども家庭庁HP：社会的養護

第9章 社会的養護の課題

①——家庭と同様の環境で育つことの保障

1. 児童福祉施設における家庭的養護の推進

　社会的養護においては、里親などの家庭養護優先を原則としたうえで、入所型施設で養育する場合においても小規模化・地域分散化された「できる限り良好な家庭的環境」において養育を行うことが期待され、その推進が課題となっている。また、施設のあり方についても高機能化・多機能化・機能転換が求められている。本章では実際の推進の状況をふまえ、それぞれの施設における課題や将来像について述べていく。

(1) 児童養護施設等の小規模化による家庭的養護の推進

　2012（平成24）年の厚生労働省通知「児童養護施設等の小規模化及び家庭的養護の推進について」において、施設を小規模化し家庭的養護を推進する方向性が示された。そのなかでは「里親およびファミリーホーム」「グループホーム」「本体施設」がそれぞれ3分の1の割合とする数値目標が示されることとなった。それに基づき、施設の小規模化と家庭的養護の推進が進められてきたが、2016（平成28）年の児童福祉法改正による新たなこども家庭福祉の理念を実現するための「新しい社会的養育ビジョン」（2017年）が示され、その推進が図られることになった（本部第6章p.53、図1-6-2参照）。現在は、本ビジョンに示された目標に基づき、各自治体がそれぞれの数値目標を設定した都道府県社会的養育推進計画を策定し、家庭と同様の環境における養育の推進に向けた取り組みが行われている。

　さまざまな取り組みの結果、児童養護施設における小規模グループケアの実施数や地域小規模児童養護施設の実施数は増加してきていることがわかる。2023（令和5）年度の児童養護施設の入所児童数をみると、37.5%が大・中・小舎に入所しており、33.9%が本体施設内での小規模グループケア、14.7%が

別棟・分園型の小規模グループケア、13.9％が地域小規模児童養護施設となっており、大・中・小舎の割合が減少し、それ以外の割合が増加している。しかし依然として大舎制の施設も残っており、今後も継続してケア単位の小規模化・地域分散化を推進する必要があるといえる。

(2) 社会的養護の施設等種別ごとの課題と将来像

ここでは、今後、家庭的養護を推進し、高機能化・多機能化・機能転換を図るうえで、各施設が抱える課題や将来像について概観する。

①児童養護施設

前述したように児童養護施設は、家庭的養護が推進されてきたが、今後もさらなる推進を行うことが課題となる。また「社会的養育の推進に向けて」では小規模化を進めた際には、さまざまな課題が生じることも示されているため、職員配置の増加や待遇の改善を図るとともに、より質の高いケアを提供していく必要がある。

将来的には、より小規模化・地域分散化された家庭的環境を創造し十分な職員配置のもと、高度なケアを行うための機能強化が求められている。

②乳児院

乳児院は、「新しい社会的養育ビジョン」においては、入所の機能をなくすことも示されていたが、現在は入所の機能を含めた多機能化施設となることがめざされている。全国乳児福祉協議会は、2019（令和元）年に「『乳幼児総合支援センター』をめざして」という報告書を発表したが、そこでは、小規模養育支援機能、要保護児童等予防的支援機能、一時保護機能、親子関係構築支援機能、フォスタリング機能、アフターケア機能、そして、それら機能を統括する中心的機能としての「センター拠点機能」を備えた施設となることが展望されており、職員配置の充実と処遇改善が必要となる。

③児童心理治療施設

全国児童心理治療施設協議会によれば、2020（令和2）年に新たに2施設が開設し、2024（同6）4月現在、全国で53施設が設置されている。「児童心理治療施設、児童自立支援施設の高機能化及び小規模化・多機能化を含めた在り方に関する調査研究業務一式報告書」によると、調査に回答のあった45施設のうち、ユニット化を実施している施設は48.9％となっており、小規模化については、十分に進んでいるとはいえない状況にある。また通所機能についても実施している施設が62.2％となっており、すべての施設が通所の機能を有していないことも示されている。より専門的な支援が必要となるケアニーズの高い子どもへの対応のためにも、さらなる小規模化の推進や通所

機能の充実が求められている。

④児童自立支援施設

児童自立支援施設は、前述の報告書によると、1施設あたりの入所児童がほかの施設と比較しても少なく、そもそも以前より小舎制での養育が実践されてきた伝統がある。しかし、非行問題に対応するという施設の特殊性もあり、施設内外での小規模グループケアを実施している施設は、施設内で5.4%、施設外に関しては、1施設もない状況である。小規模グループケアを実施していない施設でも6割は、「必要だと思うが難しい」と回答しており、施設側も小規模グループケアを必要だととらえているにもかかわらず、その実施が難しい現状となっている。また通所機能については、実施している施設は7.1%となっており、ほとんどの施設が実施していない状況である。今後は、職員配置の改善を図り施設の小規模化を進めるとともに、施設の専門性を生かした地域支援機能の充実も必要とされる。

⑤母子生活支援施設

2024（令6）年4月より「困難な問題を抱える女性への支援に関する法律」が施行され、女性への支援体制が整えられていくなか、母子生活支援施設も母子保護の実施や自立支援など、その支援の一端を担うことが期待されている。しかし施設数に関しては、ここ数十年間減少を続けている。また、その設置数について地域差が大きいことも課題とされている。母子生活支援施設は、これまでの専門性に基づけば、産前産後支援、アフターケアを含む地域支援、親子関係再構築支援など多機能化した支援も可能であり、そのためにも人員配置の充実や地域間の差を埋めるための適正設置が求められている。

⑥障害児入所施設

障害児入所施設に関しても「障害児入所施設の機能強化をめざして――障害児入所施設の在り方に関する検討会報告書」において家庭的養護の推進を図り、ウェルビーイングの向上をめざす必要性が示されている。「令和3年度全国知的障害児入所施設実態調査報告」によると、調査対象229施設のうち、回答のあった172施設では居住棟一体型の形態が44.2%となっており、それ以外では、居住棟分離型が38.4%、居住棟分棟型が4.1%、居住棟分離・分棟併用型が3.5%、敷地外に生活の場が1.2%、無回答が8.7%とされている。居住棟一体型以外の形態において小規模のグループケアが実施されており、小規模化が進んでいるが、今後もさらなる推進整備を行うことが望まれる。

2. 親子関係再構築支援

　社会的養護においては、子どもの当たり前の生活を保障するためにも、保護者による家庭養育をめざした支援が実施される。虐待等の理由で家族と分離し、子どもの一時保護や施設入所が行われても、可能な限り再び家族のもとで生活すること（家族再統合）をめざした支援が求められる。しかし家庭復帰後に再び虐待が生じる場合もあり、その支援は簡単なものではない。そのため実際の支援においては、必ずしもすべてのケースで家庭復帰をめざすだけではなく、また再統合後に家庭で暮らす親子も対象となる親子関係再構築支援が行われる。親子関係再構築支援については、「社会的養護関係施設における親子関係再構築支援ガイドライン[*1]」が策定され、親子関係再構築の定義や支援の方法等が示されている。さらにより実践的な取り組み方法等が「親子関係再構築支援実践ガイドブック[*2]」に示されている。

　近年では、2022（令和4）年の児童福祉法の改正により、第33条において都道府県は、親子再統合支援事業が着実に実施されるよう、必要な措置に努めなければならないことが明記された。この親子再統合支援とは、親子関係再構築支援と同義と考えられ、それを受け「親子関係再構築のための支援体制強化に関するガイドライン[*3]」が策定され、支援における原則や体制構築のあり方が示された。今後は同ガイドラインに基づき、親子関係再構築支援に関する体制強化や積極的な事業展開を行うことが期待されている。

*1　社会的養護関係施設における親子関係再構築支援ガイドライン

*2　親子関係再構築支援実践ガイドブック

*3　親子関係再構築のための支援体制強化に関するガイドライン

3. 里親養育・養子縁組の推進

(1) 里親養育の推進

　里親養育の推進を含めた里親養育への支援に関しては、これまで児童相談所が中心を担っていた状況からフォスタリング機関（里親養育包括支援機関）が、さまざまな支援を担う状況へと移行してきた。さらに近年では、2022（令和4）年に児童福祉法が改正され、新たに児童福祉施設として「里親支援センター」が創設され、2024（同6）年3月には「里親支援センターの設置運営について」が通知された。今後は里親支援センターが里親養育の推進を含めた里親支援の中核を担うことになると考えられる。しかし設置自体が始まったばかりであり、児童相談所との業務分担やほかの機関との連携のあり方についてなど、今後も検討を進めながらその設置や実際の支援を行うことが課題になるといえる。

　里親養育の推進のための具体的な取り組みについては、特設サイトの開設、

インターネットや新聞広告の実施、都道府県と連携した広報、ポスターやリーフレットの配布・提示などの広報啓発が実践されている。里親等委託率も上昇してきているが、2021（同3）年度末時点で23.5%となっており、諸外国との比較や目標としている数値からするとまだ低い状況であり、よりいっそうの推進が必要となる。また里親等委託率については、自治体間の格差が大きいことも課題となっている[*4]ため、各自治体の実態や状況にあわせた取り組みを進めるとともに、その格差を埋めるための方策について検討することが求められている。

*4 最大は、福岡市の59.3%であるが、最小は8.6%である（こども家庭庁「社会的養育の推進に向けて（令和6年8月）」p.63）。

(2) 養子縁組の推進

養子縁組制度には、わが国においては普通養子縁組と特別養子縁組の2つの制度があるが、特に社会的養護においては、パーマネンシー保障の観点から特別養子縁組が重視されている。2016（平成28）年の児童福祉法改正に伴い、児童相談所の業務として養子縁組関連の相談支援を行うよう法律上に規定された。あわせて民法を改正し、養子となる子どもの年齢制限の引上げなども行われることで特別養子縁組が推進されている。

特別養子縁組においては、児童相談所と民間のあっせん機関、自治体が協力・連携を図りながら進めることが期待されており、その民間あっせん機関の許可や業務について規定する「民間あっせん機関による養子縁組のあっせんに係る児童の保護等に関する法律」が2018（同30）年に施行されている。具体的な推進に向けた取り組みとして、里親養育と同様の広報啓発活動も行われているが、実際の特別養子縁組の成立件数は、大幅な増加はしておらず、2022（令和4）年度においては580件であり、「新しい社会的養育ビジョン」において示された年間1,000件という目標には届いていない。民間あっせん機関の助成事業も実施されており、今後は効果的な支援体制の構築や職員の資質向上を図り、特別養子縁組のさらなる推進が求められている。

②——問題発生の予防

1. 子育て支援の充実による発生予防

児童相談所が扱った児童虐待対応相談件数は、毎年右肩上がりに増加しており、児童虐待への対応は社会的な課題となっている。その対応においては、そもそもの虐待の発生を未然に防ぐことが重要である。そのためには、子育

て支援を充実させ虐待発生のリスクを早期に発見し、適切な支援を実施することが必要となる。地域子ども・子育て支援事業[*5]にはさまざまな事業があるが、特に虐待等の問題の発生予防として「乳児家庭全戸訪問事業」「養育支援訪問事業」「地域子育て支援拠点事業」にその役割が期待されている。

乳児家庭全戸訪問事業は、乳児を育てる家庭の孤立を防ぎ、その健全育成の環境確保のために、生後4か月までの乳児のいるすべての家庭を訪問するものである。訪問により、乳児とその保護者の心身の状況や養育環境の把握をし、養育関連の情報提供、相談助言が行われる。

養育支援訪問事業は、特に養育支援が必要であると判断される家庭に訪問し、指導や助言を行うことにより、適切な養育を確保するものである。これら訪問事業においては、ほかの子育て支援事業・機関との連携を図ることも期待されている。

地域子育て支援拠点事業は、「①子育て親子の交流の場の提供と交流の促進、②子育て等に関する相談、援助の実施、③地域の子育て関連情報の提供、④子育て及び子育て支援に関する講習等の実施」の4つが基本事業とされている。その実施は、公共施設、空き店舗、保育所等に常設の地域の子育て拠点を設ける一般型と、児童館等の児童福祉施設等多様な子育て支援に関する施設に親子が集う場を設ける連携型に分けられている。上記「①～④」の支援を実施することにより、保護者にとっては地域とのつながりをもち子育ての孤立化を防ぎ、子育ての不安感、負担感を軽減するとともに、必要な場合にはより専門的な支援へとつなげる。また、子どもにとっても多様な大人や子どもとのかかわりをもてる場として期待されている。

2. 妊娠中からの切れ目のない支援

妊娠の届出受付や乳幼児健診等は、市町村や保健・医療機関が妊産婦と接触する機会となる。そこで支援が必要な妊産婦を早期発見し、相談支援につなげることで児童虐待の予防や早期発見が可能になる。虐待による子どもの死亡事例は、0歳児が4～5割を占めている。その背景には、誰にも相談できない状況にある困難をかかえた妊婦の存在、産前産後の心身不調、家庭環境の問題等が考えられる。虐待を未然に防ぐためには総合的な取り組みが必要であり、妊娠期から子育て期までの切れ目のない支援をするために関係機関が連携する必要がある。そこで2016（平成28）年の児童福祉法および母子保健法の改正において「子育て世代包括支援センター」が全国規模で設置された。さらに2024（令和6）年の改正法施行により子育て世代包括支援セン

[*5] 地域子ども・子育て支援事業
子ども・子育て支援制度下において、子ども・子育て家庭等を対象とした市町村が取り組む事業のこと（子ども・子育て支援法第59条）。市町村は、市町村子ども・子育て支援事業計画にしたがい、「乳児家庭全戸訪問事業」などの13事業について、地域の実情に応じて実施している。

ターは、市区町村子ども家庭総合支援拠点と役割・機能が一体化した「こども家庭センター」として新たに創設されることとなった。今後は、こども家庭センターによって地域における支援の体制づくりが行われ、地域のすべての妊産婦・子育て家庭に対する支援が展開されることになる。

妊娠の届出がなく、妊婦健診未受診の妊婦は、市町村が状況把握できないため支援サービスにつなげられない。要支援の妊婦を早期発見し支援につなげるために、地域連携が求められるとともに産婦人科をはじめとした医療機関や児童福祉施設・幼稚園・学校等の福祉・教育機関と市町村との情報共有システムの構築が課題である。

3. 連携強化による早期発見・支援

地域において子どもと家庭にかかわるさまざまな事業や機関が連携することで、問題発生を予防、あるいは早期発見・支援を行うことができる。前述の通り妊娠中の段階からの情報を把握し、また乳児家庭全戸訪問事業において実際の保護者や家庭の状況を確認し、ほかの機関と連携を図ることで、その家庭にとって必要な支援を提供可能とするとともに、保育所や幼稚園、学校等とも情報を共有することで、それぞれの場においても適切な実態把握や支援が可能となる。これらの連携の中核としては「こども家庭センター」が担うことになる。要保護児童への対応に関しては、こども家庭センターが要保護児童対策地域協議会の調整機関として、関係機関の役割や責務を明確にすることで相互の円滑な連携・協力を図り、具体的な支援に結びつけていく役割も担っている。要支援児童等の状況を的確に把握し、児童相談所やそのほかの関係機関等との連絡調整を通じて、より適切な支援へとつなげていくことが期待されている。

③──ケアの質の向上

1. 職員の専門性の向上

社会的養護に携わる職員は、その専門性を高めるために研修の受講や情報共有を行い、それぞれの役割の遂行を図る体制づくりを進めていく必要がある。しかし、施設を小規模化や高機能化等の取り組みを進めるなかで多様な課題もあらわれており、職員のバーンアウトやそれに伴う早期離職、人材不

足などの問題も生じている。そのために現在では、職員の専門性の向上や処遇の改善等のさまざまな事業が行われている。

専門性の向上については、児童養護施設等の職員の資質向上のための研修等事業が実施されている。また児童養護施設やファミリーホーム等の生活環境の改善・向上については、環境改善事業が実施され、建物の改修等の補助も行われている。さらに人材確保のために児童養護施設等体制強化事業が行われるとともに、職員の処遇を改善するための人員配置の増加や社会的養護従事者処遇改善事業が行われている。

職員の専門性の向上のためには、これらの事業を積極的に利用するとともに、各施設内における職員間の相談・支援体制やスーパービジョン体制の構築も必要となる。さらには、非常勤職員の配置等により宿直支援や家事支援を行うことで、職員が余裕をもって子どもに対応できる体制づくりを進めていかなくてはならない。

2. 子どもの自立と自立支援

(1) 入所措置延長と子どもの進路

特に児童養護施設で生活する子どもに対しては、高等学校卒業後の措置延長を積極的に利用する等、自立支援が行われてきた。2023（令和5）年5月時点の措置延長利用は、1,697人の児童養護入所児童のうち、397人である。措置延長利用児のなかでは、大学等への進学が29.5％、専修学校等への進学が22.4％、就職が29.2％、残りがその他となっており、進学だけでなく就職する子どもにおいても措置延長を利用している状況がみてとれる。措置延長制度の利用数は、2016（平成28）年度までは、15％程度で推移していたが、それ以降徐々に増加し、2023（令和5）年度では、23.4％となっている。

措置延長の利用により、施設で生活しながら大学等への進学も可能になり、実際にそういった進路を選択する割合も増加している。しかし全高卒者と比較した場合には、依然として大学等への進学の割合は低い状況であるため、大学等への進学を選択できるような、経済面も含めさまざまな支援の充実が求められている。

(2) アフターケアの充実

ケアリーバーに対してのアフターケアについても自立支援の一環として、さまざまな事業が行われてきた。しかしその実施の内容や水準については自治体による差が大きい。そのような状況のなか、2022（令和4）年の児童福

祉法の改正によりケアリーバーの実態把握と、その自立支援が都道府県の業務として位置づけられ、その中心的事業として社会的養護自立支援拠点事業が創設された。この事業では、措置解除者等だけでなく虐待経験がありながらもこれまで公的支援につながらなかった者等を対象として、居住支援や生活支援等を行い、自立に向けた支援が実施される。

3. 今後の社会的養護

　これまで述べてきたように社会的養護に関しては、児童福祉法の改正等が重ねられ、多面的に改善が図られてきているが、依然として多くの課題が残されている。さまざまな新しい支援や事業が実際に効果的に機能するかについて検証を行いながら、社会的養護のさまざまな課題について改善を図っていく必要がある。

　わが国の社会的養護に関しては、子どもの育ちをめぐる状況が深刻化するなか、世界的な状況も鑑み、制度、状況、支援体制などが大きく変遷している。今後も、さまざまな変化が生じることが予想される。子どもの権利条約やパーマネンシー保障といった国際的潮流、社会の変化もふまえ、子どもにとっての最善の利益を追求した社会的養護の実践が求められている。

〈参考文献・ホームページ〉

- 三菱UFJリサーチ&コンサルティング「厚生労働省子ども家庭局家庭福祉課 委託事業 児童心理治療施設、児童自立支援施設の高機能化及び小規模化・多機能化を含めた在り方に関する調査研究業務一式　報告書」(2020年3月)
- こども家庭庁ホームページ：児童養護施設等の小規模化及び家庭的養護の推進について
  https://www.cfa.go.jp/assets/contents/node/basic_page/field_ref_resources/f1b2c250-757b-4d70-80e3-594ea41b20bb/949b1912/20230401_policies_shakaiteki-yougo_syakaiteki-youiku-suishin_19.pdf
- こども家庭庁ホームページ：社会的養育の推進に向けて（令和6年8月）
  https://www.cfa.go.jp/assets/contents/node/basic_page/field_ref_resources/8aba23f3-abb8-4f95-8202-f0fd487fbe16/064a387/20240805_policies_shakaiteki-yougo_103.pdf

児童養護施設等の小規模化及び家庭的養護の推進について

社会的養育の推進に向けて（令和6年8月）

※最新版はこども家庭庁HPから確認すること。

こども家庭庁HP：社会的養護

第2部
社会的養護の実際

社会的養護と自立支援計画

❶——（はじめに）第2部の構成と活用方法

　第1部においては、社会的養護のあり方やしくみ等について学びを深めてきた。それらの学びをふまえ、本部においては、具体的な実践事例をもとに社会的養護の現場で利用児・者にとってよりよい生活や権利擁護の実現を図るうえで必要な視点などについて学ぶとともに支援を実践するうえで効果的な計画の立案ができるようになることを目標とする。

1. 第2部の構成

　本章第2節においては、計画作成の前提となる利用児・者の現状を明らかにする対象理解や施設理解、利用児・者との信頼関係・援助関係の重要性とその形成方法について基本的な知識を押さえることになる。さらには、彼らを支援するための連携等のネットワークの形成や目標設定の方法と計画作成の流れ、および計画そのもののアセスメントと見直しの方法など、基本的な社会的養護実践の流れについて紹介している。次に、第3節では、自立支援計画・個別支援計画（以下、支援計画）を作成するうえで不可欠な視点や具体的な項目について紹介している。

　本章に続く第2・3章においては、社会的養護実践を想定した具体的な事例を示し、演習課題を設定している。ここでは、里親による養育やそれぞれの施設を利用する子どもが抱える養護問題とその解決を図るためのアセスメントの視点、計画作成上の視点を理解したうえで、問題を解釈し、より具体的で実践的な計画を作成できることをねらいとした。各施設1事例ずつではあるが、それぞれの施設や利用児・者が抱える代表的な養護問題や課題が示されている。よって、各事例についてしっかりと読み込み、自ら支援計画を作成することが学びを深めるうえで重要となる。

　最後の第4章においては、施設入所による支援ではなく、予防的観点とし

ての地域支援、入所施設を利用する子どもの生活の質向上のための資源としての地域活用、里親や家庭復帰のための家族への支援など、施設と地域や専門機関などとの連携によって子どもの権利を擁護する方法と実践例を紹介している。施設による権利擁護のみならず、地域における予防と権利保障のあり方やその具体的方法について理解することが重要となる。

2. それぞれの施設における社会的養護の課題と支援の理解

　現在、子どもの権利侵害は非常に多岐にわたり、それに応じて養護問題も多種多様で複雑なものになっている。そして、それぞれの養護問題に適切に対応するために、問題の内容に応じた施設や対策が講じられている。

　それぞれの施設を利用する子どもの養護問題を理解し、適切な支援計画の作成と実践を可能とするために、対象理解として発達段階や生活課題、生育歴や入所経緯、障害の有無などの特性や彼らが抱える個別的課題、施設がおかれた社会的状況や施設が抱える課題を多面的に理解することが不可欠となる。それらの課題は、いくつもの要因が複雑に絡みあった結果として生じていることが多い。そして、彼らが施設においてどのような生活を送っているのか、彼らの支援に活用可能な地域の資源には何があるのか、またその生活のなかで彼らの自立に向けてどのように目標が設定され、どのような視点で支援が実践されているのかについて多面的に理解することが重要である。

　現在、子どもの養護問題は個別的で複雑な問題を抱えるようになっている。よって、一つひとつの事例を慎重に読み解き、演習課題を実践することで、それぞれの施設や子どもが抱える個別的問題やニーズの概要とその支援方法を理解し、計画・実践できるようになることが不可欠である。

3. それぞれの施設に共通する社会的養護の課題と支援の理解

　社会情勢の複雑化により養護問題も複雑になり、子どもたちの権利擁護のためにもより個別的な対応が必要になっている。つまり、同じような理由で同じ施設を利用していても、対応方法は同じとは限らず、いくつもの要因を考慮し、個別的な支援が計画されなければならないということである。

　しかし、権利侵害に対する基本的な考え方に加え、子どもたちの生活や将来をよりよいものにするための支援計画の作成や実践のあり方については、養護問題の概要や施設種別を超えて共通する課題がある。また、種別を超えて共通する支援計画作成上、および実践上のポイントがある。そこで、それ

ぞれの事例で個別的な対応の学びを深めるだけではなく、そこに共通する課題と支援方法や組み立て方について学びを深めることが重要である。

②——支援計画の作成過程

1. 支援計画とは

(1) 自立支援計画（ケアプラン）

　社会的養護の場で、子どもの権利を保障し、適切な養育を行うためには、一人ひとりの子どもの心身の発達と健康の状態およびそのおかれた環境を的確に実態把握・評価（アセスメント）し、これに基づき計画的に支援を行う必要がある。そのため、社会的養護の場で生活する子どもの自立支援計画の策定が義務づけられている[*1]。

　自立支援計画は、養育・支援計画と家庭復帰支援計画からなり、策定する際には、子どもの意見を聞く機会を確保することが求められている。

(2) 個別支援計画

　障害児・者支援の領域では、2003（平成15）年の支援費制度による利用契約制度が導入された際に、利用者が施設利用を希望し、契約を行う場合、施設は利用者の自立支援のために利用者の希望や生活ニーズに対して目標を設定し、その人が望む生活を支援する個別支援計画を作成することとされた。

　その後、2005（同17）年の障害者自立支援法（現：障害者総合支援法）の制定と指定障害者支援施設等の人員、設備及び運営に関する基準の改正により、個別支援計画の作成が位置づけられた。

　社会的養護は、養護が必要な子どもの健やかな発達と一人ひとりの個性や能力を発揮して自立できるように社会の責任において実施される。さまざまな困難を抱える養護が必要な子どもや障害児・者の育ちと生活を支えるためには、一人ひとりの適切な把握と評価に基づき、本人の希望や願いもふまえて目標を定め、段階的かつ適切な支援方法の明確化が重要である。これらを支援や養護にあたる者が共有するツールが支援計画である。

　利用児・者のおかれている状況をふまえ、心身の発達と健康の状況、およびそれぞれの利用児・者を取り巻く家庭、教育・児童福祉諸機関、近隣地域の養育力や利用児・者を中心とした相互の連携状態について、より的確にアセスメントし、適切な支援計画を作成することが求められている。

*1　児童福祉施設の設備及び運営に関する基準第45条の2
　児童養護施設の長は、第44条の目的を達成するため、入所中の個々の児童について、年齢、発達の状況その他の当該児童の事情に応じ意見聴取その他の措置をとることにより、児童の意見又は意向、児童やその家庭の状況等を勘案して、その自立を支援するための計画を策定しなければならない。

2. 作成体制

　社会的養護の実施（措置）については児童相談所がその判断を行い、児童福祉審議会での審議を経て決定する。児童相談所は受けつけた相談について児童福祉司等による調査に基づく社会診断、臨床心理士による心理診断、医師による医学診断、一時保護所の児童指導員、保育士等による行動診断など、多くの専門職の多面的な診断と協議による総合的な判定（アセスメントを含む）を行う。これをもとに個々の子どもに対する援助指針が作成される。援助指針は児童相談所の果たす役割を明らかにするとともに、児童相談所と子ども、保護者、関係機関、施設等をつなぐ橋渡しの役割を果たす。よって、援助指針の作成に際しては子どもおよびその保護者、必要に応じて祖父母などの親族、学校などの関係機関から意向を聴取し指針に反映させることが望ましい。また、子どもが児童福祉施設や里親へ措置・委託される場合には、施設および里親との協議も必要である。

　施設は児童相談所の援助指針をふまえて自立支援計画を作成する。子ども自身・家庭・地域社会の側面から適切にアセスメントし、総合的な計画になるよう配慮する。なお、里親へ委託する場合は児童相談所が自立支援計画を作成するが、里親が日々の養育の指針となるように、里子の家庭的背景や実親との関係などをもとにして、養育を行ううえでの留意点や期間、実親への対応などについて記載する。

　障害児・者が契約により障害者支援施設や障害児入所施設、児童発達支援センター等を利用する場合には、指定された相談支援事業所の相談支援専門員が総合的な援助方針や解決すべき課題をふまえ、最も適切なサービスの組みあわせ等を検討し、総合的な支援計画（サービス等利用計画）を作成する[*2]。それをふまえ、支援サービスを提供する事業所（施設）では支援目標・支援内容を記載した個別支援計画を作成する。利用児・者はニーズにあわせ、複数の事業所を利用する場合がある。その際には支援目標を共有し、各事業所の役割を明確にした支援のために、サービス担当者会議が重要となる。

　こうして作成された支援計画に沿って日々の養護・支援の実践が展開する。実践の展開のなかで利用児・者も変化し、支援課題も変化していく。そのため、支援計画は一定の期間をおいて再検討される。再検討のために適切な事後評価（モニタリング）が必要となるので、日々の実践は記録される必要がある。日々の記録をもとにケース会議（ケースカンファレンス）で、子どもの育ちと新たな支援課題について多面的に検討され（再アセスメント）、支援計画は再計画化・再実施されていく。なお、里親養育の場合は里親の養育

＊2　障害者総合支援法に基づく居宅サービスを利用する場合は「サービス等利用計画」を、児童福祉法に基づく通所支援を利用する場合は「障害児支援利用計画」を先に作成することになる（第1部第5章p.49参照）。

記録をもとに児童相談所の担当者が里親と面談のうえで再計画化する。

3. 利用児・者理解に基づく支援計画

　社会的養護を必要とする子どもたちのなかには、虐待を受けた経験や、発達障害など障害のある子どもが少なくない。また、高校進学率は高くなってきたが、高校卒業後の進路は就職が多く、大学等への進学率は一般家庭で育つ子どもとの間に大きな差がある。障害分野においては、共生社会の実現に向け、地域生活や一般就労が進められる一方で、障害児・者施設の利用児・者には、重度の障害や医療的なケアを必要とするなど高度な支援ニーズをもつケースが多くなっている。さらには障害者支援施設では高齢化も進みつつあり、加齢に伴い健常者より比較的早い段階から心身の機能低下が進むことが多いため、支援のうえでさまざまな課題が提起されている。しかし、以上のことは一般的かつ統計的な「情報」にすぎない。こうした一般的な傾向のなかにあっても、一人ひとりの利用児・者はそれぞれに可能性や回復力、尊厳をもつかけがえのない存在である。支援計画はさまざまな課題と同時に可能性をもつ利用児・者一人ひとりの尊重と理解に基づいて作成される。

　支援計画作成にあたっては、一人ひとりの状況をいかに適切に把握できるかが鍵となる。養育・支援を通して、子どもの心身のケアおよび特性や能力に応じた学びと進路選択を支援するとともに、子ども自身の自尊感情の形成と将来への希望をはぐくむことが重要である。そのため、本人の「できないこと」や「望ましくない行動」に着目し、本人の努力を前提とした「できるようになる」ための指導・訓練・学習を計画するよりも、本人の望む生活を実現するために「何ができないか」ではなく、「どのような支援があれば何ができるか」ということを焦点とした計画とし、連携先とも共有することが望ましい。また、施設内でのケアのみに完結せず、家庭や保護者との関係への支援、医療機関や教育機関、地域の資源や各種専門職との連携も必須である。特に学齢期の子どもについては、障害等により配慮が必要な場合に学校で作成する個別の教育支援計画との密接な連携が求められる。

4. 援助関係の形成

　子どもは多様であり、子どもを取り巻く状況も子ども自身も予測できない変化を続けていく。支援計画は一人ひとりの固有の育ちに対応したものであり、日々の支援は子どもの育ちをみつめながら柔軟に行われていく。

生活を通して子どもの自立を支援するためには援助関係の形成が大切である。しかし援助関係はすぐには形成されない。まずは日々の生活のなかで、体験と感情の共有・共感を重ね、ともに暮らす親しみを形成することが基盤となる。生活とその援助の積み重ねが子どもとの関係性を構築し深めていき、関係が深まるなかで子どもの育ちがつくられていく。子ども一人ひとりの変化や育ちに気づき、適切な支援を行うために、子どもの心に何が起こっているのかを理解する（しようとする）姿勢と技術が必要である。子どもとともに営む日々の生活のなかで表現される子どもが求めているもの、言葉にできずに伝え切れていないものに気づくまなざしが求められる。

　子どもは言語表現の未熟さや、発達課題や被虐待体験の影響から、言葉や行動による表現とは違うところに本音が存在する場合がある。表面にあらわれる言動だけをみると、「望ましくない行動」ととらえられることもある。心のなかをうまく伝えられない子どもの本音をくみとるために、生育歴や発達課題、興味関心、周囲との関係性、表情や声のトーンなどあらゆる情報をふまえて、子どもに共感し寄り添い、時には代弁する専門的な態度と技術が必要である。日々のこうした専門的援助の積み重ねが、子ども自身の「自分は大切にされている」という感覚につながり、援助関係が形成・深化していく。

❸——支援計画を立案するうえでの基本となる視点・知識・技術

1. ソーシャルワーク技術の活用

(1) ケースワーク (case work)

　ケースワークは、問題を抱える個人に対応し、個別に的確な援助を提供する社会福祉援助の方法である。ケースワークの基本的な原則としてはバイスティック*3の7原則がよく知られている。7原則が社会的養護の場ではどのように生かされるかについて考えてみたい。

　第1原則の「個別化」とは、子ども一人ひとりの人格や状況を理解することである。子どもは自分を独自の存在として、ありのままの自分を認めてほしいという要求をもっている。第2原則の「意図的な感情の表出」とは、子どもの感情を適切に表現させることである。要養護問題を抱えた子どもはさまざまな感情を内面に抑圧している場合がある。その感情の適切な表出を支援することである。第3原則の「統制された情緒的関与」では、保育士が子

＊3　バイスティック
フェリックス・P・バイスティック（Felix P. Biestek）。
　アメリカのケースワーカーで社会福祉学者。『The Casework Relationship（和訳：ケースワークの原則）』にて著した7原則は、現在においては最も基本的なケースワークの作法として認識されている。

どもの感情表出を全面的に受け止めるために、自分の感情や情緒をコントロールすることが必要である。第4原則の「受容」とは、子どものありのままの姿をそのままに認めて受け入れることである。このことはケースワークに限らず、子どもの養育のうえで最も重要になる。第5原則は「非審判的態度」である。保育士は自分の価値観を一方的に子どもに押しつけたり、自分の考えに沿わない言動をする子どもを一方的に批判したりしない。このことは先に述べた「受容」とも深くかかわっている。第6原則の「クライエントの自己決定」とは、子ども自身が自分にかかわることについては自分で決定するという権利を尊重し、それができるように援助をすることである。最後に第7原則の「秘密保持」とは、職務を通じて知り得た子どもに関する情報については、決して第三者に漏らさないことである。このことは、保育士として最低限守るべき倫理項目として、児童福祉法の定めをもって求められているところである[*4]。

*4 児童福祉法第18条の22
「保育士は、正当な理由がなく、その業務に関して知り得た人の秘密を漏らしてはならない。保育士でなくなった後においても、同様とする」

(2) グループワーク（group work）

　グループワークは、集団という場を活用して、そこで展開される活動にグループのメンバーが参加し、メンバー間に生じる相互作用とワーカーによる援助を通して、メンバーの成長・発達を促し、メンバー個々人の抱えている課題に取り組み、解決に向かうことを目的とする。施設は規模の大小はあるものの、子どもが集団で生活する場である。子どもの暮らす施設生活において、適切なグループワークが実施できることは、子どもの成長と発達のために必要である。施設養護の展開のなかで、子どもたちはさまざまな種類の集団を形成・所属することになる。施設職員がグループワーカーとしてかかわる子どものグループは、以下の3種類に大別される。

　第1に生活グループである。毎日の起居や寝食をともにするホーム、ユニットなどの生活単位として構成されるグループである。このグループに対する支援は、一人ひとりのもつ個性や発達課題・問題を把握し、子どもとの人間関係を築きながら、生活が安定し充実すること、それを通じて個々人の発達が確保されることを目的として行われる。子どもたちの生活にはトラブルが生じがちである。そのトラブルに的確に対応することにより、子どもは生活グループのなかで、一人ひとりの個性を尊重されながら、仲間意識を育て、グループ内で相互に援助しあうこと、異年齢間での好ましいかかわりなどを身につけていくことができる。

　第2に治療・教育グループである。子どもの抱える課題や問題により効果的な援助を行うため、治療・教育の一環として意図的、計画的にグループを

つくり援助が行われる。学習のためのグループや療育のためのグループ、作業のためのグループなどがあげられる。このグループに対し援助を行うにあたっては、まず目的を遂行するためにふさわしいグループの対象児童、人数、活動プログラムの決定が求められる。次に意図的な活動であってもメンバーが主体性をもって自主的に活動に参加できるよう、グループメンバーのニーズを十分にくむことと参加への動機づけが必要である。

第3に遊びを中心とした任意グループである。子どもは遊びのなかで自らのニーズや興味関心により自然発生的にグループをつくる。野球やサッカーのチーム、工作などのグループ制作、ごっこ遊びのグループなど、子どもの遊びや生活のなかで任意のグループはよくみられるものである。保育士はまず子どもが自発的・自主的に集団を形成するのを側面から援助する。そして活動が自由に展開されるように配慮しながら、時には活動にかかわり、時には外から見守るなど、適切にかかわっていく。子どもたちは活動のなかで異年齢のかかわりや配慮、競争、葛藤などさまざまな感情を味わいながら、活動そのものの達成感や満足感を体験する。適切にかかわりながら子どもの体験と思いに共感することで、体験の拡充とそのなかでの子どもの育ちに着目することが大切である。

(3) コミュニティワーク (community work)

子どもは地域社会のなかで育つ存在であり、社会的養護の場でも地域社会から理解や協力を得ることが重要である。また社会的養護の場が地域社会から頼りにされる存在になっていくことも必要である。施設におけるコミュニティワークには、地域社会に対して施設のことを知らせ、子どもの成長のために地域と協力していく活動と、地域社会のニーズに応える活動の二側面がある。具体的には、以下のような取り組みがあげられる。

パンフレットや施設便りを通じ施設について積極的に地域へ知らせていくこと、地域からさまざまなボランティアを受け入れていくこと、子どもたちに地域の子ども会や放課後子ども教室[*5]など、さまざまな社会資源の活用を勧めること、子育て相談や講演会など、地域の問題解決のために施設のもつ専門機能を提供すること、地域の子どもの福祉や教育とかかわる機関と連携をとりあい、地域社会の養育力を高めるために活動することなどである。

2. ジェノグラム・エコマップ

ジェノグラムとは、複数の世代を盛り込んだ家族関係を図式化したもので、

＊5　放課後子ども教室
　小学校の余裕教室等を活用して、地域住民の参画を得て、子どもたちとともに学習やスポーツ・文化活動、地域住民との交流活動等の取り組みを実施する事業。地域社会における子どもの健全育成のために、文部科学省の「放課後子ども教室推進事業」と厚生労働省の「放課後児童健全育成事業（放課後児童クラブ）」を一体的あるいは連携して実施する「放課後子どもプラン」の一環として、国の補助のもと、市町村を実施主体として2007（平成19）年度から実施。なお、2014（同26）年7月より「放課後子ども総合プラン」に、2018（同30）年9月より「新・放課後子ども総合プラン」に移行した。そこで掲げた理念や目標等は、本プランの最終年度となる2023（令和5）年度と2024（同6）年度に取り組む内容をまとめた「放課後児童対策パッケージ」において引き継がれている。

いわば「家系図」のようなものである。家族の構成を視覚的にあらわすので、子どもを通した家族のありようを、全体の関係性をふまえながら理解するのに役立つ。ジェノグラムでは、支援が必要となる対象者（子ども）を中心に、家族構成や関係性について、記号を使ってあらわして、家族関係の状況を把握していくこととなる。特に、家族のなかで起こった結婚、離婚や死別といった人生上の大きな出来事を把握したり、あるいは繰り返されている行動パターンなどについても理解したりすることができ、家族関係や全体構造のも

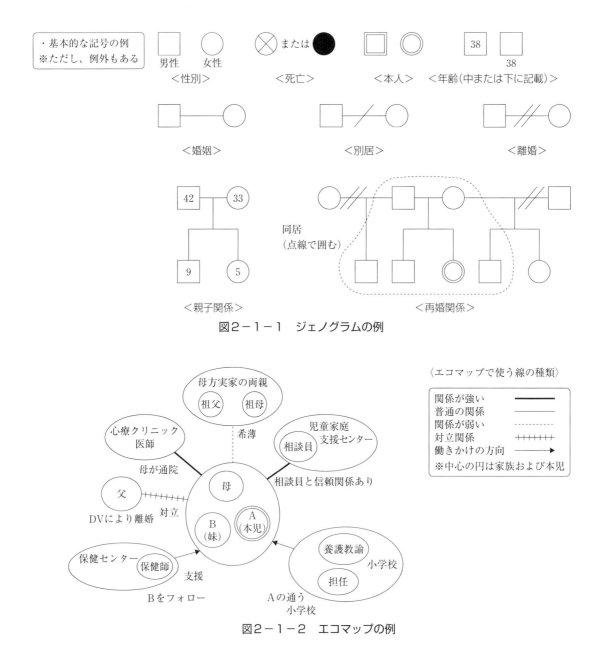

図2-1-1　ジェノグラムの例

図2-1-2　エコマップの例

つ課題や問題点を探ることができる。それにより、どのような支援が必要であるのかといったことの検討にも活用できる（図2－1－1）。

エコマップは、「家族関係支援図」、あるいは「生態地図」と呼ばれるが、支援が必要となる対象者（子ども）を中心として、その家族の問題や解決にかかわると考えられる地域の支援者や関係機関といった社会資源等を記載したものである。つまり、対象者（子ども）・家族・地域の社会資源の間の関係性を、強さや弱さの程度も含めて、図（マップ）にすることで、視覚的にとらえやすくしたものである。それによって、暮らしている地域にある関係する社会資源や関係機関等の状況を全体的に理解するのに役立つとともに、支援に活用できる関係機関等の社会資源を知ることができ、協力・支援体制の強化を図ることなどに活用ができる（図2－1－2）。

これらを描くことによって、家族関係や支援者、関係者などをめぐる複雑な関係性が、視覚的に一目瞭然となり、非常にわかりやすくとらえ直すことができる。それによって、その後の適切な支援につながっていくので、支援開始から支援の経過中においても適宜作成し、上手に活用してほしい。

3. アセスメント

アセスメントとは、ある事象を客観的に評価するという意味であるが、社会的養護の領域では、対象者（子ども）および、その家族と取り巻く環境等、ケースに関する事前の情報収集と分析のことをさしている。その目的としては、より正確な支援計画を立て、有効な支援につなげることにあるといえる。そのため、アセスメントでは、できるだけたくさんの正確な情報を集めながら、丁寧に行っていくことが重要となる。また、「子ども本人」はもちろんのこと、「家庭」「地域社会」の少なくとも3つの側面から、しかもその相互の関係性も含めて、包括的、総合的に行うことが非常に重要である。それによって、ケースの支援上の課題が明らかになるとともに、対象者のニーズを満たし、自立していくためには何が必要かをふまえた支援の目標を設定していくことができる。さらに、その目標に応じて、必要とされる支援内容・方法が定まることとなり、実際の支援が実行されていくことにつながる。

なお、アセスメントの方法としては、面接、行動観察、家庭環境調査（訪問調査等）、関連情報調査（関係機関への照会等）、心理検査、医学診断などがある。その際に、先述したジェノグラムやエコマップを活用することが有効な場合が非常に多い。また、あらかじめチェックする項目を一覧表に整理したアセスメントシートによって行うことが有効な場合もある[*6]。

*6 例えば、参考文献にある児童自立支援計画研究会編（2005年）の書籍には「子ども家庭総合評価票」が掲載されている。

4. 目標の設定（支援計画の作成）

　アセスメントに基づき支援計画を作成することになるが、ケース支援上の課題を明らかにし、対象者のニーズを満たし、自立を支援していくためには、どういったことが必要とされるのかをふまえながら、目標を設定することとなる。その具体的な目標の設定にあたっては、単に子どもの望ましくない行動の改善等、マイナス面の改善や回復のみをめざすのではなく、子どものプラス面も重視し、健全な成長発達を保障しながら、自立を支援していくという視点をもつことが重要である。また目標は、「子ども本人」だけではなく、「家庭（養育者・家族）」「地域（保育所・学校等）」、そしてそれら３つの観点を総括した「総合項目」ごとに、さらには、長期の目標と短期の目標に分けて設定していく。このように、アセスメントと同様に、目の前の対象児本人だけに注目するのではなく、子どもと家族との関係改善、家庭への支援、利用できる地域の社会資源の活用など、家庭、地域をもふまえた包括的・総合的な視点から設定していくことが非常に重要である。また、おおむね６か月か

表２-２-１　自立支援計画の様式例

自立支援計画票

（施設名・作成者名・フリガナ・子ども氏名・性別・生年月日・年齢・保護者氏名・続柄・作成年月日・主たる問題・本人の意向・保護者の意向・市町村・保育所・学校・職場などの意見・児童相談所との協議内容・【支援方針】・第〇回　支援計画の策定及び評価・次期検討時期）

子ども本人
【長期目標】
支援上の課題／支援目標／支援内容・方法／評価（内容・期日）
短期目標（優先的重点的課題）

家庭（養育者・家族）
【長期目標】
支援上の課題／支援目標／支援内容・方法／評価（内容・期日）
短期目標（優先的重点的課題）

地域（保育所・学校等）
【長期目標】
支援上の課題／支援目標／支援内容・方法／評価（内容・期日）
短期目標

総合
【長期目標】
支援上の課題／支援目標／支援内容・方法／評価（内容・期日）
短期目標
【特記事項】

出典：児童自立支援計画研究会編『子ども・家族への支援計画を立てるために――子ども自立支援計画ガイドライン』日本児童福祉協会　2005年

ら2年の期間で到達可能な長期目標とともに、それに向けて数か月以内で達成可能な、より具体的な到達内容として短期目標を立てることで、よりやさしい課題から取り組み、達成感を経験していくことが可能となる。

　目標が設定されることで、支援内容や方法、支援の優先順位、支援の実施に対する責任体制などが明確になる。具体的には、誰が、どのような内容・方法で、いつまでに支援を行っていくのか、責任の所在はどこにあるのかということ等が定まる。もちろん、その支援の経過に伴って、子どもを取り巻く環境も変化していくので、一定の期間をおいて再度検討、つまり事後評価（モニタリング）を行うことが必要となる。そして、必要に応じて支援計画自体を見直していくこととなる。

　参考までに「自立支援計画票」の様式例を示す（表2－1－1）。

5. 当事者参加

　支援計画作成にあたっては、当事者参加の視点を忘れてはならない。一般的に、支援に際して我々は「何とかしなければ」「指導しなければ」といった思いが強く、ともすれば支援者側の目線だけで目標を決定してしまうことがある。しかしながら、支援の目的は、本来、支援される人が、自分の力で克服できるようにサポートしていくものであることを忘れてはならない。

　そのため、目標の設定に関しては、一方的に支援者が決定するのではなく、子ども本人の意向、保護者の意向、関係者（市町村・学校・保育所・職場など）の意向、児童相談所との協議内容などを含めたうえで行い、できる限り子ども本人の意向を尊重した総合的な支援計画として定めていくことが重要だといえる。

○第2節
〈参考文献〉
厚生労働省「子ども・若者ケアプラン（自立支援計画）ガイドライン」（平成30年3月）
厚生労働省児童家庭局長通知「児童相談所運営指針」

○第3節
〈参考文献〉
・児童自立支援計画研究会編『子ども・家族への支援計画を立てるために――子ども自立支援計画ガイドライン』日本児童福祉協会　2005年

子ども・若者ケアプラン（自立支援計画）ガイドライン①

子ども・若者ケアプラン（自立支援計画）ガイドライン②

子ども・若者ケアプラン（自立支援計画）ガイドライン③

子ども・若者ケアプラン（自立支援計画）ガイドライン④

児童相談所運営指針

第2章 自立支援計画と保護を要する子どもの養護の実際

①——家庭養護の実際

● 里親による養育の実際

(1) 里親養育をめぐる状況

　家庭での家族による養育は子どもの成長、福祉および保護にとって最も自然な環境である。家庭で養育を受けることは子どもの基本的人権であり、家庭で養育を受けることが適当でない子どもは、家庭と同様の養育環境において永続的に養育される権利を有している。特に、乳幼児期は安定した養育者との関係のなかで、人格的発達の基盤である愛着関係を形成する時期であるため、子どもの健やかな成長のためにも、社会的養護が必要となった場合には、里親による養育を優先して検討することが求められている。家庭養護の中核である里親による養育は、要保護児童を里親家庭で養育するもので、個別的・継続的な人間関係により愛着の形成や豊かな生活経験を通して子どもの健全な育成を図るものである。

　近年、児童虐待の深刻化や発達障害を抱える要保護児童の増加など、社会的養護を必要とする子どもたちは、さまざまな困難を抱えており、対応の難しさが指摘されている。里親は研修・実習などを受けた後に登録され、子どもが委託されるが、あくまでも一個人が家庭において子どもを養育する制度であり、専門里親以外の里親は、対応の難しい子どもの養育の専門家ではない。子どもを社会で育てるという公的責任のもと委託を行う以上、困難を抱えた子どもを養育する里親への相談・支援体制を充実させなければならない。

(2) 事例「試し行動を乗り越える」

①事例の概要

〈子どもの名前〉
　Sちゃん（里親委託時、3歳4か月）　女児

〈家族構成〉

　Kさんは未婚の状態でSちゃんを出産した。Sちゃんの父親はKさんの妊娠中から連絡を絶っており、Kさんは家族とも疎遠な状態である。KさんはSちゃん出産後は母子生活支援施設を利用していたが、長期的な治療を必要とする精神疾患を発症したため、Sちゃんは児童養護施設を経て、3歳4か月のときに里親委託となった。

　里父母となったT家の構成は、会社員のHさん（47歳）、専業主婦のNさん（45歳）、専門学校生の長女のRさん（19歳）である。

〈子どもの生活拠点、利用施設等〉

　Tさんの家は郊外の住宅地の一戸建てである。Hさんは会社員だが、比較的残業等は少なく、育児へも協力的である。Nさんは専業主婦である。一人娘のRさんは遠方の専門学校に通っており、下宿している。

　Sちゃんは、幼稚園の年少クラスに通っている。

〈主訴（養護上の問題）〉

　実母の病気などにより、児童養護施設から里親委託となったSちゃんは、里親家庭での生活が始まって6か月経過時から、過食や遺尿（おもらし）、だだこねや赤ちゃん返りが目立ってきた。幼稚園では登園を嫌がり休みがちになった。里父母が戸惑い対応に困る場面が多くみられるため、Sちゃんの育ちへの支援にあわせて里親にも支援が求められている。

②これまでの経緯

〈Sちゃん誕生まで〉

　Sちゃんの実母Kさんは高校中退後、地方から都会に単身で移り住み、22歳のときに無職の20歳の男性と交際し、Sちゃんを妊娠・出産する。男性（Sちゃんの実父）は、結婚はおろかSちゃんの認知も拒み、やがて妊娠中だったKさんとの連絡を絶つ。Kさんは、妊娠・出産についての自覚が薄く、Sちゃんの妊娠時も妊婦健診をあまり受けていなかったが、Sちゃんは出生体重が2,980gあり、普通分娩で良好な健康状態で出生した。

　出産後、産科では母体の回復をみながら授乳や沐浴の指導を行うが、Kさんは投げやりな態度で助産師らの話を聞き流していた。「かわいい赤ちゃんね」との声かけには頷くものの、夜間の授乳時間には起きてこないKさんの姿は、助産師や看護師らの間で話題になっていた。

　Kさんの出産までの状況と産後入院中のSちゃんへの無関心さ、Kさんの生活基盤の脆弱さ（高校中退後、アルバイトを転々としており、出産当時は

無職のまま友人宅に同居。家族とのつながりがない）を心配した医師や助産師とソーシャルワーカーが、産科退院にあたりＫさんに母子生活支援施設への入所を勧め、Ｋさんも同意した。

〈母子生活支援施設から児童養護施設へ〉

母子生活支援施設でもＫさんは、Ｓちゃんをあまり抱っこしない、泣くと「うるさい」と別室へ移し放置する、オムツ交換や授乳を面倒がるなどのネグレクト傾向がみられた。施設職員はＫさんへ母子関係構築と就労に向けた支援を重ね、Ｓちゃんには日中の施設内保育を最大限活用し、心身の発育を支えてきた。Ｋさんは施設の規則を嫌い、職員からの働きかけにもなかなか心を開かなかった。また、Ｓちゃんのことは「かわいい」というものの、養育技術がなかなか身につかず、ネグレクト傾向にはあまり改善がみられなかった。やがてＫさんは精神疾患を発症し、入院することになった。Ｓちゃんは1歳4か月で母子生活支援施設から児童養護施設へ措置変更となる。

児童養護施設への措置変更は、よちよち歩きを始めたばかりの幼いＳちゃんにとっては突然かつ大きな生活環境の変化であったが、施設入所時もあまり泣いたりすることなく、大人しく担当の保育士に抱っこされていた。

Ｓちゃんが入所した児童養護施設は8人前後の子どもたちが生活するホーム5つで構成されていた。児童養護施設でのＳちゃんは施設で一番小さな子ということもあってか、所属するホーム以外の職員や年長の子どもたちからも「みんなのアイドル」と呼ばれてかわいがられ、人見知りをしない人懐こい子であった。施設に出入りするボランティアや実習生にも初対面時から笑顔を向け、抱っこをせがむ姿がよくみられていた。施設では、幼いＳちゃんの心の育ちに配慮して担当保育士ができるだけ密接にかかわるようにしていたが、担当保育士の退職や移動による担当交代が続いてしまった。

〈里親養育の開始〉

一方、Ｓちゃんの母親Ｋさんは入退院を繰り返し、就労もままならない。Ｓちゃんとの生活再開は困難と思われ、Ｓちゃんの施設生活は長期に及ぶことが予測された。そこで、Ｓちゃんに家庭環境での養育を保障する見地から、里親委託が検討された。Ｋさんも里親養育のメリット、児童相談所経由でＳちゃんの様子が報告されること、Ｋさんの体調をみながら面会などの交流が継続されることなどの方針を説明され、Ｓちゃんの里親委託に同意した。Ｋさんはその際に「病気のため育てられないが、Ｓと親子の縁は切りたくない。自分ができない分、里親さんにかわいがって育ててもらいたい」と述べている。

委託候補となったＴ家は、Ｈさん、Ｎさん夫妻と実子のＲさんの家族構成

である。Rさんが高校卒業後、遠方の専門学校へ進学し手が離れたのを機に、夫妻は以前より関心のあった里親になることを決意した。Rさんも夫妻の里親登録に賛成している。

　児童相談所は施設と協議しながら、計画的にSちゃんとHさん、Nさん夫妻との面会や外出を実施してきた。Sちゃんは、初対面のときから人見知りすることなく、Hさんらにすんなりとなじんだ。児童相談所と児童養護施設はSちゃんとT家のマッチングがうまくいったと判断し、約半年の交流期間の後、措置変更をし、T家への里親委託を行った。この時点でSちゃんは3歳4か月になっており、身長94センチ、体重13kgであった。運動機能や言葉の発達も年齢相応であり、大きな病気の経験もない。

　SちゃんのT家での生活が始まった。あいさつをはじめ、衣服の着脱などをスムーズに行うSちゃんの姿から、HさんやNさんは「施設で好ましい習慣を身につけている」と考え、積極的にほめることを心がけていた。

〈「試しの時期」〉

　やがて、そのようなSちゃんの姿に変化があらわれてきた。

　まず、過食傾向があらわれた。際限なくおかわりをせがみ、おなかを壊さないかと心配するほどの量を食べるようになった。また、泣きわめいて要求を通そうとしたり、おもらしや、赤ちゃん言葉を話す、抱っこされ、哺乳瓶でジュースを飲みたがる、着替えさせてと要求したりするなど、赤ちゃん返りもみられるようになった。

　里親研修時にHさん、Nさんは、里子が里親家庭になじむ過程で赤ちゃん返りなどさまざまな「試し行動」があらわれることもあると聞いていたため、研修で学んだように、どんな行動でも受容しようとしてきた。

　しかし、Sちゃんの反抗的な態度はいっそう激しくなり、Rさんも帰省の際のお土産のぬいぐるみをお礼もいわずに目の前で放り捨てられ、ショックを受けた。特にNさんは、Sちゃんを長時間抱っこ・おんぶし、泣きわめきや駄々こねにつきあう日々のなかで、身体的・精神的疲労を感じている。一方で、Sちゃんは来客らには満面の笑みをみせ上手にあいさつをする。「いい子に育っているね」とほめられるため、Hさん、Nさんは悩みや愚痴を口に出せず、Sちゃんの養育への戸惑いと不安が徐々に募ってきている。

〈幼稚園でのSちゃん〉

　SちゃんはT家での生活開始にあわせて幼稚園年少クラスに入園した。

　最初のうちは喜んで園に通っていたが、家庭での「試し行動」が始まった頃から登園を渋り始めた。登園を嫌がって泣き叫ぶこともあるため、月に数回しか登園できなくなってしまった。原因となるような友だち関係や園生活

でのトラブルも特に思いあたらず幼稚園側も戸惑っている。

(3) 演習課題

> ・本事例のジェノグラム・エコマップを作成してみよう
> ・本事例のアセスメントをもとに、自立支援計画を作成してみよう
> ・「試し行動」は子どもの心の育ちにとってどのような意味をもつのか検討してみよう

①アセスメントのポイント
〈Sちゃんの育ち〉

　Sちゃんは年齢にふさわしい心身の育ちの段階にあるだろうか。Sちゃんの育ちの現段階と課題を明らかにするためには、Sちゃんの生育歴とその環境に注目し、心身の育ちのために必要な体験ができてきたかを検討する必要がある。その際に望ましくない行動のようにみえる「赤ちゃん返り」を含む「試し行動」がSちゃんの育ちにとってどのような意味をもつのかについても考えなければならない。

〈里父母の状況と養育を支える環境〉

　T家の経済状況、家族の関係性、サポートの有無、地域社会との関係など、養育をめぐる条件や状況はどうなっているだろうか。

②自立支援計画作成上の視点
〈実親の意向と絆の尊重〉

　精神疾患療養中のKさんとの生活再開は困難と見込まれているが、Sちゃんの親を知る権利を尊重するためにも、Kさんとの絆は確保されなければならない。また、委託時に明確に述べられた実親であるKさんの意向も尊重されなければならない。そこで、実親の存在を知らせ、交流を継続することもSちゃんへの支援課題の一つである。

〈里父母との愛着関係の形成と育ちへの支援〉

　Sちゃんの育ちのためには、まず、里親家庭に慣れ、里父母にありのままの自分を表現できるようになり、里親との愛着関係が得られることが大切である。そのため、里父母は、Sちゃんの甘えを十分に受け止めながら、Sちゃんとの情緒的な交流と関係形成に配慮することが求められる。また、生活リズムの形成に配慮するとともに、安定した家庭生活を通じ、年齢にふさわしい生活習慣、社会性の獲得に配慮しなければならない。

〈里親支援〉

　里親委託や養子縁組などで血のつながらない親子関係を形成する過程や、

愛着障害のある子どもがそれを克服する過程では、赤ちゃん返り、過食、反抗などといったさまざまな「試し行動」がみられることがある。このことを委託前の里親研修を通じ、理解しておいてもらうことが重要である。また、里親がそのような困難に直面した場合の対応などについては、児童相談所は定期的な家庭訪問による状況確認と相談助言の実施、研修、レスパイト・ケア（一時的な休息）、里親間の相互交流など、適切な支援を行わなければならない。

〈幼稚園との連携〉

　3歳のSちゃんにとっては、幼稚園という家庭以外の場に通うことで、育ちのために必要なさまざまな体験や友だち関係を得ることができる。幼稚園と里親家庭、児童相談所がSちゃんを中心に連携することが必要である。

〈地域の資源の活用〉

　里親養育に限らず、子育ては家庭のみで抱え込むと困難感が増す。公的な子育て支援サービスの利用はもとより、地域のインフォーマルな資源（地域の人間関係など）とつながり、活用することが重要である。

・=・

(4) 問題の解釈

〈愛着関係〉

　乳幼児期の子どもは、身体、知性、社会性などのあらゆる面で目覚ましい発達を遂げるが、この時期は人への信頼と自尊感情の基盤を形成する重要な時期でもある。泣いて要求すれば、常にそれに適切に応えてくれる特定の養育者との間に密接な関係を構築することにより、満足感・幸福感・信頼感を得ることができる。なかでも、養育者の自分に対する一貫した愛情ある態度から「自分は大切な人から受け入れられ、愛されている」という自尊感情を形成することが重要である。こうした感情は、その後の心の育ちの核となっていくものであり、乳幼児期にこそ形成されなければならない。

　このように子どもと特定の養育者との間に形成される関係性を愛着関係と呼ぶが、愛着関係を形成するべき乳幼児期に、養育者が頻繁に替わり異なる対応をされる、または虐待を受けるなどの経験があった場合、反応性愛着障害と呼ばれる社会的関係性の障害がみられることがある。反応性愛着障害のある子どもは、他人との関係づくりに困難をもつ。反応性愛着障害は抑制型と脱抑制型に区分されているが、抑制型は、過度な恐れや警戒、情緒的反応の欠如や攻撃的な反応が特徴である。一方、脱抑制型は、見境のないなれなれしさや誰にでも注意を引こうとする行動を伴う。なお、反応性愛着障害は、安定した養育環境のもとで個別的なかかわりを継続するとほとんどの場合は

大きく改善することから、発達障害とは区別されている。

〈里親と児童相談所・里親支援センターの協働で作成する支援計画〉

「里親が行う養育に関する最低基準」には、第12条で「里親は、委託児童の養育の状況に関する記録を整備しておかなければならない」と定めている。また、里親が都道府県知事に定期的に報告すべきこととして、①委託児童の心身の状況、②委託児童に対する養育の状況、③その他都道府県知事が必要と認める事項があげられている。

養育の記録には、①子どもをより深く理解する、②里親自身が子育てを振り返る、③児童相談所などからの援助を効果的に得る、④子どもの成長の記録として重要な意味があるが、里親にとって過重な負担とならないように、いわば「日記」のような形で日々の里子の様子や変化などを記載するものである。児童相談所の担当者はその記録をもとに再アセスメントを行い、支援計画を見直していく。その際に、里親支援センターは児童相談所と連携を図りながら、自立支援計画への助言や里親養育について支援を行うことができる。

Hさん、Nさん夫妻は、Sちゃんの赤ちゃん返りや困った行動などについて養育の記録をもとに里親支援センターに相談した。

里親支援センターの里親等支援員[*1]は、Hさん、Nさん夫妻の話を聞き、以下のように助言した。

- 「試し行動」はSちゃんがTさん一家の一員として慣れ始めた証拠である。
- Sちゃんには特定の養育者に全面的に受け入れられ、甘えるという経験や「自分のためだけの贈りもの」をもらった経験が不足している。「試し行動」や「赤ちゃん返り」を通してその埋めあわせや学習をしている時期と考える。
- 里親家庭に無条件に受け入れられているとSちゃん自身が実感できることが重要である。よって、問題とみえる言動も全面的に受け入れる。
- 養育記録からは、Sちゃんにはさまざまな感情の芽生えがみられ、順調に成育していることがうかがえる。家庭生活のなかで、共感や代弁、モデル提示などを重ねることが望ましい。

〈地域で里親と里子を支える──里親会〉

里親として子どもを育てる過程では、一般的な子育てに伴う悩み、心配、不安に加え、里親固有の悩みやストレスが生じがちである。それらに対応するためには、里親同士の交流が有効である。同じ立場にあり、同じような悩みを抱えていたり、それを乗り越えた経験をもつ里親仲間と相談し交流することで、悩みが軽くなったり解決へのヒントが得られたりするという効果が期待できる。

[*1] 里親支援センターには、登録里親家庭60世帯以下を基準に里親支援センター長、里親等支援員、里親研修等担当者（トレーナー）、里親リクルーターの4人が専任で配置される。20世帯増えるごとに里親等支援員1人が新たに配置されることになる（里親支援センターについては、第1部第5章p.43参照）。

里親等支援員は、Hさん、Nさん夫妻に里親会が行っている「里親サロン」という交流会を紹介した。里親サロンに参加したHさん、Nさん夫妻は、同様の経験をもつほかの里親たちに悩みを話し、助言を得て、Sちゃんが「試しの時期」を乗り越えるときが必ずくると信頼して見守る心構えをもつことができた。Hさん、Nさん夫妻は後日、里親等支援員に「みなさん、同じような体験をされているので驚き、私たちの対応が悪いからではないのだと安心しました」「赤ちゃん返りは、Sちゃんがわが家の一員になるために必要なことだと考えると『思う存分やっていいよ！』という気持ちになりますね」と語っている。

〈地域で里親と里子を支える——里親支援センターからの幼稚園への助言〉

子どもが育つうえで、家庭以外の場所での教育や子ども集団での体験は重要な意味をもつ。また幼稚園を通じて友だちと出会い、地域でその関係性を広げていくことも子どもが社会性を学び獲得するうえで貴重である。

里親支援センターが幼稚園とも協議の機会をもつことで、幼稚園は「登園するかどうかはSちゃんの自己決定に任せる」「登園できた日は自然にほかの子の輪のなかに入れるように援助する」という方針を全職員で共有した。登園できた日には、担任以外の教諭もSちゃんが他児とかかわれるように配慮した。また、「Sちゃんはどうしたい？」と自己表出を促したり、「泣いているSちゃんも大好きだよ」とSちゃんのありのままを認めていることを積極的に伝えたりするようにした。そうした幼稚園側の援助もあり、Sちゃんの登園日は徐々に増えていった。

〈地域で里親と里子を支える——地域でのつながり〉

幼稚園でSちゃんは気のあう友だちができ、降園後も誘われて一緒に遊ぶようになった。そのことをきっかけに、子ども同士を通じてNさんも新たに幼稚園の母親仲間ができた。Nさんは、里親会での助言を受けてSちゃんが里子であることを隠さずに伝え、ほかの母親らも特別視せずに受け止めてくれた。「お互いさまだから、疲れたときはSちゃんを預かるよ」と声をかけられ気持ちが楽になったNさんは、地域の主任児童委員にもSちゃんの変化や困っていることを率直に話せるようになった。幼稚園や地域にSちゃんがなじむにつれて、徐々に家庭での「試し行動」も落ち着いていった。

里親委託ガイドライン

※最新版はこども家庭庁HPから確認すること。

こども家庭庁HP：社会的養護

里親及びファミリーホーム養育指針

②──施設養護の実際

1. 養護を要する乳児と支援の実際

(1) 乳児院での養育をめぐる状況

　乳児院は、現代社会の核家族化や少子化の進展等による子どもと家族をめぐる問題の深刻化につれ、病弱、虚弱、障害のある子どもや、虐待を受けて心理的、情緒的な問題を抱え、ケアが必要な子どもなど、種々の問題を抱えている子どもの入所が増えている状況にある。

　このような状況もふまえて、2005（平成17）年度より、施設内において特に丁寧なケアを必要とする子どもを対象に、小規模なグループでのケアを行うこともできるような体制づくりも進められてきた。そして、現在はさらなる小規模化の推進が進められている。また、家族が抱えている問題も大きく、子ども本人だけでなく、家族に対する支援も非常に重要になっており、退所した子どもとその家族に対する相談・支援を行うことについて法令上明記されている。さらには里親支援も大きな役割となっている。

　乳児院では、そのほかにも地域の子育て機能を高めるために、電話や来所による育児相談や育児体験教室などの実施や、保護者の冠婚葬祭や出張等で一時的に養育ができない場合に預かるショートステイやトワイライトステイ等のサービスを行っている。

　職員に関しては、医師、看護師、保育士、栄養士、調理員等が配置されているほか、家族支援の必要性から家庭支援専門相談員が、心理的ケアの重要性の点から心理療法担当職員が配置されるところも増えてきている。

(2) 事例「発達が遅れ気味な男児に対する継続的なケア」

①事例の概要

〈子どもの名前〉

　T君（施設入所時、0歳4か月。里親委託による退所時、3歳3か月）男児

〈家族構成〉

　母親（30歳代）は無職であり病気療養中のため、生計は生活保護により成り立っている。実の父親（30歳代）に関しては、母親と内縁関係にある際にT君が生まれ、その後結婚するが、現在は離婚している。ほかに、それぞれの父親の異なる兄が2人（14歳と9歳）、および姉（4歳）

がいる。兄と姉は母方の祖父母のもとで生活している。

〈子どもの生活拠点、利用施設等〉

　T君が生活するA乳児院は、児童養護施設、児童家庭支援センター、および介護老人福祉施設が同一敷地内に設置され、社会福祉法人が運営を行っている。児童養護施設と併設の形態をとっているため、A乳児院から児童養護施設へ措置変更された子どもに対するケアの連続性が保ちやすいという特長がある。

　A乳児院では、子どもの発達段階に適した環境を整えるとともに児童養護施設や介護老人福祉施設の入所者との交流も実施し、人格全体の成長をはぐくむようなかかわりもなされている。

　なお、T君は発達の遅れが認められるため、B療育施設にて、言語や運動のリハビリテーションを毎週受けている。

〈主訴（養護上の問題）〉

　T君は低体重での出生に伴う器質的な問題、家庭環境の不安定さ等による影響等で、身体、知能面の発達が遅れ気味であり、また、情緒的な不安定さも認められるため、心理的援助の視点も含めた対応が課題である。

　安定した養育者との関係をつくる視点から、里親委託についても検討課題である。

②**これまでの経緯**

〈出生前後の状況と乳児院に入所するまで〉

　母親と内縁関係にあった父親のもとに生まれる（T君の出生後に結婚するが、その後離婚）。在胎は38週であったが、胎児発育遅延、心拍異常等が認められ、1,620gの低体重で出生する。母親は持病があるため、養育はおろか就労もできず生活保護を受給している。また、父親が入院することとなり、すでにT君の兄と姉を養育している祖父母もこれ以上の養育負担は負えないことから、T君は生後約4か月でA乳児院への入所となる。A乳児院での発育は大きな問題はないものの、やや遅れ気味であり、言葉の遅れや身体の硬さ、指先の不器用さ、さらに情緒的な不安定さも認められた。

〈A乳児院での生活〉

　A乳児院では、T君の発達段階を見据えながら、適切な環境や刺激を与えるといった細やかなかかわりを提供することによって身体・知能面での発育を促していくこととなった。また発達の遅れについては、専門的な対応も必要だと判断されたことから、B療育施設に通所し、言語や運動のリハビリテー

ションも行うこととなった。その結果、徐々にではあるが健全な発育が促されていく。例えば、身辺自立面では、T君の場合、指先の動きがやや不器用なところもあったが、すぐに職員が手伝うのではなく、できるところは自分でさせるようにすることで少しずつできるようになっていった。また、情緒面に関しては、この乳児院では担当制（副担当も配置されており、少なくとも必ずどちらかの担当がいる）をとっているため、担当保育士との間で、しっかりと抱っこし、目をみて授乳する、笑顔を絶やさず返していく、丁寧に語りかける等々の細やかなかかわりにより愛着を形成していくようにした。その結果、担当保育士に対する特別な思いを抱き、そうでない人には、人見知りを示すようになるなど、愛着が形成されていった。このほかにも、T君の特徴をよく知り、しっかりとほめるようにして、心理的な安定と成長へとつながるように心がけた。1歳くらいまでは比較的大人しい性格といえるものであったが、このことは、手がかからないと理解するのではなく、むしろ、サインを発しにくい子どもだと認識し、特に丁寧にかかわった。

　また、家族関係に関しては、入所後、家族とのかかわりは非常に少なく、年に2、3回程度の面会であった。面会時には「パパ、ママいや」と泣きじゃくることも多く、両親を認識しているが、なじむのに時間がかかる状況であった。

〈A乳児院での措置継続〉

　このようにして、A乳児院での養育を受けて、2歳頃の時点では、担当保育士との愛着形成が進み、子どもらしくかわいらしい面がよくみえるようになり、快活になってきた傾向が認められた。また、年齢が高い子どもと交わる経験なども成長を促してきた。しかしT君は、器質的な問題に起因する発達の遅れがあることが認められており、日常生活のなかで場面の切り替えができず、ぐずったり、ほかの子どもを押したり、かみつくなどの行動も目立つようにもなってきた。これらの点などをふまえて、通常は、おおむね2歳を過ぎると児童養護施設等への措置変更となるが、T君の場合は、環境を変えずにしばらくはA乳児院での養育が必要だという判断に基づき、措置を継続することとなった。

　情緒的な不安定さによる行動がみられた場合には、程度にもよるが、いったん場所を変えたり、対応者を変えたりして刺激を調節したうえで（ただし、チームワーク上、職員は必ず、一言「お願いします」など声かけをする）、じっくりと対処したり（なお、担当保育士がかかわると比較的落ち着きやすい）、あるいは、そのような状況を予防するような対応、つまりどのような場面でどのような反応をしているのかについて、日頃から職員間でよく話しあい、

できるだけ「ダメ」と叱って終わることがないように心がけた。同時に、T君の情緒的な発達を促すために、生活担当の保育士とも連携をとりながら、特に個別的かつ心理的な面に配慮し、心理療法担当職員による、週1回のプレイセラピーを実施することとした。

また、家族関係が非常に希薄であり、良好な関係が必ずしも形成できていない様子が見受けられるため、里親委託を検討することとなった。

〈T君の変化とその後〉

乳児院での養護において、最も重要なことは、愛情をもちながら、その子どもの発達段階や特性にあわせて、丁寧で細やかなかかわりを行い、健全な成長を促していくことである。特に乳幼児期という発達段階をふまえると、愛着の形成を促していくことが極めて重要であり、担当保育士による綿密なかかわりが大きな役割を果たす。また子どもの特性をよく観察し、サインが少なければむしろかかわりを増やし、反対に、気になる行動等があれば、刺激を減らしたり予防的な対処を行うなどして、できるだけ望ましい状態にもっていくことが重要である。

T君の場合にも、担当保育士による細やかなかかわりをはじめ、望ましくない行動に対してはチームワークを生かし、適切な対応をとるようにしたこと等が効果的だった。さらには、心理療法担当職員による臨床心理学的な観点からのかかわりを行ったことは有効だった。

T君は、親の同意を得て里親委託が決まった。3か月ほどかけてマッチングが行われたが、その結果も良好であったことから、最終的に里親への委託が実施されたところである。今後は、アフターケアとして、T君と里親に対する継続的な支援が必要である。

(3) 演習課題

- ・本事例のジェノグラム・エコマップを作成してみよう
- ・本事例のアセスメントをもとに自立支援計画を作成してみよう
- ・乳児院での養育に関して、愛着形成を促す取り組みや子どもの特性に応じた対処を行うことが、T君の成長、発達にどのような影響をもたらしているかについて検討してみよう
- ・また、職員間でのチームワークの大切さや心理療法担当職員との連携の必要性についても検討してみよう

①アセスメントのポイント
〈T君の発達上の課題〉
　T君は低体重での出生に伴う器質的な問題と家庭環境の不安定さによる影響により、発達面での遅れ、および心理面の課題が認められる。そのような点を適切にアセスメントしたうえで、乳児院においてどのような支援を行っていくのか、また、専門機関との連携が必要であるのかどうか等について、支援計画に盛り込んでいく必要がある。
〈T君の養育者（家族・里親）との関係〉
　T君を含めて、特に乳幼児のケースにおいては、家族への支援の必要性、および家庭復帰が難しい場合の里親委託への可能性等、家庭環境および取り巻く環境に関して、適切にアセスメントしたうえで、どのような対応を行っていくのかを支援計画に盛り込んでいく必要がある。

②自立支援計画作成上の視点
〈基本的生活場面での支援〉
　目覚め、着替え、授乳・食事（離乳食）、排泄といった日々の基本的生活場面においては、年齢（月齢）や一人ひとりの性格や体調に応じて、優しい声かけとともに支援していくことが重要である。そのことが、子どもの健康と発達につながる。着替えの際には、肌をみてさわりながら、熱感を確かめ、かさつき、発疹などがないかをみるなど、全身をチェックしながら行う。その子どもの発達段階にあわせて、ボタン外しやズボンの着脱などをさせてみて、自立を促すようにする。授乳・食事は、おおむね6、7か月から離乳食1回を始めて、1歳2、3か月で普通食へ移行していく。離乳食は、栄養面とともに、いろいろな味を覚えるといった点や、食べるという行為によって楽しさを体感することも大事であるため、職員は笑顔を絶やさず楽しい場面であるように対処する。排泄については2歳前後に自立することをめざす。
　T君の場合は、発達の遅れに配慮しながら無理強いせずに進めていく。

〈発達を促す遊びや体験の保障〉
　8か月くらいまでの子どもには、抱っこ、語りかけ、スキンシップ、ベビーマッサージなど、1歳2か月くらいまでの子どもには、抱っこに加え、リズム遊び、外遊びなど、2歳前後くらいの子どもになると、外遊び、水遊び、三輪車遊びなどの年齢に応じた遊びを提供する。時には、ショッピングセンターなど、通常の家庭の子どもたちが行くような場所に行って、体験を増やすようにする。また、1歳5か月くらいからは、園内保育室（施設内で保育活動を行うもの）でさまざまな活動を提供する。
　T君は身体の硬さなどがあるため、B療育施設でのリハビリテーション活

動と連携しながら、A乳児院の生活のなかでできるマッサージなどといった療育的活動も取り入れる。

〈愛着形成と発達支援〉

担当保育士は、授乳時はしっかりと目をみて抱いて行うことや、入浴時は一緒に入浴するなど、できるだけ家庭における養育との差をなくし、スキンシップをとるようにする。また、外出や外泊（自分の自宅に連れて帰るなど）の機会をつくることで、個別的なかかわりを増やし、愛着形成をめざす。

T君は、担当保育士との関係は形成されたが、情緒的に不安定になりやすく、場面の転換に応じての判断や行動が難しく、ほかの子どもを押したりかみつくなどの行動が表出されている。行動観察の記録とアセスメントを行い、担当保育士との親密で安定した関係を基盤に、T君にとってわかりやすい方法でコミュニケーションを図り、自己表現への支援を行う。

〈専門機関等との連携〉

発達の遅れや情緒的な問題のあるT君には、B療育施設の利用のほか、心理療法担当職員によるプレイセラピーも実施されている。各機関の専門職者らとの連携を深め、ケースカンファレンスも開催することで、T君の支援課題と支援方法や内容を共有する。

〈家庭への支援〉

T君は、家族からの面会等があまりなく、かかわりが希薄なケースである。手紙や成長の写真、つまり「成長の記録」を添えて送るといった働きかけを定期的に行ったり、行事への参加を促すことで、家族へT君のA乳児院での生活への関心を促す。

里親委託後もアフターケアとして、併設の児童家庭支援センターと協力しながら、「成長の記録」の送付などを継続する。

〈里親委託へ向けた支援〉

里親家庭への委託までのプロセスは、移行プログラムを策定し、段階的に実施する。T君への一貫した養育態度を継続することを主眼として、環境変化に伴うT君の精神面に留意しながら進める。

里親に対しては、T君のA乳児院での生活を理解してもらう必要がある。特に、これまでのT君の行動上の問題、情緒的な不安定さなどの課題に対して、安定した大人とのかかわりを基礎としつつ、わかりやすく一貫した対応方法によって改善を図ってきた経緯と、T君の行動特性を理解したうえでの適切な対応について、十分に理解してもらうとともに、里親への支援を十分に行う。

(4) 問題の解釈
〈愛着形成について〉

　愛着の形成は、乳児期における重要な課題である。愛着とは、発達初期において、特定の他者との間に築かれる親密な情緒的な関係のことであるが、乳児院に入所している子どもたちの多くは、親との愛着形成が不十分であることが多い。そのため、施設の保育士との間に愛着を築いていくこととなる。

　T君の場合は、担当保育士に対して抱っこをせがむなど、愛着の形成が比較的良好にできあがっていると思われる。これには、担当者が途中で交代することもなく、献身的なかかわりがあったことが影響している。ただし、担当制とはいえ、すべての時間にその職員がいるわけではないので、特にこのケースでは、職員同士のコミュニケーション、チームワークを大事にしていることも大きく作用していたといえる。コミュニケーションをよくとり、職員間の関係を良好に保つということが、実は子どもとの愛着の形成にも大きく影響するのであり、その点をよくふまえてかかわることが重要である。またこのケースでは、心理療法担当職員が、心理学的な側面から、チームの一員としてT君へかかわっていることも重要な点である。

〈子どもの問題について〉

　子どもの問題のうち、特に生活場面での対応で課題となるのは、場面の切り替えができずぐずりやすい子、乱暴な子、反対に大人しすぎる子などの場合である。

　T君の場合、生活面での活発さが認められるようになる一方で、情緒的な不安定さが比較的目立つようになり、実際にいろいろな問題行為が認められた。そのような際には、職員間でチームワークよく連携をとりながら対処し、できるだけ「ダメ」と叱って終わることがないように心がけていたが、このことは非常に重要な点といえる。問題行為を起こした子どもは、どうしても叱られることが多くなり、結果として、自尊心が低くなってしまうという心理発達上の大きな課題を生じさせることがあるためである。また、個別的な心理プレイセラピーを実施し、そこでは心理療法担当職員との安定した関係性を築きながら、しっかり認めるようにして自尊心を高めるようなかかわりがなされたが、こういった取り組みも非常に有効であった。

　また、泣き声が小さい、いつも部屋の隅っこにいるなど、大人しすぎる子どもの場合は、手のかからないお利口さんと理解するのではなく、むしろサインの小さい子どもとみなし、気をつけて丁寧にかかわることが必要である。T君の場合にも、一時そのような時期が認められるが、その時期に丁寧にかかわったことは有効だったと思われる。

なお、このような点については、A乳児院は併設型であり、児童養護施設との間で人事交流があるため、児童養護施設の勤務経験者は、乳児院で育った子どもの中高生の時期の様子を知っている。それゆえ、かかわりにおける幅が広くなるという利点がある。また、病弱、虚弱のほか、障害をもった子どもの入所も少なくないので、その点への綿密な対応も必要といえる。

〈家族関係の支援〉

　乳児院を退院した子どもは、ほぼ半数が家庭引き取りで、残りが児童養護施設への措置変更や里親委託等になる。そのため、親に対する支援も乳児院における非常に重要な課題である。

　養育の意欲はあるものの具体的な方法がわからず、ネグレクトをしていた親などの場合には、面会や外泊などの際に、オムツ交換、離乳食のつくり方、入浴の仕方、危険回避等々について説明し、実践もしてもらう。また、引き取り意志が強いものの、虐待傾向のある親の場合には、面会、外出、外泊と順を追いながら関係性を深め、同時に問題点をチェックしながら、児童相談所とも協議し、保育所等の関係機関の見守りを条件にして帰すことを決めていく。

　T君の家族の場合は、かかわりが希薄なケースであり、前述したような働きかけを継続していたが、親自身の養育意欲が乏しいことから、T君の家庭的環境で育つ権利の保障のために、児童相談所とも協議し、親の同意も得て、里親委託となった。必ずしも、すべての子どもが家庭に帰せるわけではないので、その点で適切な判断を行うことも重要である。

〈里親委託へのマッチング作業〉

　里親委託にあたっては、面会、外出、外泊と順を踏んで関係性を深めるような対応を行う。具体的には、子どもの乳児院での育ちに関して、アルバムをみてもらったり、撮ってあるビデオテープをみてもらったりすることで、生い立ちを説明し、知らない期間のことを共有してもらうような取り組みを行っている。養育経験が少ない里親の場合には、面会時に、プレイルーム等で子どもと遊ぶ様子を心理療法担当職員が観察し助言を行うこともある。また、不安等について相談に応じ助言をしている。

　こういった里親委託にあたってのマッチング作業が重要である。そして、T君の場合にも、適切な里親候補がみつかったことから、実際に、丁寧にマッチング作業を行い、里親委託へとつながったのである。

乳児院運営指針

乳児院運営ハンドブック

2. 小規模施設における子どもの養育の実際

(1) 地域小規模児童養護施設（グループホーム）での養育をめぐる状況

　わが国における社会的養護においては、施設養護の割合が高く、しかも、集団養護を中心としたケアが行われてきた経緯があるため、多数の子どもたちが大きな建物に居住する大舎制の形態が主流であった。しかしながら、現在、施設の小規模化・地域分散化が進んでいる。

　このような状況のもとで、本来子どもの成長に必要とされる地域社会の力を活用しつつ、より小規模で、かつできるだけ家庭的な雰囲気の環境のもとでの養育を進めるために、2000（平成12）年に地域小規模児童養護施設が制度化された。地域小規模児童養護施設は、既存の児童養護施設を運営している法人の支援のもと、本体施設の敷地外に分園として地域のなかに設置される小規模な施設で、近隣住民との適切な関係を保持しつつ、家庭的な環境のなかで生活することにより、入所している子どもの社会的自立が促進されるように支援することを目的としている。つまり、小規模化・地域分散化の流れに則した施設である。児童養護施設の一つの形態ではあるが、地域に設置された小規模な施設で、できるだけ家庭的な雰囲気のもとでの養育を行うことから、家庭的養護の役割を担っており、今後の充実・発展が大きく期待されているため、年々、設置個所が増えている状況にある。

　2016（平成28）年の児童福祉法の改正と「新しい社会的養育ビジョン」（2017年）により、家庭養育優先原則に基づき、家庭での養育が困難または適当でない場合には、養育者の家庭に子どもを迎え入れて養育を行う里親やファミリーホーム（家庭養護）を優先するとともに、児童養護施設、乳児院等の施設についても、できる限り小規模かつ地域分散化された家庭的な養育環境の形態（家庭的養護）に変えていくことが明確に示された。あわせて、施設の高機能化や多機能化・機能転換を図ることも示された。2022（令和4）年3月末の里親等委託率（里親とファミリーホーム）は23.5％であった。2023（同5）年10月1日現在の小規模化かつ地域分散化の状況（形態ごとの定員数からみた割合）については、児童養護施設の場合、大中小舎の割合が43.5％、小規模グループケア（敷地内外）の割合が44.2％、地域小規模児童養護施設の割合が12.3％などとなっている。前回調査（2018（平成30）年2月1日現在）では、大中小舎の割合が60.6％、小規模グループケアの割合が31.7％、及び地域小規模児童養護施設の割合が7.6％であったことから、小規模かつ地域分散化が進捗している。

(2) 事例「家庭的な雰囲気のもとでの育ちの支援」

①事例の概要

〈子どもの名前〉

　E君（現在小学3年生、9歳）　男児

〈家族構成〉

　服役歴のある父親（50歳代）と精神疾患の治療のため入院経歴のある母親（30歳代）との間に生まれるが、両親は出生後に離婚している。そして、母親はその後再婚し、別の男性との間に男児をもうけるが、E君とは全く面識がない。なお、その後の家族との関係であるが、母親はほとんど面会に来ることがない。E君のことを思うと、夫から激しい暴力を受けたことを思い出してしまうので、受け入れる気持ちになれない状態であった。

〈子どもの生活拠点、利用施設等〉

　E君は、F地域小規模児童養護施設にて生活している。この施設は、児童養護施設の本体施設から200m程離れた場所に、平屋建ての元民家を活用する形で設置してある。職員としては、常勤の保育士が2名（1名は住み込み）、非常勤の保育士が1名で配置されている。入所する子どもに関しては、特に細やかなケアが求められる年齢を視野に入れて、男子の小学1～4年生まで（最大6名）としている。また、近隣住民との良好な関係も築いており、近所の方の庭で一緒にバーベキューをする機会もあるなど、地域の力が子どもの成長に寄与している部分もある。なお、E君は発達障害との診断も受けており、その治療のため、児童精神科の医院に通院し、服薬をしている。

〈主訴（養護上の問題）〉

　E君は発達障害および愛着形成の問題があり、多動傾向や情緒的な不安定さが目立つ。また、ほかの子どもとのトラブルなども多いため、それらへの対応を含めた細やかなかかわりが求められている。

②これまでの経緯

〈出生前後の状況と乳児院への入所まで〉

　父親は犯罪による服役歴があり、また、母親は精神疾患などを抱え入院の経歴があって、生計は生活保護を受給することで成り立っていた。E君を妊娠しているときより、父親の母親に対する家庭内暴力があったが、出生後間もなく、その暴力の激しさは増し父親は逮捕される。また、母親も入院加療という事態となり、E君を養育する者がいなくなったため、生後1か月も経

たないうちに乳児院への措置入所となった。

〈乳児院での生活〉

　乳児院におけるE君の発達経過をみると、首据わりが少々遅れたが、その後は、おおむね順調であった。ただし、保育士との関係ができるのに時間がかかり、喜怒哀楽の激しいところが認められた。穏やかな環境のなかではよいものの、ちょっとした音や声などに反応するといった聴覚の過敏さがみられ、言葉の発達に若干の遅れが認められた。そのため、日常生活においては、時間をかけてじっくりと関係性を築くことを心がけながらの援助が進められてきた。また、乳児院に配置されている心理療法担当職員の助言等もあって、関係性の構築が難しいE君に対し、保育士、心理療法担当職員の三者による独自の形態のプレイセラピーも行われてきた。これは、通常のプレイセラピーは、心理療法担当職員と子どもの二者関係で行い、その関係性の構築や心理面での表現を重視するが、低年齢の子どもの場合には、担当保育士との愛着形成を中心とする関係構築がより重要となるため、保育士とE君の愛着関係の構築を促すことを目的として、その様子を心理療法担当職員が観察しつつ、適切な援助や助言、かかわりを行っていくといった方法である。

〈児童養護施設（幼児ブロック）での生活〉

　E君が2歳8か月となった時点で、児童養護施設への措置変更が行われ、幼児ブロックへの移動となる。乳児院のときから観察されていたように、人間関係の構築がやや難しく、喜怒哀楽の激しさ、つまり感情コントロールができにくいところなどが認められ、対人面でのトラブルなどが比較的目立つ。特にそのような場面は、1対1のかかわりが薄いときに認められるということで、保育士、児童指導員ともに、少しの時間をみつけては1対1のかかわりがもてるような対応を行った。また、心理療法担当職員によるプレイセラピーは、二者関係による通常の方法により、継続して実施された。

　その後、E君は職員とのかかわりが増えることで、甘えなども出せるようになっていくが、一方で、言語面での発達の遅れがやや目立つようになり、言語力の弱さのために、感情をうまく表現できず、コントロールの難しさにつながっていることが明らかになってくる。そのため、小学校への入学後も、特に小集団で個別的な配慮ができる環境が望ましいということで、F地域小規模児童養護施設において丁寧なケアを行っていくこととなった。

〈F地域小規模児童養護施設でのE君〉

　F地域小規模児童養護施設に移り、個別的な配慮ができる環境下での養育を受けるなかで、エネルギーにあふれ、非常に活動的で運動が得意であるE君は、快活な様子をみせることが多くなった。また、大人とのかかわりのな

かで甘えを出してくるなど、子どもらしくかわいらしい面をみせるようにもなった。その一方で、大人を過度に独占したがる、甘えに際限がないなどといった問題もみられた。つまり、ある程度の愛着の形成は達成されてきたものの、それが、まだ必ずしも十分ではなく、そのことが、対人関係面での不安定さや、感情面での落ち着きのなさにつながっている可能性が考えられた。また、言語面での遅れ、知的な面での遅れが比較的目立つようになり、知的な発達の程度は、境界域付近であることがわかる。このため、学習面でのつまずきが多くなり、そのことが二次的に自信のなさにつながり、ほかの子どもから笑われている、馬鹿にされているといった感覚をもつこともあるようで、そのことがいら立ちや暴言へとつながっていると考えられた。

このように多動性、衝動性、あるいは感覚の過敏さ等が目立つことから、心理療法担当職員の助言等もあり、児童精神科を受診したところ、発達障害の一種である注意欠陥／多動性障害（ADHD）であることが判明する。ADHD児は、周囲よりその障害性を理解されず、叱責を受けることが多くなるため、いつも叱られている悪い自分といったイメージを抱き、自信をなくしていくことがある。実際に「どうせ俺なんか……」などと述べることが時折あり、やはり自信のなさが認められ始めたことから、個別の心理ケアとして、心理療法担当職員によるプレイセラピーも継続して実施された。

〈現在のE君の様子と今後について〉

小規模施設でのケアにおいて最も重要なのは、家庭的な雰囲気のなかでの細やかなかかわりにより、子どもとの愛着を深めながら、健全な成長を促していくことである。一日の生活のなかで、目覚めたときには信頼できる大人が側にいて、温かい愛情の込もった食事を提供してくれること、帰宅時には、出迎えてくれて、個別に勉強をみてもらえること、そして子どものペースをみながら、ゆったりとした時間が流れて、夕食、就寝へと進んでいくこと、これら、ある意味当然のことを丁寧に実践していくことによって、E君の成長は促されている。

例えば、学習面では、自信のなさを回復させるために、特に意識的にほめるようにしたり、E君のレベルにあった課題を提供したりするように配慮している。また、E君は特にエネルギーがあり活発であるため、自由時間帯に本体施設へ出向いて、年上のお兄ちゃんたちとの遊びを提供する機会も多く設けた。あるいは、ほかの子どもとのトラブルの際には、落ち着くことができるような場所を提供して、刺激を極力減らすといった対応を行っている。

E君には発達障害等の問題もあるため、医療領域と連携をとったほか、週1回程度、個別の心理ケアとして、心理療法担当職員によるプレイセラピー

が導入されたが、E君にとっては、大人との1対1の関係性が確保された安定した空間と時間であり、大変楽しみにしている。一般に、入所している子どもは、不安定な関係性にさらされてきた経緯をもつことが少なくはないだけに、恒常的な感覚の形成といった点などで、その意義も大きいと思われる。

このような対応によって、最近は情緒面で安定していることが多く、落ち着いてきている。実際に、トラブルの回数がかなり減少してきた。また、学習面においても、自分のできる部分については意欲的に取り組む姿勢が認められるようになってきた。今後も生活領域での家庭的な雰囲気のなかでの細やかなかかわりを重視しつつも、医療領域や心理領域との連携を保ちながら、総合的に支援していくことが必要である。

(3) 演習課題

> ・本事例のジェノグラム・エコマップを作成してみよう
> ・本事例のアセスメントをもとに自立支援計画を作成してみよう
> ・地域小規模児童養護施設という児童養護施設と里親養育の中間となるような環境での養育について、そのメリットとデメリットを十分に考慮しながら、E君の成長、発達への影響を検討してみよう
> ・被虐待体験や発達障害を抱えた子どもに対するケアにおける医療領域や心理領域との連携の必要性について検討してみよう

①アセスメントのポイント
〈E君の発達上の課題〉

E君は、養育者からの虐待を受けており、それにより、愛着形成が不完全であるとともに、心理的ダメージを抱えている。また、発達障害の問題も抱えている。そのような点を適切にアセスメントしたうえで、どのような支援を行っていくのかについて、支援計画に盛り込んでいく必要がある。なお、その際には、家族との関係性もアセスメントし、施設での支援の方向性について盛り込むこととなる。

②自立支援計画作成上の視点
〈愛着の形成に向けた支援〉

E君は個別的な対応ができる小規模集団での細やかなかかわりのなかで、快活さや子どもらしいかわいい姿がみられるようになったが、まだ精神的に不安定な様相もみられている。子どもの情緒の安定は、信頼できる大人との愛着形成とそのなかでのぬくもりのある生活を積み重ねることで培われていく。日常生活のなかで信頼できる大人との愛着関係をさらに築きあげていき

ながら、健全な成長発達を促していく長期的な支援目標のもとに、E君の自信のなさなどの直面する支援課題については、日常生活の場面で適宜、しっかりほめるなどの声かけを行い、回復させていくようにしていくといった短期的な支援の目標と計画に基づいた支援が求められる。

〈医療との連携〉

発達障害の問題に関しては、不要な刺激を減らすなどといった生活環境の調整がまず求められるが、医療機関との連携も不可欠である。服薬管理等を行うとともに、子どもの成長や状態をみながら、子どもの治療が効果的に進むよう、医師との密な情報交換が必要である。

〈心理治療の導入〉

子どもの抱える問題全般に対処するため、本体施設の心理療法担当職員による個別心理ケアを実施するとともに、臨床心理学的な知見に基づいた対応をするため、心理療法担当職員との連携を密にし、子どもの変化や問題についての情報の共有と支援課題の明確化、支援方法の改善や工夫などについて随時協議を行いながら、総合的に対処していくことが重要である。

(4) 問題の解釈

〈F地域小規模児童養護施設での養護の実際（一日の生活の流れ）〉

F地域小規模児童養護施設では、愛着をもった職員（大人）とともに目覚めを迎え、朝食はできたての温かい食事が提供される。子どもたちは、職員が調理をする場面をみて、材料の素材を知り、匂いをかいだり、感じたりすることができ、また、どのように料理ができあがるのか、その過程をみることができる。さらには、一緒にお手伝いをするといった経験もできる。小さな食卓を囲んで、職員にかかわってもらいながら、ゆったりと食事をとった後は、見送られて安心して小学校へと登校する。小学校での学習を頑張り、夕方になり下校すると、再び職員が温かく出迎えてくれる。下校後は宿題等の学習活動をすることとなるが、ここでも職員が比較的丁寧にかかわりをもてることが特長である。その後は、夕食まで自由時間となるが、本体施設に出向き、異年齢児との交流を深めることもある。

夕食に関しては、朝食と同じように温かい食事が提供され、心の栄養をも吸収する。食卓を囲みながら、学校も含めた一日の生活について、職員と一緒に会話がなされる。一日を振り返りながら、そのことについてしっかりと聞いてくれる人がいるということは、とても心強く、安心できるものである。入浴に関しては、女性職員ばかりなので、時には本体施設の男性職員が応援勤務にやって来て、一緒に入ることもある。スキンシップを通じて、子ども

は成長していく。就寝に関しては、おおむね午後9時頃に設定している。そのときの雰囲気や子どもの状態で、早く寝かせることもあれば、休日の前日には遅くしたりすることもある。また、子どもの年齢により就寝時間に差をつけることがある。寝かしつけに関しては、特に低年齢の子どもを中心に添い寝をして安心して眠りにつかせる。

　なお、生活のさまざまな場面で、しばしば、子ども同士の問題やトラブル等が発生する。そのような場合は、その場を離れて落ち着くことができるように工夫をしながら、できるだけ個別に対応をし、丁寧にかかわっている。

〈小規模施設でのケアの生活上のメリット・デメリット〉

　小規模施設でのケアのメリットとしては、やはり、家庭的な雰囲気のなかで、少数の養育者との間における安定した人間関係の形成を図りながら、成長をはぐくむことができるという点にある。目覚めたときを例にとると、交代制の勤務ではないため、その日によって職員（大人）が違うということは基本的にはなく、愛着のある職員とともに朝を迎える（当然、勤務上の都合もあるが、職員は3人体制のため、かなり安定的である）。このことは、信頼関係をはぐくみ、安定した心の育ちの促しにつながっている。夜中に目が覚めたときにも、職員が近くにいることで安心感を抱ける。また、食については、食べ物の素材にふれたりすることは、小規模施設だからこそできる体験の豊かさや広さにつながるものであり、人間の感性へと働きかけ、生きる力をはぐくんでいくことにつながるともいえる。

　また、子どものペースにあわせて、時間の設定を少々緩くすることができるので、子ども中心の生活日課を組み立てやすい。見方を変えれば、職員にとっても自分のペースで働きやすいといったメリットにもつながり、結果、子どもに対する余裕をもったかかわりとなると考えられる。

　そのほかにも、生活空間が狭いので、部屋の散らかり具合などについても気づきやすく、自ら掃除などの手伝いを嫌がらないといったこと、あるいは小集団での勉強時間には当然差が出るが、早く終了した子どもに気遣いの気持ちが生まれてくること、さらには、一日の生活を組み立てる際に「行事」としてではなく、職員の判断で「今日は十五夜だから、お餅を買って……」と、生活のなかで、自然に季節感を味わえること等がメリットとしてあげられる。あわせて、地域の人との交流などによって、地域力の活用ができていることも、子どもの育ちにとって重要だろう。

　一方でデメリットとしては、例えば、自由時間の過ごし方や設定についてである。男の子たちにとって、活発な遊びをするには、狭い場所は不適である。しかも、特に小学3、4年生以上になると、年上のお兄ちゃんたちとの

遊びでないと物足りないことがある。つまり、食事や就寝等の生活空間としては適切であっても、遊びの空間としてみた場合には、逆に不十分な点もあるということである。そのため、本体施設に出向いて異年齢集団での遊びを提供することや、地域との交流などの工夫が必要である。

地域小規模児童養護施設は少数の職員で運営するために、よくも悪くもその職員の人間観が大きく反映する。職員はこのことに十分留意するとともに、生活のなかでの治療や権利の回復を果たすための高い技量が求められている。

〈子どもの問題・トラブルに関して〉

生活をしていくうえでは、子ども同士の問題やトラブル等が発生し、些細なことでケンカになり攻撃性が高まったり、パニックになったりすることもある。そのような場合には、まずその場を離れて落ち着くことができるような部屋へ誘導し、気持ちを冷却させる。その後、気持ちが完全に落ち着いてから、丁寧に気持ちの言語化等を進めるようにして、気持ちのコントロール力をつけていくことを促すなどする。特に被虐待体験や発達障害のある子どもは、パニックや暴力などのさまざまな行動を起こすことが多く、個別かつ丁寧に対応していくことが重要である。

一方、職員が一人しかいないことも多いので、例えば、子ども同士のトラブルが同時に2か所で発生してしまうと、個別にかかわることができなかったり、一人ひとりのケアが中途半端になってしまったりすることもある。そのような点では、大舎制のほうが、複数の職員がいるので、役割分担をすることによって、かかわりがより深くもてる部分もあるといえる。

また、子どもが本来もっている問題性のみえ方が、小規模施設と大規模な施設（大舎制）で変わってくる。例えば、些細だが、放っておくことが必ずしも子どものためにならないことが、大舎制では見逃されてきたとしても、小規模施設ではみえやすいので対処ができ、メリットになるかもしれない。一方で、逆にみると一つひとつの些細な変化にも目を向けられるので、大舎制では注意されず、いわば伸び伸びとできていたことが、きっちり注意されるということになれば、萎縮につながる可能性がある。

〈職員の勤務・体制上の問題等〉

地域小規模児童養護施設における職員の勤務・体制上の問題としてあげられるのは、やはり勤務がハードであることである。住み込みで、断続勤務であるため、職員が息抜きをしづらく過重な負担がかかりやすい。このことが、職員の勤務継続年数が短い現状につながっていることは否定できない。この点は、地域小規模児童養護施設における大きな問題といえるだろう。また、体制として、地域小規模児童養護施設が、"離れ小島"のような独自の運営

形態になると、子ども間でトラブルが頻発するような場合には、小規模施設の担当職員だけで解決しようとして行き詰まってしまい閉鎖的な支援となり、子どもにとっての逃げ場をなくしてしまうことにもなる。もし、複数の職員の目が入っていれば、適切な対処法もみつかることもあるだろう。地域小規模児童養護施設設置運営要綱にある「本体施設から援助が得られる等常に適切な対応がとれる場所」は、職員の勤務や体制上の問題を軽減するために不可欠であり、本体施設の協力を必要に応じて得ることができるような体制が職員と子ども双方にとって望ましい。

(5) (参考) 児童養護施設での養育をめぐる状況

　第1部も含めて、これまで述べてきたように、日本の社会的養護は大きな転換期を迎えている。本項では、地域小規模児童養護施設の事例を取り上げたが、最後に児童養護施設全体の養育をめぐる状況について概観したい。

　児童養護施設の子どもの入所理由は虐待によるものが増加し、被虐待体験のある子どもは約7割にも及ぶ。また、知的障害、広汎性発達障害、ぜん息、アレルギーなど何らかの障害や疾病のある子どもも約4割にのぼる。子どもの養護上の問題は重複化・多様化しており、そのことが施設において高機能化・多機能化の推進がめざされている理由だといえる。

　これまでも児童養護施設は、条件が伴わないなかで、個別的な養育や家庭的環境を整える取り組み、生活を通した治療を地道に重ねてきた。そのなかでケアニーズの高い子どもへ対応するため、心理治療担当職員や家庭支援専門相談員等が配置されるようになり、多職種連携やチームでの養育が進んだ。このようななか、大舎制の取り組みにより培われたケアのノウハウを小規模化された家庭的な施設で、どのように提供するかが問われている。また、地域分散化が推進されるなか、地域とのつながりを強め、社会的な学びのなかで子どものニーズを満たす課題もある。さらには、ボランティアや家庭生活体験事業など、子どもにさまざまな体験を提供する地域の人たちにも支えられてきたが、地域のイベントや子ども会の行事などに一家庭として参加したり、一般家庭と同じようなレジャーや娯楽も体験したりするなど、地域の家庭の一つとして子どもをはぐくむ視点をあわせもつ必要がある。

児童養護施設運営指針

児童養護施設運営ハンドブック

児童養護施設等の小規模化及び家庭的養護の推進について

3. ひとり親家庭の子どもと支援の実際

(1) 母子生活支援施設での養育をめぐる状況

　母子生活支援施設は、近年、DV被害による入所が多く、心身の不調や障害、経済的困難等の重複する課題のある母と子どもの利用が増えている。「児童養護施設入所児童等調査の概要」によると、2023（令和5）年時点での入所理由は「配偶者からの暴力」が50.3％で最も高く、次いで「住宅事情」が15.8％、「経済的理由」が10.6％と報告されている。

(2) 事例「DV被害を受けた母子への支援」

①事例の概要

〈母子の名前〉
　母親X（施設入所時38歳）
　子どもY君（長男10歳、小学5年生）、Z君（次男8歳、小学3年生）

〈家族構成〉
　Xさんは、26歳のときに父親Aさん（当時30歳）と結婚する。出産後、父親の暴言や人格否定に悩んだが、経済力のある父親との生活を手放して一人で子育てすることは難しいと考え、我慢した。父親が管理職に昇進した時期に長男が小学生に入学すると、非常に教育熱心な父親は子どもを習い事や学習塾に通わせ、マナーについてもXさんに厳しくしつけるよう強いた。徐々に母子への暴力的な行為がエスカレートしていった。Xさんは心身が不安定になり、父親に隠れて、心療内科に通った。主治医からうつ病との診断が伝えられ、相談機関への紹介と別居を薦められた。

〈入所の経緯〉
　Xさんは主治医からの紹介で、市福祉事務所を訪れ、母子相談員に家庭内の状況を相談した。Xさんは現在の居住市を離れ、母方の祖父母の居住市にある母子生活支援施設の入所を強く希望した。また、離婚に拒否的な父親に対して、離婚調停を起こしてでも、母子ともに父親からの恐怖を回避し、安全な場所でやり直したいと訴えた。

　相談のなかで、Xさんは現在無職だが、次男が小学4年生になる頃には正職員として就職し、長男が中学生になる年に、母子生活支援施設を出て、賃貸住居を借りて、自身の収入だけで生活することをめざして貯金したいと母子相談員に伝え、気丈な姿をみせている。そのほか、母方の祖父母からは、金銭支援を含めた協力を得られる見込みである。

〈入所の判断理由〉
　市福祉事務所の母子相談員は、父親が離婚を拒否していることから、裁判手続きおよび裁判に臨む精神的支援も必要であると判断し、離婚が成立し、自立に向けた生活と子どもの養育が安心してできる生活環境を確保するために母子生活支援施設への入所が適切であると考えた。

②これまでの経緯
〈入所直後の子どもの様子〉
　母子生活支援施設に入所し、子どもは新しい学校に毎日通い、長男は入所前と同様に、平日は吹奏楽部、週末は学校外のサッカー部で活動した。Xさんの希望で、兄弟は放課後子ども教室に参加し、学習塾も利用した。また、「長男は毎日60分の学習、次男も漢字の復習などの家庭学習」と、各自の「手伝いリスト」をこなした。しかし、次男は頻尿と排尿時の痛みで小児科を受診し、ストレス性のものと診断された。

〈入所直後のXさんの様子、Xさんへの心理的ケアと司法手続きの支援〉
　入所後のXさんは、父親に居場所を知られることを心配して不安感が高まるときもあった。母子支援員は、母子への精神的なフォローとともに、一日も早く母子が望む安心できる暮らしの実現に向け、離婚調停や保護命令、支援措置などのDV被害者の保護制度を活用できるよう支援した。
　母子支援員は、離婚に向けての調停や裁判などの法的な課題に対応していくために弁護士や法テラス*2を紹介し、制度の内容、方法、リスク等について十分説明し、Xさんの同意のもとに手続き等を行った。DV被害により心身が疲弊しているXさんの求めに応じて、手続きや調停や裁判などに同行することや、不安を感じるXさんに対し、外部とのかかわり方について不安な場合は呼称を変える、外部との連絡や日常生活で外出が必要となる場合は職員が代行するなど、不安を取り除くための対応の選択肢を示した。また、職員の常直や管理宿直などにより24時間体制で夜間や休日でも相談等に応じられることや、センサーライトや防犯カメラ等の機械警備や、警備会社による巡回警備等を取り入れていることも説明した。さらに、DV加害者による執拗な追及がある場合には、警察、配偶者暴力相談支援センター、福祉事務所などの公的な機関や弁護士から、加害者へ冷静で客観的な対応を求められること、不測の事態によりDV加害者に母子の所在が知られてしまった場合は、安全確保を優先し、速やかに母子の意向を確認し、福祉事務所等と対応策を協議し、他所への一時的避難、ほかの母子生活支援施設を利用できることも説明した。

*2　法テラス
　正式名称を日本司法支援センターという。全国において、法による紛争の解決に必要な情報やサービスの提供が受けられる社会を実現することを基本理念とする「総合法律支援法」（2004（平成16）年成立）に基づき、2006（同18）年に設立された独立行政法人。法律サービスを提供する関係機関等の情報を集約し無料で提供する情報提供業務や、無料の法律相談のほか、弁護士・司法書士の費用の立て替えを行う民事法律扶助業務などを行う。

入所後1か月の間、父親が子どもの通学先や母方の実家にあらわれないことで、Xさんの不安は徐々に軽減されていった。しかし、一見落ち着いて生活を始めたようにもみえたが、調停前後や関係書類が届くと不調になるため、職員と相談しながら、一緒に準備を進めていった。

〈就労に向けた支援〉

Xさんは、入所前は医療機関の受付のパート勤務経験があったが、それでは子どもを養えないと考え、入所後4か月を経過した頃から、正職員をめざし再就職先を探すこととなる。母子相談員との面談で、現在の収入は、2人の子どもの児童手当が2万円と500万円の貯金があることを確認した。そして以前より、保育士資格取得に希望をもっていたことから、教育訓練給付金と教育訓練支援給付金の制度を活用して、資格取得をめざす生活を始める。

〈支援の経過──入所後6か月の子どもの様子〉

入所後、6か月すると、母子の生活にもさまざまな変化が起きた。

長男は、平日は学校生活と日替わりの習い事をこなし、週末はサッカーに通いながら、学校の友だちと好きなゲームで遊ぶ時間をどうにか捻出しようとしている。一方でXさんに勉強や明日の準備を急かされると、「忘れた」「聞こえなかった」などと大声で反発し、壁や物を蹴り大きな音をさせる姿がみられるようになった。また、体調不良を訴えて学校を休んだり、早退したりするようになった。次男は、日常の出来事を少年指導員に聞いてもらい、宿題は施設内の学習支援室に通って行うことが定着し、職員や施設を息抜きの場として活用している。入所時にみられた頻尿も落ち着き、兄と母のいい争いへの不満を口にしながらも、自分がやるべきことをこなしている。

〈支援の経過──入所後6か月のXさんの様子〉

Xさんは衣食住の家事についてそつなくこなし、4月からは保育士養成校に入学した。Xさんは入所前の子どもの習い事を入所後も続けることを強く望み、自身の不在時には、職員に子どもたちへ習い事に行くように声かけを依頼している。また、入所直後から子どもたちにも学習や手伝いの分担を決め実行させていたが、次第にしないことが多くなり、叱ることに不満としんどさを感じている。

さらに、Xさんは子どもの習い事に加え、長男にはぜん息やアレルギー治療、視力矯正や歯列矯正のため、多くの医療機関に受診させている。通学の合間に子どもの通院の送迎をするため、急な予定変更も起き、それを不満に感じた長男とのいさかいの原因になっている。長男とのいい争いの際などに大きな声や物音を聞くと身体が固まり、動悸が起き、別室でしばらく休む姿がみられるようになった。

〈支援の経過——入所後6か月の支援〉

　母子支援員と母子は、入所以降、1か月に1回の定期面談を開いており、そのなかで、母子に家族会議と名づけてもらい、これからの母子の生活をどのようにしていきたいか（当面の目標）や、母子がそれぞれでできること（達成するための実践）、職員が協力・応援できることを話しあう時間を設けてきた。定期面談以外にも、日々の生活のなかの困りごとや不満・不安を母子それぞれから聞きとり話しあっている。

　母子支援員は、XさんにDVを経験してきた母子は心身の疾病になったり、心理的に不安定になったり、他者と対等な人間関係を結べない状態に陥る場合も少なくないこと、加えて、住み慣れた家や地域から不本意な形で施設生活に移行してきていることを伝え、母子の生活再建に向けての不安やストレスは当然の反応であると、日々の母子の努力を継続的にねぎらった。また生活のなかで、母子の心身の不調の改善や行動上の問題の減少など状況が好転したこと、一方で、これまでの生活ではみられなかった母子の心身の不調や行動上の問題が新たに生じたり増加したりしたことについて、Xさんの感情や気づきを傾聴し、整理した。

　心理療法担当職員はXさんとの面接において、一見、母子の状況が悪化しているようにみえる出来事も、問題が起きたのではなく、むしろ、母子が安心安全な生活を実感し、ようやく相互に、DV被害等で生じたダメージを表出できるようになった結果でもあると評価した。そのうえで、Xさん自身の感情表出と整理方法とともに、子どもの感情表出と受け止め方を伝え、具体的な母子の対話の場面を想定したロールプレイにより望ましい対応法などを練習していくことになった。

〈支援の経過——入所後1年6か月後の子どもの様子〉

　6年生になった長男は集団登校ができず、遅刻、早退、欠席が続いており、ほぼ毎日Xさんが送っている。長男は、少年指導員との面接で「毎日、朝の登校を促す母親に蹴られる、がみがみいわれるのが嫌で行く気が失せる」と話し、Xさんには「学校に行きたくないのは、担任（男性）がほかの児童を大声で強い口調で叱るのを聞くのが嫌だからで、保健室で過ごすか、早退している」と話している。一方で、欠席等により勉強に遅れが出ていることを不安に思っており、登校した日の放課後は近所の友だちと宿題をするといって外出することもある。しかし、学習塾への送迎をXさんができないときには、体調不良等の理由をつけて行こうとしない。また、ゲームをしているとき、ネットの接続が悪いことにいらいらして次男を殴ることが2回起こった。

　次男は、Xさんからの学校への要望により担任が女性になったが、教室に

入ることが難しく、教育指導室で過ごすことが多い。集団登下校も難しく、Ｘさんか職員が対応していたが、授業参観のときに体育に参加できて自信がついたことを機に集団登校や下校にも挑戦している。

〈支援の経過——入所後１年６か月後のＸさんの様子〉

　Ｘさんは、保育士資格取得の勉強を続けた。定期試験や実習で家庭との両立で、疲労感を高めるときもあったが、卒業し就職の内定を得た。

　Ｘさんは施設内の学童保育や休日の親子交流行事も利用しつつ、子どもたちの登校したくない理由や気持ちを理解しようとしているが納得はしていない。子どもの登校について、Ｘさんは養成校を欠席したり、職員から協力を得たりしながら送迎するほか、担任と連絡をとりあって対応している。Ｘさんは保健室登校後、教室に子どもが行きたいというときは行けるように促してほしいと依頼したが、担任からは、教室に行くことを無理強いされると学校に行きたくなくなると子どもたちにいわれていると返されたようで、そのズレが担任に対する不信感の一つとなったときもあった。

　Ｘさんは変わらず家事をこなし、子どもたちも皿洗いや米炊きの手伝いが習慣づき、Ｘさんの精神状態が思わしくないときは、必要最低限の家事をするようになった。休日には母子で外出し、就寝時は３人で並んで眠り、Ｘさんは子どもをそれぞれ抱きしめ愛情を伝えている。

　そのほか、子どもたちと父親との面会交流が始まることになったが、１回目の交流前にＸさんはかなり神経質になっていた。実際の面会時に感じた不安に対して、母子支援員がＸさんからの要望を弁護士に伝え、２回目以降はその通りに行われたことで不安定になることはなかった。Ｘさんは、長男が次男を殴ったことは父親の暴力の影響からだと考え、調停で伝えたいと思い、母子で児童相談所へ相談に行った。児童相談所の心理士が長男と次男のそれぞれに面接を行ったが、二人は父親に対する思いや面会についての希望を話すことはなかった。また二人とも、それ以降の児童相談所への訪問等を拒否したため、支援は続かなかった。

〈DV被害の影響と医療機関との連携〉

　母子支援員の仲介で子どもたちは児童精神科への通院を開始する。Ｘさんは、子どもが登校を渋ること、長男の暴力と父親のDVの関連性、子どもを通院させようとしても治療せずに帰ってくることに腹を立てていることを医師に相談した。医師からは、子どもを思い通りにさせようとして、反発があるのは思春期の健康的な発達であること、暴力行為は父親との面会の影響も考えられるため、子どもからの聞きとりをふまえて面会の方法を工夫するか、延期するなどの対応も必要との助言があった。

母子支援員はXさんにも心療内科を仲介し、受診したXさんは服薬を開始することになった。母子支援員は、Xさんの主治医と施設の心理療法担当職員と情報共有を図り、長男の暴力場面への対応についてXさんと対応方法を話しあった。まず、殴る場面が2回とも子どもだけで居室で過ごした状態で起きていたので、長男に、次男を殴りそうになったときに代わりに殴れる物を身近に用意して代用する、次男から離れる、水を飲む・深呼吸する等の対処法（怒りのコントロール）を伝えることとした。長男への具体的な説明の仕方について、Xさんと母子支援員、心理療法担当職員があらかじめ練習し、母子でロールプレイを用いて怒りのコントロールを練習する場面には母子支援員が同席した。また次男には、殴られそうになったら施設の非常通報を使って職員に助けを求めるように伝えた。心理療法担当職員との面談では、Xさんは「何とか乗り切っているが、心が死にそう」「気分転換に友人と県外に遊びに行ったが、治らなかった」と、精神的な不安定さを吐き出しながら生活している。

(3) 演習課題

> ・母子がDV被害の影響を受けていると思われる状況を書き出してみよう
> ・入所後の支援経過を読み、6か月と1年6か月後の各時点でのアセスメントと自立支援計画を作成してみよう
> ・自身の作成した自立支援計画と実際の自立支援計画を比べ、気づきをグループで話しあおう
> ・本事例の支援開始前のエコマップと施設入所1年6か月後のエコマップを作成し、支援の評価をしてみよう

①アセスメントのポイント

　アセスメントでは母子の心身の状況や生活状況を把握し、母子のこれからの生活の理想や希望と現状の差異（生活問題）を明らかにし、理想と現状の差異を少なくするための解決方法（生活課題）を具体化し、実行に向けて主役である母子の役割と支援者の役割を整理する。また、希望する生活に近づけるために必要な人、もの、サービス等の社会資源と現在のつながりを視覚化して簡潔に正確にもあらわすエコマップ、ジェノグラムもツールとして活用する。ニーズ・課題は複数ある場合が一般的であるため、考えうる限り見出し、提示する。

〈DV被害を受けた母子への影響〉

　母子生活支援施設での支援を行う際には、最多の入所理由であるDV被害

を受けた母子の心身の被害状況を理解しておく必要がある。

　DVが起きている家庭で過ごした子どもには、さまざまな心身の症状があらわれる。例えば、空想の世界への逃避、激しい怒り、常に緊張を強いられ、安全感や安心感が育たない、他者を信頼できない、楽しいときがいつ崩れるかわからない不安で楽しめない、自分がDVの原因だと思う罪悪感やDVを止められなかった無力感、自己評価の低さなどである。さらに、自分が育った家庭での人間関係のパターンから、感情表現や問題解決の手段として暴力を使うことや強者が弱者を支配するのが当然だと学習してしまうなどである。

　一方、DV被害者は暴力を振るわれ続けることにより、強い恐怖感と「自分は配偶者から離れることができない」「助けてくれる人は誰もいない」という無力感を抱いている。また「暴力を振るうのは自分のことを愛しているから」「いつか変わってくれるのでは」との複雑な心理から被害者としての自覚が困難になることもある。さらに、配偶者の収入がなければ生活できないといった経済的な不安や、子どもの学校や友人関係、自身の仕事やこれまで築いた地域社会での人間関係などを失うことへの戸惑い等から、逃げることになかなか踏み切れない。

　逃げることができた後も親子ともに、意図せず暴力の被害場面やそのときに感じた苦痛がよみがえったり、あらゆる刺激に対して過敏に反応し、不眠やいらいらが続いたりするなど、PTSD（post-traumatic stress disorder：心的外傷後ストレス障害）に陥ることもある。

②自立支援計画の作成上の視点

　自立支援計画の作成は入所1か月以内に行い、目標設定（支援の結果どうなるのが望ましいのか）、目標達成のための具体的な方法と時期を決める。毎月、経過を確認する面談を経て、半年に1回以上を目安に見直しを行う。

　支援内容は、母子支援員の生活支援（家事・調理・金銭管理・送迎）や就労支援、医療・司法・福祉等の支援利用の手続きや同行支援、少年指導員の学習支援や余暇支援、保育士の育児支援や病後児支援、心理療法担当職員の面接など生活の改善を図るための話しあいや関係調整、他機関や社会資源の活用などさまざまである。支援の実行後、母子とともに目標達成の度合いを確認し評価を行う。目標が達成できない場合には計画を立て直し、新たな目標の設定と計画を作成する。

　以下、本事例の支援において実際に入所後6か月と1年6か月に作成された自立支援計画を参考に示す。

〈入所後6か月の実際の自立支援計画〉

当面の目標（3〜6か月）
長男と次男は学校生活、母は資格取得の勉強と家庭生活を基盤とし、無理のない生活スタイルを話しあいにより確立する。
達成するための実践
母子で習い事や治療の優先順位を話しあい取捨選択し、学校や資格取得の勉強に支障が出る多忙さを見直す。 母子で相手に気持ちや考えを伝える際に、大声や大きな音で脅したり、しつこくいい続けるなどの不快な方法ではなく、相手の気持ちを聞いたり、落ち着いた声と態度で、相手が落ち着いて考えられる方法をとる。
職員の支援内容
母子支援員は家族会議を提案し、母子の話しあいに職員が同席し、母子の思いが相互に表明でき、反映されているか一緒に確認する。母子に職員とのやりとりを通して、安心安全に気持ちを伝える具体的な方法を見聞する機会をつくる。 心理療法担当職員は定期面談で教育熱心な生活や治療についての母の思い（DVの影響を含め）を整理し、母子にとっての安心安全な生活条件を確認し、実行する。

〈1年6か月後の実際の自立支援計画〉

当面の目標（3〜6か月）
長男と次男は、自分が安心安全に生活・登校できる条件に気づき、その条件のもと生活・登校し、自信をつける。父母への思いを言葉や安全な方法で表現する 母は母子の間で安心安全な対話の方法を身につける。退所後の経済的不安を減らすため、保育士資格を取得し、安定した働き方と収入を得る。
達成するための実践
長男と次男は家族会議の場や学校との情報交換の機会に、自分の気持ちや考え、母に伝える。父との面会の希望や塾、施設の学習室など自分にあった勉強方法や場所を自分で選ぶ。 母は母子で一緒に勉強する時間や愛情を伝える場をつくり実行する。心理職、母子支援員、少年指導員、担任、友人・祖父母に生活や子育ての相談をし、気持ちを整理する。服薬を活用する。調停は弁護士に相談し、父子面会はFPIC（Family Problems Information Center）の面会交流支援事業を活用し、子が安心できる準備をする。
職員の支援内容
母子支援員は家族会議の場や関係機関との話しあいに、母子の同意を得て同席し、心理職、少年指導員、教育機関、医療機関、司法機関が母子の心身の状態や生活状況の情報共有をずらさないように理解・支援できるように代弁、仲介、調整する。加えて、退所後、公的な支援者だけでなく、友人・祖父母等の私的な支援者につながるように交流の機会を促進する。

(4) 問題の解釈

〈DV等の暴力による心身への影響の回復に向けた支援〉

　長い間、暴力的な環境にいた場合には、安心・安全と回復を最優先させる。DV被害により自分が存在する意味や価値を見失い不安定になっていたり、加害者にコントロールされて植えつけられた偏った価値観や考え方をもっていたりする母子もいる。職員は母子生活支援施設の最大の特徴である一つの

家族として関係が安定するよう母子双方の代弁や調整を行い、自身の尊厳、問題解決力、自己肯定感を回復し、親子関係の強化、安心安全な生活や価値観の再構築を図っていく根気強い支援が必要である。

〈母子への継続した生活場面を用いた支援〉

安定した生活を成立し、母子の心と身体の健康を維持向上するためにも、信頼関係を築き、母子双方の思いやニーズも尊重できる支援を展開することが重要である。例えば、子どもに対して学習支援、送迎支援、余暇支援、面接などを通して母親以外の大人に受け入れられたり、甘えられたりする経験を増やし、大人との信頼関係が構築できるよう、人格を傷つけない、暴力を伴わない大人のモデルを提供する。自分の気持ちを言葉で適切に表現し、相手に伝える方法について日常生活のなかで意識的に伝え、その能力が向上するよう支援する。多様な価値観や生き方への理解を進めるために、ボランティアや実習生などさまざまな大人との出会いの機会を設ける。

母親には、見守りや介入など状況にあわせた子育て支援を行う。母親が勉強、仕事、病気等で対応できないときは、職員が子どもの送迎を行ったり、通院に同行したりするなどの支援を行う。また不適切な養育が生じている場合、子どもの発達の過程や現在の状況について母親にわかりやすく説明し、子どもの育ちへの理解と安全なかかわり方についてモデルを示し、助言する。

母子生活支援施設運営指針

〈多様な支援者資源につながる支援〉

DV被害の対応は職員による支援だけでなく、施設内外の心理的ケアや医療機関での治療、司法的支援が必要になる。また、施設退所後に安定的な生活を維持するためには、公的な支援だけでなく、私的な支援を含めて、母子が多様な支援資源に自らつながり活用できる力を身につける経験を施設内の支援を通し積み重ねることが重要である。

母子生活支援施設運営ハンドブック

4. 心理治療を必要とする子どもと支援の実際

(1) 児童心理治療施設での養育をめぐる状況

社会的養護による保護が必要な子どもたちのなかには、障害の特性や虐待の影響から集団生活への適応が困難であったり、不登校状態をあわせもっていたりする場合がある。こうした子どもたちは、より手厚い心理的支援を必要としており、児童心理治療施設での養育対象となることが多い。

①子どもたちの実態と支援

表2-2-1に児童心理治療施設と在所する子どもたちの状況についてまとめた。比較のために児童養護施設についても併記しながら、表中にない内容も含めて述べる。

「在所児数」は、1998（平成10）年からの25年間で2倍以上に増えているが、前回調査のあった2018（平成30）年からは微減している。「施設数」は過去最高数になっている。「年齢と在所期間」からわかるように、在所児の中心は小学校高学年から中学生である。これは全体の7割になり、また在所期間が少しずつ長くなっている。児童心理治療施設は、プレ思春期や思春期の子どもたちで構成された集団となるため、自己コントロールの難しさや自己に対する否定的な感情に翻弄される様子がよくみられる。こうした子どもたちの状態に根気強くつきあいながら、少しずつ自分を肯定的に受け取れるように支援することが必要である。

「在所児の状態」のうち、被虐待体験のある割合を施設間で比較すると、その差は10ポイントほどだが、虐待の影響が強い場合に児童心理治療施設に措置される傾向がある。最も差が大きい状態は、"障害等のある割合"で、

表2-2-1 施設・在所児童の状況と心理職員数の最低基準

	施設数と在所児童	年齢と在所期間	在所児の状態	心理職員数の最低基準	通学先
児童心理治療施設	53施設 1,334人	全体：12.7歳 入所：10.2歳 期間：2.5年	被虐：83.5% 障害：87.6% 罹患：17.0% 学業：50.5%	心理療法担当職員の数は、おおむね児童十人につき一人以上とする。	隣接（併設）する分校・分教室 地域の小中学校 地域の特別支援学校
児童養護施設	610施設 23,043人	全体：11.8歳 入所：6.7歳 期間：5.2年	被虐：71.7% 障害：42.8% 罹患：18.8% 学業：37.4%	心理療法を行う必要があると認められる児童十人以上に心理療法を行う場合には、心理療法担当職員を置かなければならない。	地域の小中学校 地域の特別支援学校

全体：施設全体の平均年齢、入所：入所時平均年齢、期間：平均在所期間、被虐：被虐待経験のある子どもの割合、障害：障害等のある子どもの割合、罹患：風邪等疾患への罹患傾向がある子どもの割合、学業：学業の遅れがある子どもの割合
施設数：福祉行政報告例（令和4年3月末現在）、心理職員数の最低基準：児童福祉施設最低基準等の一部を改正する省令、その他の項目：児童養護施設入所児童等調査の概要（令和5年2月1日現在）

児童心理治療施設に入所する子どもは、PTSD、反応性愛着障害、神経発達症（知的発達症を除く）がある割合が特に高い。また、障害は重複していることが多く、元々神経発達症があったうえに虐待による影響を受けた子どもたちが多く在所する。こうした背景からも想像されうるが、子どもたちは故意に自分で自分を傷つける自傷行為や、抑うつ状態、パニック、他人や器物を傷つける他害等を示すこともある。児童心理治療施設には医師や看護師が配置されているため、こうした子どもの状態に応じて症状の緩和や過度なしんどさを軽減するために服薬による治療を行うといった対応がとりやすい。医療とも協働しながら安定した人間関係とトラウマに配慮した生活支援、わかりやすい生活構造といった支援が実践される。知的発達症のある子どもの入所は児童養護施設に比べて大差はないものの、学業の遅れがみられる子どもは半数以上にのぼり、20ポイント以上の差がある。これは、被虐待経験があることや、学校への不適応、さらには不登校による影響と考えられ、学習の補償が大切である。不登校があると、児童養護施設で養育することが難しい場合が多い。これは人員配置の問題と、通学先が地域の小・中学校であることから不登校状態になっている子どもたちにとって、日々の登校に向けて困難を感じやすいことによる。この点、児童心理治療施設は、分校や分教室が隣接もしくは併設しており（一部ない施設もある）、施設の子どもたちだけが通っている。そのため、学校の教員と協働し、子どもたちの登校を支援しやすい。

「心理職員数の最低基準」をみると、児童心理治療施設は、児童養護施設と比べて心理療法担当職員が多く配置されている。こういった心理療法担当職員は、カウンセリングや心理教育、グループワーク等を行っているが、施設によっては生活のなかに入り、心理的な視点をもちながら生活支援を行ったり、生活場面のなかで心理面接を行ったりするなど、多様なかかわり方を通して子どもたちの心理治療を行っている。

②家族とのかかわり

児童心理治療施設における家族支援は、在所児家族への支援と通所児家族への支援がある。在所児家族にも施設に足を運んでもらい、子どもを含めた家族全体の状況の理解や対応をともに考えていく。家族によっては子どもとのかかわりに困難を抱えている場合もあり、親子面接や外出、外泊といったステップをふみながら、子どもとの程よい距離をみつけていくことも大切になる。また、家庭から施設に通い、心理治療を受けることを通所という。外来の心理療法といったイメージだが、通所での心理治療が困難な場合は入所を勧めることや、不登校児には併設する分校等を通学先として利用してもら

うなど、対応力の幅が広いことが特徴である。

③総合環境療法

これまで子どもたちの実態と、それに応じる支援の内容について述べてきたが、児童心理治療施設におけるこうした支援を「総合環境療法」として概念化している。全国児童心理治療施設協議会によると、これは「施設全体が治療の場であり、施設内で行っている全ての活動が治療である」という立場であり、具体的には、「①医学・心理治療、②生活指導、③学校教育、④家族との治療協力、⑤地域の関係機関との連携を治療の柱とし、医師、セラピスト（心理療法士）、児童指導員や保育士、教員など子どもに関わる職員全員が協力して一人ひとりの子どもの治療目標を達成できるよう、本人と家族を援助」するというものである。

(2) 事例「虐待による被害感とASD特性による疎外感をあわせもった前思春期女児への支援」

①事例の概要

〈子どもの名前〉

　Aさん（現在中学1年生、12歳）　女児

　診断名：自閉スペクトラム症（ASD）、反応性愛着障害

　知能検査結果（WISC-V*3）　FSIQ72

〈家族構成〉

　実母（現在32歳）は、Aさん出産前から精神疾患を患っていた。出産後、その当時の同棲相手と3人で暮らし始めるが、ネグレクトおよび心理的虐待があり、養育困難となる。母方の祖母（現在52歳）がいったんAさんを引き取り養育するが、その後の養育は難しくなり、Aさんが10か月のときに乳児院に預けている。

　Aさんの保護者は祖母になっている。祖母は、健康で仕事もしており、同県内で一人暮らしをしている。実母は、現在は県内で異父妹（現在6歳）と男性（年齢不明）と生活をしているが、祖母は、Aさんに対して、音信不通になっていると説明している。実父の所在は不明である。

〈子どもの生活拠点、利用施設等〉

　Aさんは、現施設（B児童心理治療施設）に措置される以前は、C児童養護施設に入所していた。C児童養護施設は、今後のAさんの受け入れを拒否しており、施設退所後は、祖母宅もしくは別の児童養護施設に措置変更となる予定である。そのほかに、小学2年生のときからDクリニックを受診しており、診断名はDクリニックの医師によるものである。

*3　WISC-V
アメリカの心理学者であるウェクスラーが開発した「ウェクスラー式知能検査」の一つで、WISC（ウィスク）検査は、5歳から16歳11か月までの子どもを対象とした知能検査である。発達障害の診断をすることではなく、検査結果から子どもの得意なことと不得意なことを把握し、その子どもに対してのかかわり方や、どのようなところを伸ばすとよいのかなどを知ることを目的とする。初版のWISCから改訂を重ね、「WISC-V（ウィスク・ファイブ）」が最新版となる（日本版リリースは2021（令和3）年）。

> 祖母宅は、B施設から車で1時間ほどのところにあり、祖母は車を運転して迎えに来ることができる。
>
> 〈主訴（養護上の問題）〉
>
> C児童養護施設において同年代との対人関係がうまくいかず不登校気味となる。また、強いかんしゃくが出現し、その際、職員に手が出てしまった。感情がたかぶったときの自己コントロールが難しい。

②これまでの経緯

〈出産から乳児院での生活〉

実母の精神疾患から養育困難となり祖母が引き取る。しかし、祖母も養育困難な状況となったため、Aさんは10か月のときに乳児院へと措置される。体格は小柄であり、大人しい子どもとの印象をもたれながら成長していくが、対人面では、特定の職員と関係ができるというよりは、どの職員とも同じような距離感をとっているようであった。成長に伴い、時に、かんしゃくを起こすようになり、起きたときは1時間ほど続いた。また、かんしゃくの際中は物を投げることもあり、周囲の乳幼児の安全が懸念されることがあった。身体発育も言語や認知の発達も明確な遅れはみられなかったが、ゆっくりであった。

入院中、実母は一度も顔を出すことはなかった。祖母は定期的に訪れ、Aさんをかわいがる様子もみられたが、どこか距離をとっているようなところがあった。

〈乳児院から児童養護施設へ〉

Aさんの退院後の生活場所について、児童相談所と祖母との間で話しあいがもたれた。祖母からは、自身の生活のことで精一杯であり、Aさんを養育していくことは難しいと語られた。児童相談所としては、年齢的には里親も検討されたが、Aさんのかんしゃくのこと、また祖母が里親ではなく児童養護施設への入所を望んだことからC児童養護施設へと措置変更となった。

C児童養護施設では職員のいうことをよく聞き、お手伝いなどもよくする子どもだとみられていた。一方、子ども同士の関係では、いらいらする様子をみせたり、かんしゃくを起こしたりすることが度々あった。就学後は、決して勉強は得意ではなかったが、一生懸命に取り組む様子がみられていた。しかし、小学校4年生になる頃には、周囲との差が目立つようになっていた。また、高学年になり、周囲の女児との関係性が複雑になっていくなかで、Aさんが同学年の子らの輪に入れずに幼児と遊んだり、職員の後をついてまわったりすることが多くなった。

Aさんには、好きな職員Dさんがいた。Aさんは宿題をするときには、わからないこともあり、すぐにいら立ちをみせ、教えている職員にあたることがよくあった。また、投げやりな様子をみせながら「どうせ私はできないんだ」ということもよくあり、そうなると、なかなか気持ちを切り替えることができなかった。Dさんは根気強くつきあっていたが、ほかの職員は、忙しさのなかで、こうしたAさんの態度に必ずしもつきあうことはできなかった。こうしたなかで、Aさんは職員に対しても徐々に反抗的な様子をみせるようになり、それに伴い職員からの叱責を受けることも多くなっていった。
　5年生の夏休みが終わると、この頃には学業の遅れが顕著になっていたAさんは不登校になった。学校に行けないAさんはよりいらいらするようになり、職員にあたることも増え、時には手が出るようになった。C児童養護施設では、Aさんの処遇について話しあわれ、児童相談所とも協議が行われた結果、AさんはB児童心理治療施設へと措置変更されることになった。

〈児童心理治療施設での生活支援〉
　措置変更が決まると、B児童心理治療施設の職員は、C児童養護施設へ出向き、Aさんと面会をした。児童相談所から措置変更の経緯を聞いていた職員は、Aさんが措置変更を罰だととらえないように、さらにはAさんが目的意識をもって入所を受け入れていけるように面接を行った。そのために、面接のなかでは、B児童心理治療施設での生活のことをそのまま伝えた。そのうえで、Aさんの希望や心配に思うことを聞きとっていった。入所初日はC児童養護施設で面接をした職員Eが担当として出迎えた。その日の夕食はAさんが好きだという食べ物を準備し歓迎した。Aさんは、面接のときも大人しく、職員の話に頷きながら、丁寧に話そうとしている様子がみられた。入所の際には、少し小さくなりながら、笑顔をつくり、礼儀正しく振る舞おうと努めているようだった。
　Aさんは、入所後の緊張もあり、職員のいうことに対して過剰に丁寧な応答が続いていた。Aさんが生活している場には、小・中学生の女児15名ほどが一緒に生活していた。職員Eは心理療法担当職員であったが、生活場面において支援を行うケアワーカーとしても働いていた。C児童養護施設から申し送られてきたAさんの状況を読んだ職員Eは、まずはAさんと丁寧に関係をつくることを心がけた。勤務に入るときには必ずはじめに声をかけにいき、勤務が終わるときにも必ず様子をみに行き、声をかけて帰った。そうした職員Eの働きかけの成果もあってか、Aさんは徐々に生活に慣れていき、過剰な丁寧さはなくなっていった。一方で、職員Eの前でかんしゃくを起こすようになった。また、年下の小学生女児Fさんからは、「Aちゃん、普段はい

い人なんだけど、突然暴れて怖いんだよね」との訴えが聞かれるようになっていった。そんな折、暇をもてあましていたAさんが工作をするために職員Eとは別の職員にハサミを出してくれるよう声をかけた。声をかけられた職員は、ちょうど雨が降り出していたため、「洗濯物を取り込まなくちゃいけないから、ちょっと待っててくれる？」と応えた。すると、それまで笑顔だったAさんの表情は、血の気が引いたような顔つきになり、「どうせ私になんて貸してくれないんでしょ！」と怒鳴り、そのまま泣き叫びながらリビングの扉を蹴る、壁を蹴りつける、いすを倒すといったことが30分ほど続いた。勤務に入っていた職員Eも駆けつけ、Aさんが落ち着くのを待ちながら話を聞いた。Aさんは「ばあちゃんも、（C児童養護施設の）職員も、どうせ私のことなんか嫌いなんだ。お母さんも私が嫌で出ていったんだっていってた。（C児童養護施設の）ほかの子たちだって、私が話すとつまんなさそうにするし、何話していいかわかんないんだよ！」と泣きながら、時折床を叩いて訴えた。職員Eは「そっか、そんな気持ちになってたんだね。泣いて叫びたくなるくらいしんどい気持ちだったんだね」と応えながら、Aさんの過剰な丁寧さの背景には、人が自分を受け入れてくれるのだろうか、どうやったら受け入れてもらえるのだろうかという不安と戸惑いがあったのかもしれないと考えていた。

〈分校での学習支援〉

　B児童心理治療施設には、隣接して地域の小学校の分校があり、子どもたちはそこに通っている。Aさんは、入所当初は登校を渋っていた。職員は、まずは施設での生活に慣れるまで様子をみることとして、1か月は登校を促しつつ、Aさんの気持ちが向くのを待った。その間に、分校の教員との定期的な話しあいの場でAさんについて協議した。前籍校から成績等を引き継いでいた分校では、Aさんは現在の学年の授業内容では難しいだろうと判断した。また、学校そのものに対して不安があるかもしれないと考え、まずは授業後に分校の教員がAさんを訪ね、関係をつくることから始めることとした。そうした取り組みもあり、Aさんは継続的に分校に登校できるようになった。

〈祖母との関係〉

　祖母は仕事を続けながらも、月に1回ほど施設を訪れている。職員Eは、祖母にもAさんの気持ちを伝え、祖母の気持ちも聞いてみる必要があると考え、ハサミの出来事を伝えた。祖母は少しショックを受けたようだったが、「Aには、何となく伝わっていたのかもしれないですね……　いえ、Aのことはかわいいと思っています。ただ、娘（Aの実母）はそうでなくて……　Aのことはかわいいんですが、どうしても一緒にいると娘のことを思い出してし

まって、Aとは何となく距離をとってしまうんです……」と語った。職員Eと話をした祖母は、最後に「あの子にとって、私だけが身内のようなものですものね。これからは私もかかわり方を変えていきます」と話した。

(3) 演習課題

- 本事例のジェノグラム・エコマップを作成してみよう
- 本事例のアセスメントをもとに自立支援計画を作成してみよう
- Aさんが抱える同年代の子らとの関係に対する自信のなさや不安感に対して、どのような心理的かかわりがありうるか検討してみよう。

①アセスメントのポイント

〈Aさんの障害特性〉

　児童心理治療施設には障害のある子どもたちが多く入所する。また、医師が配置されていることもあり、診断名や診断に際して行われた検査結果がわかることが多い。診断名は単なる「ラベリング」ではない。子どもたちが示す行動上の問題を、障害特性による困難さ、苦手さが間接的に表現されたものであると理解する。また、診断名がわかっていることで、支援環境を準備することもできる。Aさんの場合、自閉スペクトラム症と反応性愛着障害が診断名としてついている。それぞれ、どのような症状（生活上の苦手さ、困難さ）があるのか整理しておくことが必要である。また、WISC（ウィスク）は、本邦でも標準的に使われている知能検査である。Aさんの結果は、FSIQ72であった。この値は境界知能と呼ばれることがある。境界知能の特徴についても調べてくとよい。障害特性や検査結果の一般的な意味を理解したら、次に症状はAさんの行動のどこにあらわれているのかを考える。一見、かんしゃくや反抗的な行為の背景に、障害特性が隠れているかもしれない。

〈Aさんの成育歴〉

　発達の経過や育ってきた過程を検討する。Aさんの発達のゆっくりさは、自閉スペクトラム症や境界知能であることで説明がつく。一方、育ちについてはどうだろうか。10か月までの間に、実母からのネグレクトと心理的虐待を経験し、祖母との別れを経験している。ネグレクトや心理的虐待は、子どもたちにどのような後遺症を与えるのだろうか。また、その後の施設での生活状況もあわせて整理し、人への信頼感と、それに基づく自己肯定感という視点で、Aさんの行動に与えている影響を考えてみる。

〈退所後の生活〉

　児童心理治療施設の平均入所期間は2年ほどである。Aさんはすでに1年

以上が経過している。すぐに退所というわけではないが、児童心理治療施設は県に1か所というところが多く、通える高校が探しにくいという課題がある。そのため、多くの子どもたちは中学を終える頃までには退所する。退所に向けて、本人もまたまわりの環境も準備していくことが大切である。これをリービングケアというが、そのためにも児童相談所と話しあいながら、Aさんにとってベストではなくともベターな選択肢を考える必要がある。

②自立支援計画の作成上の視点

〈自己肯定感の育成〉

まずはAさんの生活を破綻させてきた要因に対する対応が必要である。現在のところ、その一つは「かんしゃく」であろう。ハサミのエピソードにある「どうせ私になんて貸してくれないんでしょ！」と叫ぶような訴えからは、養育者に対して自分を肯定してほしいという強い願いが読みとれる。同時に、自分に対する否定的な認識にとらわれている様子がうかがわれる。Aさんの行動上の問題は、この2つの認識が背景にあると考えられる。

そのため、生活場面、心理面接、学習場面（特にAさんの学習能力にあわせた支援）等において、Aさんが支援する大人のことを信頼できるようなかかわり、また自己肯定感を育んでいけるようなかかわりが必要である。

〈同年代との肯定的なかかわり機会〉

同年代の子どもとのかかわりがないことは、Aさんの生活の質を下げているといえる。もちろん、年下の子どもや職員と過ごすことを否定するものではないが、この先の高校生活、場合によってはグループホームでの入居者同士や仕事の同僚との関係といったところでつまずくと、次のライフステージに進めたとしても、せっかくの就職や生活の基盤を失ってしまいかねない。まずは、同年代との関係が上手くいったという体験を増やし、人との関係をつくることそのものを避けなくなるような支援が必要である。

〈他者視点への気づき〉

同年代とかかわることが肯定的に感じられるようになることが前提ではあるが、Aさんの心理治療や社会的自立のためには自閉スペクトラム症の特性である他者視点の理解困難への支援が大きな課題である。他者視点に気づくためには自己理解が進むとよい。まずは心理面接のなかで「自分はどう感じたか」「自分は何をしたいのか」について問いかけ自覚化させ、続いて生活場面で他者視点に気づけるよう促していくとよいだろう。

〈祖母との関係性の再構築〉

Aさんは祖母に対しても「嫌われている」という疑いを抱いている。一方で、祖母自身はAさんに抱く感情は、娘（Aさんの母親）に抱く感情が反映

されたものであると理解している。この点は、祖母との関係を考えるうえで重要であろう。まずは祖母自身の複雑な気持ちを共感的に理解しながら、Aさんへの気持ちを整理していくような心理面接を実施していけるとよい。

・=・

(4) 問題の解釈

〈行動問題の背景〉

　Aさんの行動問題の背景には、2つの状態があると理解される。一つは、自分は他者からないがしろにされているという強い思いである。これは、他者への信頼感が形成されていない状態でもある。Aさんは乳児期に母親からネグレクトを受け、心理的虐待を受けている。乳児にとって母親は生命を維持してくれる存在であり、絶対的な他者である。その母親から応答されない（生命を危険にさらされる）という体験は、Aさんが他者を信頼できない思いにつながっている。またその後、祖母からの分離、さらにC児童養護施設の職員からの分離という2度の養育者からの分離体験を経たAさんにとって、養育する立場にある大人を信頼するというのは困難なのかもしれない。

　もう一つは、自閉スペクトラム症の特性からくる対人関係の苦手さである。本人は、どうしてそうなるかはわかっていないが、思春期に入っていくなかで、なぜかみんなが自分を避けているということには気づいているのである。そして、それは虐待体験とあわさって、強い自己否定感、他者への不信感に結びつき、対人関係の形成過程における問題等へと表面化しているのである。

〈同年代との肯定的なかかわり機会〉

　Aさんは、自閉スペクトラム症による対人関係の苦手さと虐待による被害的認識から、時に強い他者否定の言動を引き起こしていると推察される。また、同年代から拒否されているという認識は、この年代の心理社会的課題である集団同一性の失敗ともとらえられる。同年代との肯定的なかかわり機会が望まれる。着目したいのは、年下の小学生女児Fさんが「Aちゃん、普段はいい人なんだけど、突然暴れて怖いんだよね」と評していることである。

　低年齢の子どもたちが友だち関係を学ぶとき、保育士が仲立ちをするように、心理療法担当職員がファシリテーターとなってAさんに対して肯定的な気持ちをもっている同年代によるグループ活動を組織し、さまざまな体験を通した肯定的な関係性の体験をつくることが有効であろう。このような対人関係の形成過程における成功体験を繰り返していくことで、分離生活を送ることになった祖母との関係についても回復を図っていく必要がある。

情緒障害児短期治療施設（児童心理治療施設）運営指針

情緒障害児短期治療施設（児童心理治療施設）ハンドブック

5. 生活指導等を必要とする子どもと支援の実際

(1) 児童自立支援施設での養育をめぐる状況

「児童自立支援施設」（第1部第6章参照）は、非行などの望ましくない行動のある子どもへ家庭的環境を通した支援を行ってきた長い歴史と伝統をもつ施設である。近年は利用児の入所理由の変化が顕著であり、伝統と実績をもとに専門性をさらに高めていくことが求められている。

①児童自立支援施設の歴史的変遷

児童自立支援施設の成り立ちは明治時代の感化事業にさかのぼる。感化法（1900（明治33）年）による「感化院」、少年教護法（1933（昭和8）年）による「少年教護院」を経て、児童福祉法（1947（同22）年）に「教護院」が定められ、さらに1997（平成9）年の同法改正により「児童自立支援施設」と名称変更され、現在に至る。

非行など、行動に支援を必要とする子どもの背景にある家庭環境等の困難に着目し、根拠法や名称を変えながらも、一貫して小規模による家庭的なケアを一世紀以上にわたって提供してきた。

②利用児童の変化

児童自立支援施設の対象は「不良行為をなし、又はなすおそれのある児童及び家庭環境その他の環境上の理由により生活指導等を要する児童」だが、近年では非行や不良行為そのものが減少しているため、非行を理由とする入所は少なくなり、「家庭環境その他の環境上の理由により生活指導等」が必要な子どもの入所が中心となっている。

少年非行の減少の一方で、児童虐待の増加や子ども格差の拡大など現代の子どもの成育環境にはさまざまな問題が存在しているが、それらの諸問題が、児童自立支援施設を利用する子どもには集中的・集約的にあらわれている。例えば、被虐待経験や発達障害、精神科の受診歴があるなど、ケアニーズの高い子どもの利用が増えている。また、児童自立支援施設はほかの施設からの措置変更も受け入れており、ほかの施設や里親では対応困難なケースの受け皿としての役割を果たしていることから、「最後の砦」とも称されている。現代の児童自立支援施設には、専門性の高い個別的な支援の提供や他機関連携の強化、「高機能化・多機能化[*4]」が求められている。

[*4] 厚生労働省の調査研究によると、児童自立支援施設の高機能化について、①医療との連携の強化、②心理療法担当職員の配置強化、③個別対応のための寮職員等の配置強化、④施設内における学校教育の充実、⑤家庭復帰の難しい中卒児童への対応強化、⑥施設におけるアフターケア体制の充実と、地域資源と連携を行った重層的なアフターケア体制づくりの検討の6点を指摘し、多機能化については、①通所機能、短期入所機能、②一時保護児童の受け入れ、③専門職の育成・資格取得や専門里親等への研修及実習の受け入れの3点を指摘している[1]。

(2) 事例「愛着心、自尊感情獲得への支援」

①事例の概要

〈子どもの名前〉

　S香（施設入所時、中学2年生、13歳）女児

〈家族構成〉

　母親（36歳）と本人の2人暮らしである。母親は高校卒業後、友人の紹介でS香の父親と知りあい結婚し、22歳のときにS香を出産している。しかし、父親の借金や暴力を理由にS香が2歳のときに両親は離婚した。父親は離婚後、母親ともS香とも一切かかわりをもっていない。

　母親自身も父子家庭で育っており、S香の祖父はS香が6歳のときに病気で亡くなっている。また、母親にきょうだいはおらず、S香の祖母は母親が幼い頃に家を出たきり行方がわかっていない。

〈子どもの生活拠点、利用施設等〉

　S香と母親の住まいは2DKの賃貸アパートである。母親はドラッグストアや夜間のファミリーレストラン等でのパート勤務やアルバイトをかけもちしながら、懸命に働き生活を支えてきたが、長時間の労働で疲弊しS香の養育が十分にできていない。S香は幼少期から保育所や学童保育所を利用してきたが、小学校4年生の頃から不登校傾向がみられるようになり、中学校進学後はほとんど登校しない状態である。

　一時保護所を経てS香が入所した児童自立支援施設O学校は、定員50名で小舎夫婦制による5つのホームで構成されており、バレーボールや柔道、野球などのスポーツ、陶芸、手芸などの文化活動にも力を入れている。また、施設の敷地内には小学校分教室と中学校がある。高校生は施設からそれぞれの在籍校に通っている。

〈主訴（養護上の問題）〉

　S香には幼少期から対人関係を築くことへの困難さやこだわりが強いなどの特性がみられていたが、周囲からの理解や支援が得られないまま思春期を迎えており、母親との関係も悪化している。S香には、不登校、リストカット、家出、SNSを通して知りあった男性と性的なかかわりをもつなどの行動がみられ、児童自立支援施設へ入所することとなった。

　母親も含め周囲から認められた経験が乏しいなかで「望ましくない行動」を繰り返してきたS香には、本人の特性を理解したうえで愛着心や自尊感情をはぐくみ、適切な行動が選択できるように判断力や自制心を形成することが求められている。あわせて親子関係の修復に向けた支援も必要である。

②これまでの経緯
〈幼児期〉
　S香は両親の離婚後、2歳のときに保育所に入所する。新しい環境になじむのに時間がかかり、登園後もしばらく泣いていたり、部屋の隅で固まったかのように動かなくなったりしていた。やっと慣れてきてからもクラスの活動になかなか参加できず、部屋を飛び出して園庭で一人遊びをすることが多かった。また、他児とのコミュニケーションもうまくいかず、自分の思い通りにならないと他児を叩いたり蹴ったりして怪我をさせることもしばしばあった。保育士からそうした出来事を伝えられるたびに、母親は声を荒げてS香をきつく叱り、「もっと厳しく指導してほしい」と保育士に求めた。
　保育士は、母親のそのような姿から、「虐待とまではいえないが、子どもに対して冷たい」、「短気で気を遣わなければならない保護者」と感じていた。そのため、S香の言動の「気になる」姿や発達障害が疑われることについて伝えたり、発達検査を勧めたりすると母親がいっそうS香に冷たくあたるのではないかと思い、働きかけをしないままであった。S香に対しても一人で遊んでいればトラブルも起こらないため、園外に出ないよう最低限の安全を確保して一人遊びを見守るのみであった。

〈小学生の頃〉
　小学校就学後のS香は放課後に学童保育所を利用していた。学校でも学童保育所でもS香の友達関係はうまくいかなかった。相手にかまわず自分の好きなことを話し続け、自分で決めたルールにこだわるS香のことを、周囲は教師や指導員も含めて「わがままな子」ととらえていた。
　学習面でも図工や理科など好きな科目はあるが、授業に集中できずぼんやりしていて教師に叱られることが多かった。4年生の頃から、学校がつまらなく思え、頭やおなかが痛くなって保健室で過ごしたり、早退や欠席したりすることも増えた。母親は日中だけでなく夜間も仕事をするようになったため、疲れから家事やS香の世話をほとんどしなくなっていた。

〈SNSの利用〉
　S香は小学校5年のときにスマートフォンをもつ。夜間も仕事で不在がちな母親に、緊急時の連絡ツールが必要としつこくいって契約させたのである。最初のうちは動画の視聴やゲームをするだけだったが、中学に入学する頃からSNSを始め、長時間利用するようになる。さまざまな情報が得られ、たくさんの「ネット友だち」ができるし、工夫して撮った写真をSNSにアップすると、たくさんの「いいね」がつき賞賛のメッセージが届く。S香はSNSに居場所を得たような感覚に陥り、のめり込んでいった。

その一方で、S香の中学校生活はうまくいかない。勉強にはついていけず人間関係も相変わらず表面的である。そうした不全感を満たしてくれるのはインターネットである。深夜までチャットを楽しみ、動画を視聴するため、昼夜逆転のような生活になり、学校に行かなくなった。

〈母親との関係悪化〉

母親はそのようなS香の姿に腹を立て、スマートフォンを取り上げようとしたり、無理やり登校させようとしたりした。その結果、親子ゲンカになりS香は家を飛び出し警察に保護されることを繰り返した。そのたびに母親は引き取りに行き、またケンカとなる悪循環となった。あるとき、激しい親子ゲンカから、同じアパートの住民に虐待を疑われ、児童相談所に通報された。しかし、この段階では児童福祉司から母子への口頭指導のみであった。

母親はS香との接し方に困り果てて「もう知らない」と拒絶するような言動をとった。それを契機にS香は自傷行為（リストカット）を繰り返すようになる。さらに、SNSで悩みを聞いて慰めてくれた「優しい」20代の男性に会いに行き、性的なかかわりをもった。「休憩しよう」という男性の意図するところがわからずホテルについて行き、身体をさわられて嫌だと思ったが、はっきりと意思表示できずされるがままであった。「また会おう」と言われたので何度か会いに行き、家出をしたときにはほかの男性とも同様の関係をもつことで食事と寝る場所を得た。優しくされ「かわいいね」といわれるのでうれしく感じる一方で不安感も募り、自傷行為が増えた。これらのことは母親に知られると怒られると思い隠していた。

〈児童自立支援施設への入所〉

中学2年の7月、S香は県外で警察に保護される。SNSで親身に話を聞いてくれた女子高生に会いに行ったところ、あらわれたのは女子高生になりすましていた中年男性で、車に乗せられ性交を強要されそうになり隙をみて逃げ出したのだった。警察から児童相談所に通告され一時保護所に保護された[*5]。

一時保護所での行動観察をふまえ、心理士および嘱託医による検査と診察が行われた結果、S香には自閉スペクトラム症があると診断された。S香は児童福祉司に「家には帰りたくない」といい、母親も「もう限界。家ではみられない」と訴えた。母子の意向やこれまでの経緯、一時保護所での観察と診断等から総合的に処遇が検討され、S香には児童自立支援施設O学校への入所が望ましいとされた。見学と施設長からの説明を受けてS香と母親は入所に同意した。

O学校は郊外の小高い山の上にあり、自然に囲まれた環境にある、小舎夫

[*5] 児童相談所による一時保護は、児童福祉法第33条に規定されており、児童相談所長の職権により行うことができ、保護するのに保護者の同意は不要である。

婦制による5つのホームからなる。小舎夫婦制とは、職員である実夫婦とその家族が小舎に住み込みながら行う支援形態である。勤務形態の特殊さ等の理由から人材確保が困難になり、小舎夫婦制から通勤交代制に移行する児童自立支援施設が増加しているが、O学校では小舎夫婦制を維持している。また、施設敷地内に小学校分教室と中学校が設置され、個別指導も重視する学習環境を整えている。S香は、40代の寮長・寮母夫妻と独身の副寮長が運営する女子ホームで生活することとなった。

(3) 演習課題

- 本事例のジェノグラム・エコマップを作成してみよう
- 本事例のアセスメントをもとに自立支援計画を作成してみよう
- 小舎夫婦制と通勤交替制を比較し、両方の利点を生かした支援について検討してみよう

①アセスメントのポイント

〈S香の行動理解〉

　S香はなぜ、不登校、自傷行為、家出、不適切な性行動をするのだろうか。S香の行動のみに注目せず成育歴や成育環境を考慮して、行動に至った背景を理解することが必要である。非行も含め、子どもの「望ましくない行動」は、子どもが心に抱えた問題や葛藤の行動化（アクティング・アウト）であり、「SOS信号」としてとらえられる。S香はどのようなSOSを発信しているのだろうか。

〈母子関係〉

　S香と母親との関係はなぜこじれてしまったのだろうか。母親、S香双方の立場からの検討が必要である。母親については、母親自身の成育歴や成育環境も含めて理解することが求められる。

②自立支援計画の作成上の視点

〈生活リズムの立て直し〉

　S香にはスマートフォンの長時間利用による昼夜逆転があることから、生活リズムが乱れ、成長期の心身の健康に影響を与えている。

　児童自立支援施設では、基本的に子どもの生活全般（家庭生活及び学校生活）が施設内で営まれる。決まった時間に起床し、バランスのとれた食事をとり、施設内にある学校で学び、放課後は様々な活動に参加し、寮でくつろぎ、就寝する。施設職員や学校教員に見守られながら、安定した生活を日々重ねてゆくことがS香の心身の健康回復となり、すべての支援の基盤となる。

〈愛着心・自尊感情の獲得〉

　前述のように、児童自立支援施設では、子どもの生活全般を施設内で営むため、子どもは特定の大人や同じホームの子どもと過ごす時間が長くなり、濃密な人間関係を体験することになる。

　O学校の小舎夫婦制のもとで、親モデルである寮長・寮母夫妻から受容される体験や寮生活でのさまざまな直接体験を通して、S香の特性にも配慮しながら、愛着心や自分には受け止められ愛される価値があるという実感と成功体験に基づく自尊感情、自己肯定感の形成や獲得が求められている。

〈自己をみつめ直す〉

　S香にはスマートフォン・SNSへの依存傾向や安易な性行動がみられている。生活の立て直しや愛着心・自尊感情の獲得をベースに、自制心や判断力を形成していくことがS香の自立につながる。その際にS香に自身がこれまでの行動をふりかえりみつめ直す取り組みを、特性に配慮しながら進めていくことが必要である。

〈母親との関係修復〉

　S香と母親の関係修復への支援も求められる。児童相談所とも連携しながら計画的に面会などを進めていくことが必要である。S香の施設生活の様子や変化について母親に伝えることと、母親の思いについてS香に知らせることを通して、相互理解が進み、関係が再構築できるように配慮する。

　中学校卒業後の進路指導についても、S香の進路への希望をはぐくみながら、母親に伝え面談の場を設けるなど、母子関係修復とあわせて行う。

・―

(4) 問題の解釈

〈児童自立支援施設の支援の特色――①家庭的環境での「育て直し」〉

　1899（明治32）年に「感化事業の父」と呼ばれる留岡幸助[*6]により、東京・巣鴨に私立感化院「家庭学校」が開設された。留岡は子どもの非行化の背景に家庭環境の問題があり、不良少年の教育のためには「愛情暖かなる家庭」が必要との考えから、男女の職員と10〜15名の子どもが家族舎で暮らしをともにする「家族制度」を施設運営の基本に据えた。その精神と「家族制度」をルーツとする小舎夫婦制という支援形態は今日まで受け継がれ、長きにわたる実践が蓄積されている。

　小舎夫婦制は、ともに暮らす夫婦職員ならではの一貫した指導と安定した人間関係の提供ができる。ホームに疑似家庭環境を用意することで、そこでの生活を通して愛着を形成することに特化した支援のしくみである[2]。小舎夫婦制から通勤交替制に移行する施設が増加している現状にあるが、移行後

---

*6　留岡幸助
（とめおかこうすけ：1864-1934（明治元-昭和9）年）
　第1部第2章p.20参照。北海道空知監獄の教誨師として活動するなかで不良少年教化事業の必要を痛感し、アメリカに渡り監獄制度、感化事業を学ぶ。帰国後に東京家庭学校および北海道家庭学校を設立した。日本の社会福祉の先駆者であり、感化院教育の実践家としてその礎を築いた。

も家庭的環境での小規模ケアや指導の一貫性が保たれるよう、職員間の連携強化が課題である。

児童自立支援施設には、非行などの望ましくない行動の背景に複雑な家族関係や不適切な養育環境からくる処遇の困難さをもつ子どもが増加している。そうした子どもたちに対し、家庭的な共同生活を提供することにより、愛着心や自尊感情の修復・再形成や生活スキル、社会性を獲得するなど、総合的な支援が行われている。そのような支援を通し子どもの立ち直りと成長を図ることを「育て直し」と呼んでいる。

〈児童自立支援施設の支援の特色——②「枠のある生活」〉

児童自立支援施設の生活は「枠のある生活」と呼ばれており、その「枠」には「外的枠組み」と「内的枠組み」の2つがある。

「外的枠組み」とは、施設生活における子どもの保護や支援の基盤として、生活空間を限定し、日課やルールを定めることである。児童自立支援施設では、子どもの生活は基本的に施設内で営まれている。生活空間を施設内とすることで、環境要因からくる行動上の問題を抱えて入所した子どもに、外部から守られた安心・安全な生活を提供できる。また、施設での生活は日課を中心とした規則正しい生活であり、多様な子どもたちがともに暮らすために細かなルールが定められている。こうした「外的枠組み」は、子どもの生活環境の構造化の側面ももつ。日課やルールを定めて生活を構造化し、いつ、何を、どのようにするかについて明確に子どもに示すことで、安定した生活を送るための環境と条件の整備ができる。

一方、「内的枠組み」とは、施設生活を通して子ども自身が獲得する力に基づき、自発的に行動をコントロールできるようになることである。施設生活での子ども同士のかかわりから子ども間の協調性が育ち、他者を尊重できるようになる。また、職員との関係が深まるなかで子どもには自己肯定感が高まり、自律性や判断力が形成され、規範意識と自制心が育っていく。子どもの内面に育つ力によって、行動をコントロールし、自分を大切にできるようになることが、自立へとつながっていく。

〈児童自立支援施設の支援の特色——③「Withの精神」〉

留岡が家庭学校の教育において、「三能主義」(よく食べ、よく働き、よく眠る)を重視したように、児童自立支援施設には、感化院時代から生活重視の支援理念があり、一貫して「共生共育」(ともに生きともに育ちあう)をめざしてきた。そのなかで、子どもに寄り添い、ともに暮らし、ともに学び、ともに働くということを意味する「Withの精神」が、児童自立支援施設における職員の支援・行動の指針とされている。職員は指導者や教育者ではな

く、子どもとともに育ちあう生活者となることで、子どもは愛され大切にされているという実感をもてるようになる。

　自然に囲まれたO学校で規則正しい生活が始まると、S香はたちまち血色がよくなった。職員と一緒に寮の仕事やスポーツ等に取り組んだり、施設単位・寮単位での行事（外出やキャンプ）に参加したりするなかで、笑顔を見せるようになった。O学校では、「枠のある生活」の一環として、スマートフォンの利用に時間（一日2時間まで）や場所（リビング）が定められているため、最初は不満そうにしていたが、やがて「あのままスマホ中毒だったら、やばかったかも」というようになり、代わりに女子寮で取り組まれていた手芸に夢中になった。施設職員が、S香と同じ寮の子どもたちと作品をみせあったり、つくり方を教えあったりできるよう仲立ちすることで、対人関係のスキルも向上した。施設職員や学校教員は、S香の様子をよくみて「うまくできたね」「頑張ったね」と承認した。寮母はS香に寄り添い話をよく聴き、はじめて経験する活動にはともに取り組み、細かに手順を教えてモデルを示した。やがて、S香は寮母を慕い甘えるようになった。学習にも粘り強く取り組み、学力も向上し始めた。

〈性に関する課題への対応〉

　インターネットの普及に伴い、子どもたちは多くの性情報にさらされ、SNSを利用した性犯罪も増加している。そうしたなか、児童自立支援施設では性に関する課題（「不同意わいせつ」等の性加害、児童買春や性虐待等の性被害、「援助交際」等の性的な望ましくない行動）を抱えた子どもの入所が増加している。

　性に関する課題を抱える子どもには、自己評価が低い、共感性が乏しい、対人距離がうまくとれない、衝動コントロールができないなど、心的発達や対人関係上の未熟さが認められることが多い。こうした未熟さが性的行動の抑止力の弱さにつながり、性加害を起こしたり性被害にあったりするといった不適切な性行動に至ってしまう可能性を高めることにつながっている。

　性に関する課題の発生を予防し、子どもの自立につなげるためにはさまざまな課題があるが、その一つとして、子どもの心や対人スキルの育ちへの支援にあわせて性教育を適切に実施することが求められる。実施にあたっては、子どもの特性へ配慮することや、男女の身体のしくみや妊娠についての知識を教えるだけでなく、ジェンダー、人権、多様性、人間関係、性暴力の防止なども含めた「包括的性教育*7」を視野に入れ、基本的人権を基軸とした性教育プログラムとすることが求められる。

　O学校内に設置されている中学校では、施設職員とも連携しながら人権を

*7　包括的性教育
　ジェンダー平等や性の多様性を含む人権尊重を基盤とした性教育。性教育・性の学習を保障することは性の権利（セクシュアル・ライツ）であるとする国際的潮流を背景に世界各国で取り組まれている。2009年には、ユネスコが中心となり『国際セクシュアリティ教育ガイダンス』が作成されている。2018年刊行の『改訂版』は、翻訳して作成されている（2020［令和2］年年刊行）。

基本にした性教育に取り組み始めた。同時にＳ香が生活する女子ホームでも、SNSの利用や言葉巧みな誘いに気をつけること、望まない性的なかかわりには「NO」ということ、困ったときは信頼できる大人に相談すること等、性被害から自分を守る行動がとれるように繰り返し伝えていった。そのなかでＳ香は、性被害を受けたと自覚し、不安定になりリストカットをしたこともあったが、学習が進むにつれ「なりすましのおじさんから逃げた自分をほめたい」など、前向きな発言をするようになった。

〈保護者支援〉

　児童自立支援施設では、子どもが入所に至った原因が克服されれば、比較的短期間で退所する傾向にあり、多くが保護者のもとへ復帰する*8。施設生活からもとの生活に戻るにあたっては、保護者の理解と協力が不可欠である。子どもの入所中に、保護者が養育スタイルや家庭環境を改善すること、親子関係を再構築することができていないと、退所後の子どもの生活に影響する。そのため、子どもの支援と並行して、保護者支援を行うことが重要となる。保護者支援を行うにあたっては、児童相談所との連携・協力が不可欠である。特に、支援・調整の対象が保護者自身や親子関係となるケースについては、児童福祉司をはじめ、医療・心理・福祉等の多職種が緊密な連携を図り、それぞれの機能に応じた役割を担うことが必要である。

　母親は、面会に来るたびにＳ香の成長に驚き、喜んだ。一方で、寮母を慕うＳ香の姿をみて「私には無理」「愛し方がわからない」と、自身も母親（Ｓ香の祖母）から愛された記憶が少ないなかで育ってきたことからくる自信のなさを率直に述べた。家庭支援専門相談員は、母親の成育歴やこれまでの子育ての苦労や母親の思いについて傾聴し、「これまで一人でよく頑張ってこられましたね」と母親を受容した。他方、児童相談所と連携することで母親へのカウンセリング等の心理的支援も行われた。

　Ｓ香の成長は母親が変化しようとする原動力となり、母親はＳ香に向きあい気持ちをくみとろうとする姿勢をみせるようになった。母親の変化をＳ香も実感でき、会話が増えるなど良好な関係が形成されてきたことから、Ｓ香の中学卒業にあわせてＯ学校を卒業（退所）するという目標が母子と関係機関で共有された。Ｏ学校では、施設に併設する中学校とも連携しながら、Ｓ香の特性に応じた進路指導に力を入れ、通級指導*9を導入している高校やＳ香の好きな服飾系の高等専修学校のオープンスクールへ参加させたり、三者懇談を実施したりしながら母子への支援を重ねている。あわせて退所後の地域での支援体制について、児童相談所と連携しながら検討を進めている。

*8　厚生労働省「児童養護施設入所児童等調査」（2022年4月1日基準日）によると、児童自立支援施設の「児童の委託（在所）期間」は1年1か月であり、「児童の今後の見通し」として56.9％が「保護者のもとへ復帰」と報告されている。

*9　通級指導

　通級指導とは、通常学級に在籍する障害のある児童生徒が、各教科等の大部分の授業を通常の学級で受けながら、障害に応じた特別の指導を「通級指導教室」といった特別な場所で受ける指導形態のことで、個別指導を中心とした特別の指導をきめ細やかに、かつ弾力的に提供するものである。

　2016（平成28）年の学校教育法や同法施行規則の改正により、高等学校では2018（同30）年度から通級指導が導入された。

児童自立支援施設運営指針

児童自立支援施設運営ハンドブック

○第1節
〈参考文献〉
- 倉石哲也・伊藤嘉余子監修、伊藤嘉余子・福田公教編『子どもを支える家庭養護のための里親ソーシャルワーク』ミネルヴァ書房　2020年
- 厚生労働省「里親委託ガイドライン」2012年
- 厚生労働省「里親及びファミリーホーム養育指針」2012年
- 全国里親委託等推進委員会『里親・ファミリーホーム養育指針ハンドブック』全国里親会全国里親委託等推進委員会事務局　2015年

○第2節第1項
〈参考文献〉
- 『新版　乳児院養育指針』全国社会福祉協議会・全国乳児福祉協議会　2009年
- 機関誌『乳児保育』全国社会福祉協議会・全国乳児福祉協議会

○第2節第2項
〈参考文献〉
- こども家庭庁ホームページ：社会的養育の推進に向けて（令和6年8月）
  https://www.cfa.go.jp/assets/contents/node/basic_page/field_ref_resources/8aba23f3-abb8-4f95-8202-f0fd487fbe16/0604a387/20240805_policies_shakaiteki-yougo_104.pdf
- 子ども家庭庁ホームページ：令和4年度児童養護施設児童等調査の概要
  https://www.cfa.go.jp/assets/contents/node/basic_page/field_ref_resources/8aba23f3-abb8-4f95-8202-f0fd487fbe16/5c104d63/20240229_policies_shakaiteki-yougo_86.pdf

○第2節第3項
- 内閣ホームページ：ドメスティック・バイオレンス（DV）とは
  https://www.gender.go.jp/policy/no_violence/e-vaw/dv/04.html
- 内閣府ホームページ：DV（ドメスティック・バイオレンス）と児童虐待——DVは子どもの心も壊すもの
  https://www.gender.go.jp/policy/no_violence/dv-child_abuse/index.html
- こども家庭庁「児童養護施設入所児童等調査の概要」（令和5年2月1日現在）
- 厚生労働省「母子生活支援施設運営ハンドブック」2014年

○第2節第4項
〈参考文献〉
- 厚生労働省「令和3年度　福祉行政報告例」
- こども家庭庁ホームページ：児童養護施設入所児童等調査の概要（令和5年2月1日現在）
  https://www.cfa.go.jp/assets/contents/node/basic_page/field_ref_resources/8aba23f3-abb8-4f95-8202-f0fd487fbe16/5c104d63/20240229_policies_shakaiteki-yougo_86.pdf
- 全国児童心理治療施設協議会ホームページ：児童心理治療施設とは
  https://zenjishin.org/profile.html

○第2節第5項
〈引用文献〉
1）三菱UFJリサーチ＆コンサルティング「児童心理治療施設、児童自立支援施設の高

機能化及び小規模化・多機能化を含めた在り方に関する調査研究業務一式報告書」厚生労働省　2020年
2）真崎英二「小舎夫婦制児童自立支援施設におけるチーム養育支援モデル構築に関する研究」『大原社会問題研究所雑誌』776号　2023年6月号　法政大学大原社会問題研究所

〈参考文献〉
- 法務省法務総合研究所編『令和5年版犯罪白書――少年非行と生育環境』日経印刷　2024年
- 厚生労働省「児童自立支援施設運営指針」2012年
- 社会的養護第三者評価等推進研究会監修、児童自立支援施設運営ハンドブック編集委員会編「児童自立支援施設運営ハンドブック」厚生労働省　2014年
- 武千晴『児童自立支援施設の歴史と実践』勁草書房　2018年
- 全国児童自立支援施設協議会「児童自立支援施設の高機能化等に関する検討委員会報告書」2023年

第3章 個別支援計画と障害のある子どもの養護の実際

①――障害のある子どもの入所療育と支援の実際

1. 障害児入所施設による療育の実際

(1) 障害のある子どもの入所療育をめぐる状況

インクルージョン[*1]など、世界の障害児・者施策の動向を背景に、わが国における障害のある子どもの入所施設サービスが抱える課題は変化している。それらの課題には、入所している子どもが抱える障害の重度・重複化、在所期間の長期化、年齢超過による成人障害者（いわゆる加齢児）の存在などがある。これらは、彼らの地域生活・社会参加を阻む要因となっている[*2]。

障害のある子どもを支援し、彼らの生活の質[*3]を高めるうえで必要な支援の視点として、医療・健康に関する支援、生活の安定に関する支援、個々の発達やスキル向上に関する支援、地域生活の実現に関する支援、家族に対する支援、そして将来的な自立に向けた支援があげられる。

(2) 事例「重度知的障害のある子どもの生活支援」

①事例の概要

〈子どもの名前〉
　B君（現在11歳2か月）　男児

〈家族構成〉
　B君の自宅では自営業を営んでいる。父親（43歳）と、家事をしながら夫の仕事を手伝う母親（37歳）、小学1年生の妹、2歳の弟、そして要介護状態にある父方の祖母（77歳）の5人の家族構成である。

〈子どもの生活拠点、利用施設等〉
　B君は、福祉型障害児入所施設に入所し、送迎バスを利用して特別支援学校小学部に通っている。なお、この施設で生活する子どもの約半数は、重度または最重度の知的障害があり、利用対象の年齢を超過した加

[*1] **インクルージョン**
1994年の「特別なニーズ教育における諸原則、政策及び実践に関するサラマンカ声明」において提出された概念。従来のインテグレーションが形式的な統合を意味する場合があるのに対し、通常の日常生活で必要な援助を受けて共生するという考え方であり、社会の側が障害のある人を障害の性質・程度にかかわらずあるがままに受け入れるために変化していく必要があることを述べている。

[*2] 重度化・重複化、在所期間の長期化等が、障害児・者の地域生活・社会生活を阻む要因となっている点については、本節の補論（p.172）を参照のこと。

[*3] **生活の質**
第1部第8章p.78参照。

齢児である。

〈主訴（養護上の問題）〉

　B君は、重度の知的障害と診断されている。主訴として、衣服の着脱や排泄などの身辺自立に関するスキルの獲得のほか、コミュニケーションへの支援、環境調整による生活の安定、地域資源の活用による自立支援と余暇支援、家族支援、将来の生活設計に関する支援があげられる。

②これまでの経緯

〈出生から発育に疑問を感じるまで〉

　胎生期には特別な所見はなかった。出産については陣痛が微弱で陣痛促進剤を使用したが正常分娩であり、出生時体重は3,100gであった。

　身体発育に大きな問題はみられなかった。母親の印象によると、出生後はよく眠り、ミルクをたくさん飲む子どもで、1歳以前は諦めがよく、手がかからない子どもだったという。しかし、歩き始めると多動となり、目が離せなくなった。そして、2歳前になっても言葉ととらえられる明瞭な発語がないことや呼んでも振り向かないこと、目があわないことに疑問を感じるようになった。さらにこの頃、通っていた保育所の保育士から、母親が感じた疑問のほか、B君と関係がとりにくいなどといった発達の遅れを示唆するような報告があった。また、2歳を過ぎた頃にてんかん発作が生じた。

〈障害が明らかになってから施設利用まで〉

　てんかん発作を機に小児科で相談をしたが、しばらく経過観察をすることになり、その後3歳児健康診査において知的な遅れが認められた。

　障害が明らかになってから、近隣の児童発達支援センターを利用するようになった。また、妹の出産や家業の繁忙期などに緊急一時保護やショートステイなどのサービスを活用するようになった。

　B君の養育と、妹の育児や家業の手伝いとの両立が困難なこともあり、特別支援学校への就学を機に福祉型障害児入所施設に入所した。その後、B君が3年生のときに弟が生まれ、さらに、約1年前から祖母が自宅で要介護状態になった。さまざまな福祉サービスを利用しながら、母親が家事と妹と弟の育児、義母の介護、さらには家業の手伝いを担っている状態である。

〈施設に入所してからの様子〉

　B君は日々の生活パターンが決まっており、そのパターンが崩されることを嫌い、パターンや本人のこだわりが崩されるような場面では大声を上げて暴れたり自傷行動を示したりするなど、パニックが生じる。

　コミュニケーションに関しては、「食事の時間ですよ」「○○に移動しましょ

う」など、日々の生活で日常的に繰り返し提示される簡単な指示については理解し、したがうことができるが、長文や日常のパターンと異なる指示などについての理解は困難である。B君からのコミュニケーションについては、聞き手が明瞭に理解できる言葉は「ジュース」など、いくつかの単語に限定されている。よって、それらについては単語で要求することができるが、それ以外については明瞭に理解することができる言葉は少ない。そのため、「あっあぁ！」「うぅー！」などの唸り声や、こちらの手を引いて連れていく、要求物に手を伸ばして声を上げるなどの方法で要求を充足しようとする。

人間関係については、施設のほかの子どものなかに、同じ場にいるとトラブルを生じやすい相手が何人かおり、一緒にいることでいらいらと落ち着きがなくなり、パニックを起こすこともある。しかし、基本的には対人回避などはみられず、ほかの子どもや職員に対して自分からかかわりをもち、遊ぼうとするなどの様子が観察される。また、施設に来客があると声を上げて喜び、後をついていくことが多い。特に、若い女性の来客や実習生などに対しては、自ら手をつなぐなど身体接触をする、自分の居室に連れていく、大切にしているものをみせる、質問を繰り返すなど、積極的にかかわる様子がみられる。

B君の生活を概観すると、平日は下校後、施設のリビングや居室で過ごしていることが多い。また、週末や休日などをみても、外出や遠出をすることは少なく、自ら買い物などもしていない。まれに、職員やボランティアに連れられて施設の近隣にある店でお菓子を買ってもらうことがある程度である。

〈現在の様子〉

B君は、小学部5年生になった。B君は入所後の4年間で、入所当時と比較して、環境を整備することによるパニックの減少、その環境下でのコミュニケーションの成立などの変化がみられたが、障害が重度であることから顕著な成長を示しているとはいえない。また、現在の施設での生活に適応しているといえるが、コミュニケーションの方法の少なさや地域にある社会資源の活用をはじめとしたさまざまな生活経験の少なさから、目の前にある"○○がほしい"などの特定の要求のほか、こだわりのあるルールや生活パターンを乱されそうな場合や不快なかかわりからの回避など、非常に限定された場面でしか自らの意思を表明することはない。つまり、"○○をしたい""○○に行きたい"などの意思を表明することがなく、その結果、外出も少なく、決まりきった生活を繰り返している状態である。このような様子は学校でも同様である。

家族は、B君に対する思いはあるが、自営業で休みがとりにくく、母親も義母の介護と妹弟の育児、および家業の手伝いに追われ、面会や週末帰省な

どを定期的に実施することが難しい状態にある。さらに家族は、中学部以降やB君の将来の生活について不安をもっている。

(3) 演習課題

・本事例のジェノグラム・エコマップを作成してみよう
・本事例のアセスメントをもとに、個別支援計画を作成してみよう

①アセスメントのポイント

個別支援計画は、対象となる子どもが習得していないこと（「できないこと」）を理由に、ただやみくもに指導したり、支援するための計画ではない。子どもの年齢や障害の程度、家族のおかれている条件、さらに子ども本人や彼らを取り巻く家族などのさまざまで多岐にわたる希望や意向を尊重したうえで、本人の生活全体を総合的に把握するアセスメントから支援課題を導き出し、それに基づいて総合的な支援計画として作成されるものでなければならない。また、それらの作成にあたり、医療・保健・福祉・教育・労働領域など、関係機関が連携していくことが不可欠である。さらに、子どもの年齢によるライフステージや、家族のおかれている状況も含めて総合的に検討され、日常生活を支援する視点や療育的視点、自己実現や自立支援などの将来的な支援についての視点から作成されるものでなければならない。

②個別支援計画作成上の視点

〈生活リズムに関する支援〉

まず、起床から就寝までの全体的な生活のリズム（施設日程）を把握し、安定した生活を送っているかを知る必要がある。なぜなら、このような生活のベースを理解したうえで、それへの適応や不適応の状態などから、生活のどの部分にどのような支援が必要であるかが判断できるからである。また、子どもの生活リズムを不安定にさせる要因についてのアセスメントも重要である。これらの要因には、心臓疾患やてんかん発作、睡眠障害や行動障害などの医学的背景のあるものから、予定変更などの生活パターンへのこだわりまで、多岐にわたる。

B君は、決まりきった日常の生活パターンに沿っている場合は特に大きな問題がみられないようであるが、例えば特別な行事の開催や、職員配置の都合などによる急な予定変更など、生活パターンの変更があった場合に混乱してパニックになることがある。そのため、これらの生活リズムへのこだわりに対して、B君が理解できる方法で事前に伝達し混乱を回避することや、B君の意思を確認したうえで居室にて過ごしてもらうなどの支援や配慮が必要

になる。こうした経験を重ねつつ、さらに、将来的な生活の可能性の拡大を考慮し、生活全般のこだわりを軽減することも視野に入れるべきである。

〈日常生活支援〉

　日常生活を送るうえで必要とされる食事、更衣、移動、排泄、整容、入浴などのADL（Activities of Daily Living：日常生活動作）[*4]について、子どもがどれをどの程度まで習得し、自立しているかについて理解しなければならない。そして、生活のどの領域にどのような内容の支援を行うか、また療育的視点からどのような手続きを活用して未習得のスキルを習得させていくのかについて計画されなければならない。

　B君の場合、更衣や排泄などの基本的な身辺処理について、日常的な支援と習得に向けての支援が必要である。つまり、行為を成立させる各行動項目を習得しているか、そしてそれらが一連の活動の連鎖としてルーティン化しているかについてアセスメントをし、未習得の項目に対して効果的な支援を行う必要がある。例えば、更衣のなかの「ボタンを外す」項目が未習得なのであれば、その項目を取り出して反復練習し、習得後に改めてボタンのあるズボンをはくなど、一連の活動が連鎖していないのであれば、項目の順番通りに綴られた写真やカードを導入し、参照しながら行うなどの支援である。

〈コミュニケーションに関する支援〉

　ここでいうコミュニケーションとは、さまざまな方法を活用して他者から伝達された情報の「受信」と、自らの欲求や要求、意思などを他者に対して「送信」することである。

　「受信」の場合、言葉の理解があるのであれば、何語文までなら理解するのか、具体的な指示だけでなく抽象的な言葉も理解できるのか、文字を読むことで理解できるのか、絵カードでなら理解できるのか、身振りや指差しは理解するのかなどである。「送信」の場合は、話し言葉があるのであれば、物の名前や動詞などを理解して使用できる語彙はどの程度あるのか、何語文で要求できるのかなどである。話し言葉がないのであれば、指差しやクレーン反応などによる要求表現はあるのか、特定の要求を意味する特定の音声はあるのか、要求や回避機能のある行動障害はあるのかなどである。

　B君は、日常のルーティンから外れた指示への理解が難しく、また発語できるものや要求物が身近にない場合のコミュニケーションが困難であるため、「送受信」とも新たな伝達方法の獲得に向けての支援が必要である。

〈人間関係に関する支援〉

　人間関係については、他者との接触を基本的には受容しているのか、他者とのかかわりは要求場面に限定されるなど基本的には交流をもとうとしない

[*4] ADL
　日常生活動作という。日々の生活を送るうえで必要となる日常的な動作のことであり、入浴、排泄、食事、衣服の着脱等の身辺処理、家事、移動、公的機関の活用などの動作をいう。

のか、こだわりなどがあり特定の人に限定されるのか、働きかけ方によって回避を示す場合があるのか、明確なやりとりがなくても近くに寄ってくる、手をつないでくる、話しかけてくるなどの接近的な反応があるのかなどについてのアセスメントが必要となる。

　B君の場合、何人かの子どもを除けば、基本的に他者と交流をもつことについては積極的である。よって、この場面を活用して生活の拡大や楽しみながらやりとりが成立していくような新たなコミュニケーションの獲得の機会として計画されるべきである。

〈地域生活に関する支援〉

　我々が心身ともに必要なものが充足され、充実した生活を送っていくうえで、地域社会にある資源の活用や地域参加は不可欠である。また、児童福祉施設の場合は、特に将来的な地域生活の実現のためにも地域のなかの資源を活用しながら生活する経験は重要である。そこで、施設の立地条件を考慮しながらも、日常生活のなかで買い物や余暇活動などの外出機会がどの程度あるのか、また本人がどの程度活用しているのか、外出機会確保のために施設がボランティア確保などの整備を行っているのか、地域の方々の訪問や交流などは行われているのかなどのアセスメントと支援が必要である。

　B君の場合、自ら外出することは少なく、地域資源の活用などの社会経験に乏しい状態にある。そこで、将来的な地域生活の実現のためにも、地域のなかでの活動体験や"楽しかった"と感じることのできる体験を計画立てて実施することが重要である。

〈自己実現・意思表明に関する支援〉

　子ども自身が、自らの生活をどのように組み立て、どのように過ごすことを希望しているかを確実にくみとることは、より充実した生活を実現するうえで不可欠である。そのためにも、子どもが言葉や指差しなど、どのような意思表明の方法をもっているのかを把握し、どのようなものに興味・関心を示し、要望するのかについて、"毎日○○をしているから好きだろう"などの決めつけではなく、十分な選択肢や実体験などから表明を促し、その生活を実現するような支援が必要である。また、時には意思表明機会の設定やその方法の指導が必要となる場合もある。

　B君の場合、決まりきった生活のなかで意思表明機会そのものが十分に確保されているとはいいがたい。よって、活動体験とあわせて、意思表明機会の提供が不可欠である。

〈家族に対する支援〉

　すべての家庭は、それぞれに異なる生活を送るうえでの条件をもっている。

よって、それぞれの家庭がもつ、子どもを支援するうえでのプラス条件、マイナス条件を把握することが必要である。それは、例えば家族構成とそれぞれの身体的条件や支援力、経済状況、時間の確保などについてである。

　B君の家庭の場合、幼い妹弟と介護を要する祖母、また自営業で時間の確保が難しいなど、家族にB君に対する思いがあったとしても多くを依存することは困難な状況にあり、施設での支援がより重要である。さらに、保護者のB君に対する罪悪感やB君と家族の関係性の維持に対する支援も必要となる。また、中学部への進学や特別支援学校卒業後、施設退所後の生活のあり方などへの不安に対しても長期的視点をもって対応していく必要がある。

〈自立に関する支援〉
　すべての支援は、"今できないから教える"など、その場限りのものではなく、それぞれの障害などに応じて、将来のよりよい自立生活の実現を目標としている。よって、どこでどの程度の自立スキルをもち、どのような支援を受けながらどのように暮らすか、施設利用から職業的自立まで幅広く考慮し、支援していかなければならない。

　B君の場合、家庭への負担を最小限にしつつ、地域でより自立した生活を実現するために習得すべきスキルと有効な資源活用について検討し、自立に向けた支援を計画していかなければならない。

・=・

(4) 問題の解釈
〈障害の特性と個々の状態像の理解〉
　障害のある子どもが対象となる場合、その障害の程度とその特性を考慮する必要がある。もちろん、障害の程度で子どもの特性のすべてが決まるわけではないが、療育や支援をしていくにあたりどのようなかかわり方であれば理解しやすいのかなど、アプローチの方法を決定するうえで不可欠となる。

　B君の場合、重度の知的障害があり、抽象的な概念の理解や複雑な指示、ルールの理解などが困難である。このことは、身辺自立に関するスキルの獲得やコミュニケーションへの支援などすべての支援を展開するにあたって理解しておかなければならないこととなる。これは、健康管理など養護面における支援においても含まれるものである。B君は自身の体調不良を訴えることができないため、日常的な観察に基づくB君の様子の変化に留意し、体調不良との因果関係を予測する視点のほか、仮に医療的ケアを必要とする際には、丁寧な説明と付き添いなどといった心理的なケアも必要となる。さらには、てんかん発作に留意した支援を行うことはもちろんのこと、抗てんかん薬の管理から投薬までの服薬に際する支援と、健康と安全確保のために医療

機関との連携が不可欠となる。

〈支援にあたって〉

　B君の日常生活を概観すると、身辺処理などの日常生活のさまざまな場面で多くの支援を必要としていること、型にはまった生活リズムには適応していること、基礎的なコミュニケーションのレベルにとどまっていることから、少しでも自立を促進し、生活の可能性を拡大するためにも、日々の生活支援とともにそれらの自立をめざしてスキル向上を目的とした支援が計画されなければならない。それらの計画作成にあたっては、B君の生活の場であり、指導や支援実践の重要なパートナーである家庭や学校と緊密な連携を図る必要がある。つまり、家庭や学校とB君の状態に対する情報を共有し、統一した見解から目標と手続きを導き出し、役割を分担することが不可欠である。

　支援実施に際しては、目的や課題に即した記録・評価を行い、その変化を"観る"ことを忘れてはならない。さらに、記録・評価から導いた仮説に基づいた支援を行い、その際の反応を新たに観察し、仮説設定（Plan）－支援実施（Do）－確認（Check）－修正（Action）というPDCAサイクル[*5]を繰り返していくことが不可欠である。

〈長期的な視点に基づく支援〉

　B君の療育を行うにあたり、11歳という年齢を考慮する必要がある。もちろん、年齢によって療育を諦めるということではないが、例えば、話すことが困難であれば絵カードを使う、自力で外出が困難であればボランティアを活用するなど、スキル向上だけではなく、環境調整や資源の活用により、地域参加や自己実現を促す視点もあわせてもつべきである。なぜなら、重い知的障害がある場合、指導の成果が必ずしも短期間であらわれるとは限らないものであり、その際、指導を継続することによっていたずらに時間を浪費するよりも支援を活用しながら生活の拡大を試みるほうが地域参加や自己実現が促進されることもあるからである。

　このように、重度の障害がある場合は年齢や発達予測、活用しうる資源などから総合的に判断し、長期的な視点をもつことが重要である。

〈将来の生活計画への支援〉

　また、家族のおかれている状況を考慮すると、現状ではB君が家庭で多くの支援を受けて生活することは困難であることが予測される。よって、将来的には、年齢を超過して施設にとどまることなく地域において施設入所支援を利用し、日中生活では生活介護や就労継続支援を利用しながら[*6]、より質の高い地域生活を実現できるよう計画される必要があると思われる。

[*5] PDCAサイクル
　観察結果などの情報から子どもの実態を把握し、支援の方向性や具体的な計画・方法を作成（仮説設定）・実施し、そして、それらが適切であったかの評価（確認）をもとに修正し、新たな仮説設定に結びつけていくサイクルのこと。支援の改善のために機能することが重要である。

[*6] それぞれ障害者総合支援法に基づく障害福祉サービス。

障害児入所施設運営指針

2.（補論）成人期障害者への支援

　障害のある子どもへの支援は、児童期を過ぎればそれぞれの子どもは自立に向かい、特別な配慮を必要としなくなるという性質のものではない。

　つまり、"障害がある"子どもの支援は、"障害のある"成人の支援へと連続性をもつものであり、長期的視点にたたなければならないといえる。よって、障害のある人への支援のあり方を理解・修得するためには、施設を利用する障害のある人にみられる課題や成人期障害者の課題について概要を理解しなければならない。

　それらの課題は多岐にわたるが、特に障害そのものの重度化やそれに伴う施設在所期間の長期化、高齢化への支援、成人期における社会参加としての就労への支援、一人ひとりの意思を尊重し、より満足度の高い生活を保障する生活の質の向上への支援という視点を忘れてはならない。

(1) 重度化・高齢化への対応

　近年、施設に入所する障害のある人の障害程度の重度化が進行している。例えば、知的障害者では重度・最重度が5割を超えており、知的障害児をみると約4割となっている。また、障害者支援施設等の在所者を年齢階級別にみてみると、45歳以上が全体の約7割となっている。障害児入所施設における18歳以上の入所者についてみてみると、福祉型においては1割強まで減少したが、医療型においては7割を超えている。重度・最重度と判定された子どもが全体の4割程度ということからも、今後も増加が見込まれる。

　このような重度化の進行は、日常生活動作の自立や日々の生活の安定、コミュニケーションの成立など、日常の多岐にわたる場面においてさまざまな困難を生じさせることになる。つまり、重度化の進行により自立的で安定した日常生活を営むうえで必要なスキルの獲得や遂行に困難が生じているといえる。このことがさらに、利用児・者の施設から地域生活への移行を阻み、困難にしている。その結果、それにより長期にわたって施設生活を余儀なくされ、さらには高齢化が進行している状況につながっているといえる。

①日常生活への支援

　日々の生活への支援を考えるとき、未形成のスキルを形成し、一人でできることを増やすことも大切であるが、長期にわたって指導されてきた重度の障害者の場合、いたずらにスキルを指導するだけではなく、さまざまな支援グッズや身振り、絵カードなどの使用による行動の成立を図る、環境調整による自律的行動の安定を図るという視点が重要かつ現実的である。つまり、

個々の特性に応じた適切な支援や手がかり・ヒントを活用することによって自律的な生活を実現するということである。

また、環境の変化によってパニックを起こし、生活が崩れてしまう利用者に対して、環境整備や行動のルーティン化を図ることにより、安定した生活を保障するという視点も忘れてはならない。

②医療・健康への支援

障害が重度であればあるほど、てんかんなどの疾患やほかの障害をあわせもつ確率が高く、また、自らの体調を管理することや体調不良を支援者に伝えることの困難もあわせもっている。そして、人間は高齢化が進行することで、加齢による疾患や体力・心身機能の低下がみられ、個人差も大きくなるといえる。このように、利用者の状態像が非常に多岐にわたるため、より個別的な対応が必要になる。

このことは、利用者の障害の重度化、高齢化の進行は、健康問題をも引き起こし、より個別的な支援を必要とする方が多いことを示すこととなり、適切な支援がなされないと、些細なことで体調不良を引き起こし重篤な健康問題を引き起こす危険性が高いということである。よって、施設職員は、個々の利用者の障害程度や特徴、コミュニケーションの状態、身体機能のレベル、医学的問題の有無、年齢などを総合的に考慮し、支援の方向性や方法を決定・実施しなければならない。そのため、利用者の些細な変化への気づきと、職員間での情報共有の徹底を図り、場合によっては医療へのつなぎも含めた迅速な対応を行い、健康状態の維持に努めなくてはならない。

③コミュニケーションの成立への支援

障害の重度化により、他者との意思交換や必要な情報のやりとりなどのコミュニケーション、特に言語によるコミュニケーションの成立に困難を示す方も多い。しかし多くの場合、彼らは我々と同じように、さまざまな要望や要求などの意思や思いをもっている。それらの思いを少ない言葉のレパートリーから、必ずしも状況とあっていない言葉やわかりにくい言葉を使用して伝えようとしてくる。また、明瞭な話し言葉がない方の場合、例えば「おぅ」などの発声や他者の手をつかむ、顔を覗き込んでくる、叩いてくるなど、言葉とは別の方法で表現し、我々に伝え、欲求を充足しようとしている。

つまり、多くの要望を直接的ではなくわかりにくい、時に常識的には考えられないような形で表現する場合があることを理解しておかなければならない。さらに、意図を読み違えて対応することで、二次的な問題としての行動障害をつくってしまう危険性があることも理解しておかなければならない。

よって、彼らの要望や意思をくみとり、尊重していくためには、表現の形

にとらわれることなく、それぞれの行動レパートリーに込められている意図を理解することが重要となる。例えば、ある状況で職員やほかの利用者に対して「後ろから叩く」「髪を引っ張る」などの行為をする方がいたとしよう。このような行為は社会的に認められない行為であり、周囲にも痛みや不快感などの不利益や場合によっては事故にもつながる可能性、また本人の評価が下がり生活や学習の機会の喪失などの不利益が生じる可能性があるので、何らかの対応をする必要がある。対応を決定、実践する際に最も重要なことは、それらの行動の評価を「表面的な行動」で行わないということである。表面的にみれば他者への乱暴は明らかに望ましくないことであり、その行為に対して注意をする、叱るなどの対応をとりがちである。しかし、障害によって行動のレパートリーが限られている場合、一つの行動に多くの意図が込められていることが多い。重要なことは、その行動は本人にとってどのような意図があるのか、その行動はどのような機能をもっているのかを発見することである。そのためには、その行為が起こる直前の本人の様子、行為の直後のまわりの変化（本人にとってどのようなことが起きたか）などを、本人の行動レパートリーや興味、障害の状況（例えば話し言葉があるかなど）とあわせて考えることが重要となる。この場合、話し言葉がなければ他者とかかわりをもつきっかけとしてこのような行為を行っているかもしれないし、例えば作業中など特定の場面に限定されるのであれば、作業のやり方を教えてほしい、次の用具がほしい、完成を報告・賞賛してほしいなど、ほかの意図があるかもしれない。また、職員が注意をするときに作業が中断、または中止されている状態でこの行為が続くのであれば、この行為をすることで作業をしなくてすむということも考えられる。

以上より、彼らとのコミュニケーションを成立させるには、彼らの行う一つひとつの行為が本人にとってどのような意図があるのかを明らかにすることが重要であり、意思表明としてとらえることが何よりも必要である。

(2) 就労への支援

障害者の社会参加を支援するうえで、就労支援は不可欠である。施設における就労支援を考えるとき、大きく就労移行支援と就労継続支援に分けて考えることができる。

就労移行支援は、一般就労を希望する障害者を福祉施設から一般企業就労につなぐ事業であり、比較的障害が軽度の方の利用が多い。求められる支援としては、職業的適性のアセスメント、就労意欲の向上、職場開拓とマッチング、職場適応と就労継続のためのフォローアップなどがあり、さらなる就

職率の向上や職場定着の促進が求められている。

一方、就労継続支援は、事業所に雇用されることが困難なものに対して就労の機会を提供するものであり、雇用契約の有無（給料の有無）によってA型とB型に分かれる。工賃の増額を実現するために、工賃向上計画、障害者支援施設からの優先調達を求めるなどさまざまな取り組みがなされているが、現状としてはいずれも最低賃金をはるかに下回る状況であり、商品開発や販路開拓、効率的な作業方法の工夫などが課題としてあげられる。

(3) 生活の質の向上への支援

障害の有無にかかわらず、私たちはより満足度の高い充実した日常生活を送る権利をもっており、障害者支援施設での生活においてもその権利は保障されなければならない。

施設では、主に生活介護の創作的活動などでさまざまな余暇プログラムやクラブ活動などが設定されている。施設内で完結すること、施設の資源だけで成立する活動のみではなく、積極的に地域の資源を活用した活動の開拓などを行い、十分な選択肢とその実現のための支援が計画されなければならない。それらの活動実施にあたっては、参加した利用者本人が本当に参加を望んでいるのか、満足しているのかについて、評価することも必要である。なぜなら、個々によって好む活動等は異なるからであり、例えば、ほかにすることがない、ルーティンとして参加している、職員が連れ出している、本人が理解できる形で選択の機会が提供されていない場合は、本人の選択・決定がなされていないことになり慎重な検討が必要である。

(4) 本人の意思を尊重した支援

私たちは、昼食の献立や休日の過ごし方など日常のことから就職のことなど、多くのことを自ら選択・決定している。それは障害者の支援においても同様であり、生活のあり方に関する本人の意思を尊重することは、施設生活をより本人にとって望ましいものとし、生活の質を高めていく点からも重要なポイントである。しかし、彼らは自らの意思表明に困難をもつ。よって、十分な選択肢の提供や個々の状態に応じた表明方法の工夫と促進、そしてその実現を保障することが求められる。

つまり、本人の意思を尊重した支援には、本人が理解した十分な選択肢から自己選択・決定し、その意思を表明することの支援、および決定・表明された意思を尊重し、実現を図ることが不可欠である。

②──障害のある子どもの地域療育と支援の実際

● 児童発達支援センター、児童発達支援事業所による療育の実際

(1) 障害のある子どもの地域療育をめぐる状況

　障害のある子どもが住み慣れた地域で健全に成長していくためには、障害に関する専門的なサービスを受けられる支援体制が必要である。児童福祉法では、障害のある子どもに対するサービスとして「障害児通所支援」が規定されている[*7]。障害児通所支援には、児童発達支援、放課後等デイサービス、居宅訪問型児童発達支援、保育所等訪問支援がある。これらは、児童発達支援センターを含む児童発達支援事業所等で実施されている。

　さて、障害のある子どもの発達を支援する取り組みを療育と呼ぶ。療育とは、医学的な治療と教育の統合だけでなく、福祉、労働をはじめ、総合的な支援を求められているなか、「心身に障害のある児童に対して可能な限りの回復と発達の促進を図る、組織化された総合努力」[1]と定義されている。療育方法は障害のある子どもの生活全般にわたり、障害特性や個人のおかれている環境によってさまざまであるため、専門的な支援技術に基づくだけでなく、各々の障害特性や育児環境を考慮した支援も必要である。そして、療育支援で獲得された生活技能が幅広い生活場面で生かされるために、直接的な支援に従事する保育士だけでなく、医療、心理、福祉、教育などの専門家による組織化されたチーム体制による計画的な支援、さらには、家庭・保育所・幼稚園や学校等の生活基盤との連携体制が求められている。

　ここでは、発達障害のある子どもの地域療育支援の事例を取り上げ、有効な療育支援の取り組みについて検討する。

[*7] 障害児通所支援の定義や、児童発達支援センターの類型の改正内容については第1部第6章p.61参照。利用にあたっては第1部第5章p.49参照。

(2) 事例「自閉スペクトラム症の子どもへの地域療育支援」

①事例の概要

〈子どもの名前〉
　D君（支援開始当時、2歳6か月）　男児

〈家族構成〉
　D君は、父、母、妹と一緒に生活している。主たる養育者は専業主婦の母親で、主たる家計の維持者は父親である。

〈子どもの生活拠点、利用施設等〉
　D君は、2歳6か月の頃より週に2回のペースでB教室に通うように

なった。
　児童発達支援事業を行うＢ教室は、同社会福祉法人の運営する保育所に併設されている。０〜６歳までの就学前の障害のある子どもを対象に、親子通園の形態を基本として小集団療育を実施しているが、親の育児ニーズや就学、就園の準備等に応じて親子分離の保育も実施している。また、非常勤の理学療法士や心理発達相談員による個別のリハビリテーション指導、言語指導も月１回１時間のペースで実施している。さらに、保護者との面談を定期的に行い、子どもの育ちの経過を振り返りつつ、保護者の要望を確認する機会をもつようにしている。

〈主訴（養護上の問題）〉
　母親はＤ君の様子から「育てにくさ」を感じ、何らかの障害があるのではと不安に思っている。母親のＤ君の育児に対する不安や負担に思う気持ちをくみ、母親をサポートすること、そして、Ｄ君の言葉によるコミュニケーションの発達、情緒の安定、さらには基本的生活習慣の獲得などが主な課題である。

②これまでの経緯

〈Ｄ君のこれまでの発達の様子〉

　Ｄ君は首の据わりや歩行といった身体的な発達はほぼ順調であったが、言葉の発達が遅れており、なかなか発語がなかった。

　２歳になってからようやく一語文（単語）による発語がみられるようになるが、発音が不明瞭で何をいっているのか把握できないものが多く、その単語数も増えない状況であった。また、独り言のようなことを呟きながら遊んでいる場面もみられた。

　コミュニケーションの面では、名前を呼んでも振り向かないなど母親の指示や話が伝わらず、行動に移すことができなかった。

　基本的生活習慣については、偏食が強く野菜はほとんど食べることができず、食事中に席を離れて遊び出すことが多かった。

　情緒・行動面では、落ち着きがなくて一つのことに集中できず、また、遊びを止めて、片づけを促したときに大泣きしながらかんしゃくを起こすことが多くみられた。これらのことから、母親はどう対応すればよいのか困っていた。

〈相談機関へ相談（Ｄ君２歳６か月時）〉

　Ｄ君への育てにくさや発達の状況について不安な気持ちを募らせた母親は、行政の子育て支援相談窓口を訪れた。

母親は、「2歳を過ぎても言葉がはっきり出てこない」「かんしゃくを起こす」「落ち着きがなく、一つの遊びに集中して長く取り組むことができない」「着替えや排泄を嫌がるなど基本的生活習慣が身につかない」という育児上の問題点を訴え、D君に何らかの障害があるのかどうか不安であるものの、まだ医療機関を受診したことはないこと、しかし、今後の対応で気をつけることを知りたい旨を伝えた。そして、言葉によるコミュニケーションができるように、落ち着いて指示にしたがえるように、基本的生活習慣を身につけてほしいとのD君への思いと、専門機関があれば紹介してほしいという希望から、D君はB教室を利用することになった。

〈B教室でのD君の変化〉

　親子通園を基本とするB教室では、母親と一緒に障害のある子どもが小集団の活動に慣れることや、基本的生活習慣や社会性の獲得をめざしている。また、子どもに対する母親の接し方を改善し、子どもが、遊びやコミュニケーション、学習に必要な技能を獲得することを目的に、保育士による個別課題指導を実施している。B教室の一日のおおまかな流れは、表2-2-1の通りである。

表2-2-1　B教室における一日の流れ

時間	内容（小集団療育）	（個別療育）
9：30	登園	
10：00	朝の集まり、自由遊び	個別指導
10：15	設定保育、個別課題指導、身体活動（散歩など）、自由遊び	10：00～12：00
11：45	昼食	
12：45	歯磨き、自由遊び	個別指導
13：15	帰りの集まり	13：00～14：00
13：30	帰宅	

　D君には、B教室の通常のプログラム（小集団療育）に加えて、非常勤の心理発達相談員による個別の言語指導が実施された。そこでは、D君はいくつかの単語による発話が可能なので、これをコミュニケーションに生かせるように、まずはその単語で他者にほしいものを要求することを支援課題にして言語指導を行った。そこから、発語のレパートリーを広げたり、二語文を促すなど、少しずつ言葉の表出が増えるように指導が進められた。その結果、コミュニケーションの面では、言葉を他者に伝える要求手段として表出することができるようになり、二語文、三語文と表出する言葉が増えてきた。それ以外にも、目にしたことを伝えようと言葉を用いた表出や簡単な質問への応答も可能となった。

　基本的生活習慣の面では、オムツをして通所していた頃から数か月後にはオムツがとれて、自発的にトイレの要求ができるようになった。食事の面では、偏食傾向は強いものの、保育士や母親の励ましに応え、好きなものと一緒であれば苦手な野菜も口にすることができるようになった。小集団療育も、

音楽を使った活動や身体を動かす活動には、ほかの子どもと一緒に参加することができるようになった。制作活動については、着席することが困難なところもあるが、D君ができる工程を絞って促し、一人では難しい工程は保育士が側について手助けをすることで取り組めるようになった。生活面では、着脱時の服のボタン外しを少し手助けすることで自分でできるようになり、嫌がっていた着替えも受け入れられるようになった。

〈母親への支援〉

　B教室では、保護者と定期的に面談をもつことで、子どもの成長・発達の振り返りをしたり、家庭での様子を把握し新たな課題をみつけたり、保護者の育児に対する不安や子どもの障害受容について相談を受け、対応していた。

　母親には、D君との望ましい関係を築くために、家庭の様子についてその都度報告してもらい、D君の対応についての助言や提案をしていくこととした。その際には、母親がD君の現状を少しずつ受け止めることができるように話をすることで障害受容を促し、近いうちに医療機関の専門医師にも診てもらうことを勧められるようにした。

　B教室における日々の支援と定期的な面談の実施により、母親のD君への対応上の不安も徐々に軽減され、D君の得意なことや苦手なことに気づけるようになった。D君の言葉による要求に母親が応えるという関係性ができてからは、D君も少しずつ母親の指示を聞き入れるようになった。母親自身もD君とのかかわりに積極的になっていった。その後、医療機関を受診したD君は、自閉スペクトラム症[*8]と診断を受けた。しかし、母親の育児姿勢は消極的になることはなかった。

〈D君の就園と地域生活を考慮した支援〉

　B教室の利用開始から半年程経ち、D君は3歳になった。母親はD君を近隣の幼稚園に就園させたいと希望している。また、家庭では妹が生まれ、育児が大変である状況から、時々、一時保育を利用したいと思っている。さまざまな社会資源を活用しながら、地域でD君が育つことができるよう、D君のこれからの生活を見据えた支援が求められている。

＊8　自閉スペクトラム症
「神経発達症群／神経発達障害群」にあげられる障害の一つ（アメリカ精神医学会編、髙橋三郎・大野裕監訳『DSM-5　精神疾患の分類と診断の手引』医学書院　2014年）。
　社会的コミュニケーションおよび対人的相互反応における質的異常、行動、興味、または活動の限定された反復的な様式といった症状がみられる。

(3) 演習課題

- 本事例のジェノグラム・エコマップを作成してみよう
- 本事例のアセスメントをもとに、個別支援計画を作成してみよう
- 今後の幼稚園への就園に必要な力を習得するための支援計画を考えてみよう

①アセスメントのポイント

〈D君の育ち〉

　D君の課題となっている、言語によるコミュニケーションの状況、情緒の安定、生活技能について、現段階の力と課題を把握する必要がある。

　現在、D君は三語文程度を表出することができ、ほしいものや目にしたことを言葉で他者に伝えることができるようになっている。また、簡単な質問に対する応答も可能である。これからは表出できる言葉のレパートリーを広げることが課題である。

　基本的生活習慣については、トイレに一人で行けるようになること、食事では食べられるものを増やすことが課題にあげられる。また、衣服の着脱についても、現在の手助けの程度を知り、徐々に自分でできるように促していく必要がある。

　集団活動の参加については、どんな活動であれば自分で行えて、落ち着いて参加できるのか、自分でできないことはどんなことなのかを把握し、自分で行い、落ち着いて参加できるように支援していく必要がある。

〈D君の強み〉

　D君が好きなこと、できることを把握し、課題としてあげられることの指導の手立てとして生かすことは有効である。

　集団活動に好きなことを生かすと、参加意欲が高まり集中して取り組むように促せるし、できることを取り入れた活動だと、進んで行い、評価を受け、達成感が得られる。そして集団活動に前向きに参加できるようになる。

　また、どのような手助けをすることが効果的なのかを把握する必要がある。声をかけて詳しく説明したほうがいいのか、指差しにより注目すべき点を示すとよいのか、やり方や手本をみせることで模倣が促され適切な方法をとれるのか等を検証し、D君にとって効果的な手段を見出し採用することで自主的・自発的行動を促す。

②個別支援計画作成上の視点

　成長発達の変化が著しい乳幼児期の子どもの個別支援計画作成にあたっては、D君のニーズや家族のニーズを十分にくみとれるように、子ども自身と家族や家庭生活にかかわる十分なアセスメント、さらに子どもの発達に即し

た再アセスメントと計画の見直しが必要である。

〈集団活動への参加〉

　母親は、育児の負担やD君のこれからの地域生活を考えて、幼稚園等に就園することを希望している。そうした希望の実現も考えて、定期的な母子分離をB教室で実践してみるとよい。さらに、B教室には保育所が併設されているので活用できる。例えば、D君が幼稚園等で過ごすイメージの形成と、少しでも大きな集団に慣れることをねらいとした、交流保育[*9]の体験などである。

　B教室の通常のプログラム（小集団療育）では、いずれ幼稚園等に就園することを見通して、小集団に慣れることを支援課題とし、集団活動を経験するなかで、身辺自立や食事などの生活技能の獲得、設定保育やB教室の行事活動に参加する姿勢が身につくように支援計画を立てるべきである。

〈スモールステップの支援〉

　B教室での小集団療育を通した療育支援にあたっては、D君が確実に達成できるよう小さな目標から徐々にステップアップしていくスモールステップの支援課題を設定することが望ましい。

　例えば、小集団療育に必要とされる活動参加の姿勢や制作技能を身につけることを支援課題とする場合には、D君が無理なく進められるように好きなことやできることを生かした活動を取り入れたり、保育士が手本をみせて模倣を促すことから徐々に言葉による指示にしたがえるようにしたり、活動に取り組む時間の設定を短時間から始め徐々に長くしていく等が考えられる。適切に行えたらほめたり、好きな遊びを提供したり、シールを貼るなどわかりやすい評価を行うことで、D君の活動意欲をはぐくむことが期待できる。

〈母親への支援〉

　B教室では親子通園を基本にしている。それは、子どもの生活の基盤である家庭において子どもと一緒に過ごし、養育を行う親とともに子どもの療育を進めていくためである。

　母親は、D君の発達の状況について不安をもち、また接し方にも悩んでいた。一方、D君の発達支援や幼稚園就園などについての希望を明確にもっていた。そこで、B教室では母親の不安感に寄り添い、家庭での生活に生かせるD君への接し方のポイントを具体的にアドバイスするといった母親への支援を計画に盛り込む必要がある。

　その際に以下の配慮が必要である。面談では母親の不安や悩みを十分に傾聴し、共感をもって受け止めること。あわせて、親子分離の保育時、交流保育時の活動の様子を報告し、D君の状況や成長の過程を把握してもらえるよ

*9　交流保育
　障害児福祉機関に通う子どもと幼稚園・保育所に通う子どもとが、園外保育等で定期的に一緒に活動することで、幼児としてのかかわりをもって理解しあうことを目的とする保育。

うにすること。また、心理発達相談員は家庭でできる対応を個別の言語指導中に実践的に提案して、家庭での対応方法を広げてもらい、Ｄ君とのかかわりに前向きになれるように働きかけること等である。

・=・

(4) 問題の解釈
〈療育関係他職種との連携〉

　子どもの療育にかかわる専門職には、保育士のほかに、作業療法士や理学療法士、言語聴覚士などの各種セラピスト、臨床心理士や公認心理師などの心理発達を支援する専門職といったさまざまな職種があげられる。これら専門職はそれぞれの専門性と専門技術に基づく療育支援を行うが、子どもの発達の段階や課題および支援目標についてそれぞれが共有し、緊密な連携のもとで子どもの育ちを支えることが重要となる。

　Ｄ君の個別の言語指導を担当する心理発達相談員には、Ｂ教室での小集団療育や保育所との交流保育時のＤ君の様子が随時報告されている。そして、この報告を受けた心理発達相談員は、Ｄ君の個別の言語指導のなかで、小集団療育におけるＤ君の課題を指導内容に取り入れている。

　さらに、心理発達相談員は、Ｄ君が獲得できた言語表現や生活技能、Ｄ君の長所について、またその能力や長所を発揮できる環境の配慮や教材の工夫、わかりやすい働きかけ、効果的なほめ方などを保育士に伝えることで、Ｂ教室での小集団療育や交流保育において活用できるようにしている。そのほか、個別指導でも、小集団療育でも、Ｄ君が活動に適切に参加できたり、指示に応じて行動できたりしたときには、Ｄ君が喜ぶ方法で統一してほめることを行った。

　このようなＢ教室の保育士と心理発達相談員による統一した療育支援を実施する連携体制により、Ｄ君に無理をさせることなく発達を促すことができ、コミュニケーション技能の獲得をはじめ、生活技能や集団活動に参加できる姿勢の獲得につながったと考えられる。これらは、Ｄ君の主たる養育者である母親の協力なしには得られなかった。

〈保育所等訪問支援などＢ教室で実施される支援〉

　Ｂ教室には、近隣の保育所、幼稚園等と並行通園している子どももいる。Ｂ教室では、保育所等訪問支援により、障害のある子どもが通園している保育所等を訪問し、その園におけるほかの子どもとの集団生活への適応のための専門的な支援などを提供している。この事業は、障害のある子どもに対する指導経験のある児童指導員・保育士（障害特性に応じ専門的な支援が必要な場合は、専門職）が、障害のある子ども本人に対する支援（集団生活適応

のための訓練等)、あるいは、訪問先施設の保育士などのスタッフに対する支援（支援方法等の指導等）を行うというものである。

このような支援の実施により、B教室を利用する子どもたちが療育指導において獲得したさまざまな技能がB教室や家庭以外の場面で般化されることが望まれる。実際には、保育所等の並行通園先の保育士などに対して、子どもの特性やB教室で実施している指導内容について情報提供し、保育のかかわりのなかで可能な範囲で実践できるように提案することや、保育場面で生じている子どもの対応困難なことについての相談を受け、効果的な支援や環境調整等について助言を行っている。B教室と並行通園先との間で子どもの特性や効果的な支援の方法を共有することで、子どもが戸惑いなく並行通園先での生活に適応し、獲得した技能を幅広く発揮することにつながっている。

B教室では、行政の障害福祉課、家庭相談員、障害児相談支援事業所の相談支援専門員、保健師とB教室の管理者、保育士、非常勤職員の理学療法士、心理発達相談員が定期的に集まってケース会議を実施し、B教室の子どもについての情報交換や、今後の支援体制を検討している。また、近隣の保育所・幼稚園の保育者、小・中学校の教師を対象とした障害のある子どもの保育・教育に関する研修会を開催している。これらも、D君のもっている力を生かせる環境を調整するために有効な取り組みとなっている。今後のD君の就園・就学や地域生活における支援を検討し計画する際にも、この連携は生かされるだろう。

児童発達支援ガイドライン

○第2節
〈引用文献〉
1) 高松鶴吉『療育とはなにか──障害の改善と地域化への課題』ぶどう社　1990年 p.111
〈参考文献〉
- 松山郁夫・米田博編『障害のある子どもの福祉と療育』建帛社　2005年
- 辰己隆・波田埜英治編『改訂 保育士をめざす人の社会的養護Ⅰ』みらい　2024年
- 辰己隆・岡本眞幸編『新版 保育士をめざす人の社会的養護Ⅱ』2020年・中山智哉
- 濱田尚志・末成妙子編『障がいのある子どもの保育・教育の実践』学文社　2022年
- 一般社団法人日本ソーシャルワーク教育学校連盟編『障害者福祉』中央法規出版　2021年

第4章 施設・専門機関の支援ネットワークの実際

①——社会的養護と家庭支援の実際

1. 里親と専門機関のつながり

　これからの社会的養護の重要な柱となる里親養育の発展のためには、里親の広がりとともに、里親自身が血のつながりを超えて子どもを育てる喜びを感じることが必要である。

　しかし、地域社会の変容など、子どもと子育てをめぐる社会的環境が変化しているなか、現代社会の子育ては困難を抱えがちである。こうした状況は、要保護児童に集中的・集約的にあらわれており、虐待経験や発達障害のある子どもが増加している。里親委託児童についても、国の調査では、里親家庭に委託されている子どものうちの38.4％に虐待体験があり、「棄児」「養育拒否」なども含め一般的に虐待とされる養護問題発生理由の合計は43.0％にのぼる。また、29.6％には心身の状況に障害等があることが報告されている[*1]。加えて、里子が里親家庭になじんでいく過程では「試し行動」など、さまざまな形で育てづらさが出る場合が少なくない。

　こうしたなかで養育にあたる里親は、養育についての悩みや不安が生じがちである。そこで専門機関による里親支援を充実させ、相談および支援体制を整備することや研修の充実による里親自身の養育技術向上などが求められている。2012（平成24）年度以降、児童養護施設と乳児院に里親支援専門相談員の配置が進められてきた。児童福祉法では、里親に関する普及啓発から相談助言・研修等、一貫した里親支援が都道府県（児童相談所）の業務として位置づけられ（第11条第1項第2号ト）、2024（令和6）年度には、里親支援を行う児童福祉施設として「里親支援センター[*2]」が創設され、里親の相談、里親同士の交流の場の提供、養育の計画作成などを行っている。子どものよりよい養育の実現に向け、専門機関と里親のつながりを高めることが望まれる。

*1　こども家庭庁「児童養護施設入所児童等調査結果の概要（令和5年2月1日現在）」2024年。

*2　里親支援センター
　第1部第5章p.43参照。

(1) 里親相互の交流支援

　児童相談所や里親支援センターは、里親の交流を企画することで、情報交換や養育技術の向上を支援している。また、当事者組織である里親会も交流会を実施するとともに、児童相談所や里親支援センターの協力も得ながら、キャンプやクリスマス会などの里親会行事や、里親相互の資質の向上を目的とした研修会の企画や実施を行っている。里親同士の交流は里親の孤立防止と連携強化に有効である。また、新しく子どもを迎えた里親にとっては、経験の長い里親と交流することで、里親としての自覚の向上や養育知識を得ることのできる大きな意義のある機会となる。児童相談所と里親支援センターは地域の実情と機関の特長を生かした分担と協働により、活動を支援することが求められる。

> **実 践 例**　里親支援センターが実施する里親サロン
>
> 　ある県の里親支援センターでは、里親会の事務局をおくとともに、毎月１回「里親サロン」を開催している。サロンは午前10時半から午後３時前後までを定例とし、里親が懇談している間、子どもたちは保育室で過ごし、昼食時は親子や里親等支援員、保育ボランティアが一緒にバイキング方式の食事を楽しむ。
> 　サロンは毎回とても好評であり、里親らは以下のような感想を寄せている。
> 　「里親登録時に、『里親養育の意義』や『子どもの人権』について研修を受けましたが身近に感じられませんでした。しかし、サロンで親しくなった先輩里親さんに、いろいろとお話を聞かせてもらったり、里親会行事に誘っていただいたことで、里親制度の問題点や課題が少しずつわかってきました。子どもの権利や福祉について、里親が理解しておかなければいけないということも納得できました」
> 　「サロンに行くと、ほかの里親さんたちと子育てや家庭のことについていろんな話ができ、お互いに励ましあって元気が出ます」
> 　「子どもたちは保育ボランティアの学生さんたちと楽しく過ごしています。短い時間ですが私も安心して子どもから離れる時間と場所があることで、よい気分転換になっています」

(2) 児童養護施設での里親研修

　里親養育を発展させるためには、里親家庭を増やさなければならないが、その一方で、社会的養護を必要とする子どもの抱える問題が多様化・深刻化していることから、里親は「誰でもなれる」ものではなく、研修による里親の質の確保と養育スキル向上が求められている。里親研修は、養育里親を希望する者を対象とした「基礎研修」（里親制度の意義と役割の理解、要保護児童の状況理解等）、里親として認定される前に実施される「認定前研修」（子どもの養育に必要な知識と子どもの状況に応じた養育技術習得等）と、認定

または更新後5年目の養育里親を対象とした「更新研修」（子どもの養育を継続するために必要となる知識、新しい情報等の獲得）が行われている。また、専門里親は養成研修により、被虐待児等の養育に必要な知識と技術を学ぶ。

里親研修の一環として児童養護施設や乳児院で実習を行うことが研修プログラムに組み込まれている。

＊3　児童家庭支援センター
第1部第5章p.43参照。

実践例　児童養護施設による里親支援

G園は、児童家庭支援センター＊3を併設する児童養護施設である。児童家庭支援センターでは、県から里親支援事業の委託を受け、里親研修と相談事業を実施している。里親研修の一環として、里親希望者たちはG園で実習を行う。実際に子どもと接することにより、里親希望者が養育の大切さと魅力をつかむ重要な機会となっている。実習後はセンター職員との懇談の後、感想文を書く振り返りの時間をもつこととしている。

ある養子縁組里親希望の女性は「大変だけれどすごく充実した実習体験でした。思春期の子どもたちへの接し方は難しかったけど、けっこう楽しみながら接していました。つっぱっているようにみえるあの子たちも、やっぱりお母さんに側にいてほしいのかなと思いました。里子を迎えるまでの間もボランティアとしてG園に来たいです」との感想を寄せている。

（3）「週末里親」との連携による子どもの支援

児童養護施設に入所している子どものなかには、里親養育が望ましいが、実親の同意がとれないなどの理由から、里親委託ができない子どももいる。そのような子どもへの支援として、週末や夏休み等を利用し養育里親への養育委託を行う「週末里親」「季節里親」が活用されている。週末や年末年始などに一時帰宅や外泊ができない児童養護施設等入所児童の家庭体験を通じた社会性獲得のために、週末里親や季節里親は大変有効である。実施にあたっては、里親側へも子どもの状況や支援課題と方針を伝えることにより、子どもの養育の一環として週末里親の体験を位置づけ、施設と里親が協力して子どもの育ちを支えるという姿勢の形成が必要となる。そのため施設と里親が里親家庭での子どもの様子や変化などについて話しあう懇談会の開催が必要となる。

実践例　週末里親と施設の連携のなかで育つ子ども

11歳の女児Eちゃんは、このところ何年も週末や年末に外泊や一時帰宅ができない状況である。Eちゃんは情緒的な不安定さや職員への反抗的態度が目立つようになってきている。施設内のケースカンファレンスで、Eちゃんには家庭生活と安定した大人との関係を体験させるという支援方針が検討され、週

> 末里親を実施することになった。
> 　里親のDさんに、担当保育士は、「Eちゃんに必要なのは、家庭生活や家族のつながりを知ることです。外食や遊びに連れ出すよりも、普段の生活を体験させてあげてください」と施設の方針を伝えた。Dさんは、花壇や家庭菜園の手入れ、ペットの犬の散歩や料理などをEちゃんと一緒にすることを心がけ、EちゃんもそうしたD家での生活を楽しみにするようになっていった。
> 　最近のEちゃんは穏やかな笑顔が増えてきている。また、生活スキルや対人スキルも向上し、同室の子どもへの適切な気遣いもみられるようになってきた。

2. 施設と家族とのつながり

　施設に入所している子どもたちの自立を支援するにあたっては、家族とのつながりを考慮しなければならない。つまり、家族に対する支援を行うこと、あるいは家族再統合を進めていくことが一つの重要なテーマとなる。

　虐待をする保護者であっても、実は保護者自身に援助を必要とする場合が多く、保護者を非難するのではなく、支援していくという姿勢が必要である。もちろん、すべての子どもが家庭復帰できるものではなく、この家族再統合という言葉は、家庭復帰と同義ではない。むしろ、新たな親子関係のあり方の構築だととらえることが必要であり、そのために施設と保護者が、協同して養育にあたりながら進めていくことが重要である。

　これらの方法については、施設や状況によって異なり、取り組みもさまざまである。ここでは、具体例をいくつかあげて説明する。

(1) 乳児院における支援

　乳児院を退院した子どもは、ほぼ半数が家庭引き取りとなるため、親と家族に対する支援は非常に重要となる。元々子どもとのかかわりが希薄で、関係性の構築を図ることが難しいケースもあるが、子どもやその成長に関心をもってもらうために、手紙や成長の写真、つまり「成長の記録」を添えて送るといった定期的な働きかけを行うなど、親であることの意識づけの支援に取り組んでいる乳児院もある。

　さて、親に対する具体的な支援が、特に必要かつ有効なケースというのは、ネグレクト傾向のある場合や、若年出産の親等で、養育の意欲はあるものの、養育に関する知識や技術をもちあわせていない場合である。乳児院では、このような支援を要する親に対し、オムツ交換から始まり、ミルクのつくり方・飲ませ方、離乳食のつくり方・出し方、入浴の仕方、危険回避等々について

説明をして、実践もしてもらっている。ある乳児院では、子どもが双子であり、外出先での母親の対処力に不安があったので、一緒に外出しスーパーで買い物をして、買い物袋を下げたままで、危険回避をしながらの車の乗り降りや子どもを乗せる訓練などを実施したこともある。

また、引き取り意思が強いが、虐待傾向のある親の場合には、面会、外出、外泊と順を追いながら関係性を深め、同時に問題点をチェックしながら、児童相談所とも協議し、保育所等の関係機関等の見守りを条件にして帰すことを決めていく。一方で、将来的に親元に帰すことが不適当だと判断される場合などには、措置機関である児童相談所ともよく協議をしたうえで、里親委託や児童養護施設等への措置変更についての方向性を決めていく。

乳児院の場合には、親も比較的若年であることが多く、具体的な養育技術習得への支援など、丁寧なかかわりが有効になることも多い。

(2) 児童養護施設における支援

児童養護施設に入所している子どもの場合、長期入所となることが多く、親子関係の改善が難しいケースは少なくない。親の年齢的にも、乳児院のように、具体的な養育技術の支援が有効とはならないことが多い。

ある施設では、このような点をふまえ、学期ごとに「近況報告」という形で、通知表（成績）の写しや身長・体重の記録、写真等を送り、関心をもってもらうといった取り組みを行っている。また、夏や正月などには長期の一時帰省を行うが、その際には、家庭支援専門相談員を中心に家庭訪問を実施し、家庭環境の把握に努めるとともに、親・家族からの相談内容等に応じて支援している。特に、措置機関である児童相談所よりも距離の近い場合が多いという地理的なメリットを生かして、夜間や休日等にも家庭訪問を実施し、平日の昼間とは違った家庭の様子を把握して支援している。このようにして、家庭再統合へ向けた取り組みを行っている。もちろん、結果として家庭復帰とはならない場合もあるが、措置権をもち、最終判断を行う児童相談所に、家庭・親の現状をできるだけ詳しく知らせることは、家庭に戻せる状況か否かの検討、あるいは、どのような親子関係の構築をめざすのかといった判断に結びつくため、非常に重要である。

なお、児童養護施設での入所期間は長期に及ぶ場合が少なくないだけに、入所中はもちろんのこと、退所後の本人と家族に対する継続的な支援はとりわけ重要である。

(3) 児童心理治療施設における支援

児童心理治療施設には、心理治療を必要とする子どもが在籍している。その背景には、家族関係に問題を抱えている場合が少なくない。児童心理治療施設では、心理療法担当職員の複数配置もあるので、家族関係の改善に向け、心理的な側面からアプローチする体制も整っている。

ある施設では、敷地内にキッチン等も設備された家族療法棟（家族宿泊棟）を設置しており、特に帰省を実施するには、時期的に早すぎたり不安があったりする家庭の親子関係の改善への取り組みに利用している。その際の様子は、職員が観察、判断して、適切な助言を行い、関係改善に役立てていくようにしている。また、施設に入所しているのは子ども本人ではあるものの、家族関係に大きな問題があるため、家族再統合を図るうえでは子ども本人だけに対する心理治療では効果があまりないと考えられる場合も少なくはなく、その際には、家族も含めて治療を行う。つまり、家族全体に対して、家族療法といった臨床心理学に基づいた技法を使って、心理治療を行うのである。そのような取り組みにより、親子関係が顕著に改善し、それとともに子どもの望ましくない行動が急速に消失した事例も少なくない。

(4) 児童自立支援施設における支援

児童自立支援施設は、非行傾向のある子どもを対象に入所させる施設である。児童自立支援施設は、児童養護施設などとは違って、敷地内に小・中学校の分校や分級を設置しており、地域の学校には原則として登校しない。このことは、望ましくない行動の克服のために、施設と学校が強く連携して子どもの支援を行うという環境が整えられているといえる。

退所後、家庭引き取りとなった場合、家庭での問題と地域の学校での問題が再発するケースは少なくない。そのため、ある施設では、家庭へ帰る可能性が高い男子小学生の場合に、家庭調整の目的も含めた試験復学といったしくみを活用している。これは、通常、入所して数か月後から、週末に帰宅訓練を行うが、最初の帰宅訓練の際には、家庭訪問と学校訪問を行い、状況を把握するとともに、学校への復帰の可能性について検討することから始まる。その後、帰宅訓練を定期的に継続して実施し、そのなかでは、親に対する相談支援を行い、家庭での状況を把握しつつ、児童相談所等とも随時協議を進めておく。また、運動会等の行事がある場合には、できる限り参加してもらい親子関係はもとより、学校との関係を深めることができるよう支援する。そして、子どもと家庭の状況がある程度安定したところで、児童相談所とも協議し、退園の方針が決められると、1か月間程度、措置期間を停止し、自

宅から地域の学校に登校させるようにしている。

　このように試験復学は、まず家庭環境、および親子関係の安定化を図り、そのことを確認しつつ、学校の問題を乗り越えていくことを支援していくものである。試験復学がうまくいけば、その後もさらに回数を増やし、期間も少し延ばすなどしながら、最終的な退園へとつないでいく。さらに、退園後にも、児童相談所と施設の双方でアフターケアを行っていく。

3. 施設と地域ネットワークの形成

(1) 入所型児童福祉施設での地域子育て支援

　昨今の地域社会の養育力低下等とも相まって、児童福祉施設のもつ子どもの養育に関する専門性や施設・設備を生かした支援の提供など、子育て支援を通じた施設と地域とのつながりは、さらに重要性が増している。

　ここでは、入所型児童福祉施設が地域と連携して実施している具体的な地域子育て支援の例についてみていく。

①乳児院における地域子育て支援例

　ある乳児院では、年に2回程度、地域の親子を呼んで親子行事（親子教室）を実施している。この行事には、毎回おおむね10組程度の親子が参加している。メニューとしては、まず、施設に集合した後、施設のなかを案内して、乳児院という施設について理解をしてもらう。その際には、施設の子どもと参加した子どもとの交流もあり、双方にとって普段は得ることのできない社会的な経験の機会になるというメリットがある。その後は、ハイキングや果物狩り、あるいは救急蘇生法学習など、毎回、いろいろな内容を工夫して提供している。

　例えば、果物狩りの場合には、バスにて親子と複数の職員で近隣の果樹園に行き、果物狩りを楽しみながら、母親の育児に関する相談等への対応を行う。また、親子のかかわりを観察しながら、具体的な支援を行ったりするなど、その場で乳児院がもつ養育技術等を伝授していく。このような交流の機会により、参加親子はもとより、親子を通じて地域の住民が乳児院に対する理解を深め、さらには、施設の協力者となってくれることも期待している。

　また、乳幼児の養育に対し不安をもっている母親は少なくないことから、「赤ちゃん110番」というホットラインを設置し、24時間体制で育児相談を行っている。深夜等にも育児に困った母親からの電話が入るが、丁寧に話を聞き対応することで、母親も安心するなど、一定の効果を上げている。

実践例 親子行事を通じた母親への支援

　L君（1歳8か月）とその母親は、行政広報紙を通じて乳児院での親子行事を知り、参加することにした。L君は、普段から、あまり落ち着きがなく、乱暴なところがあるので、母親はどのようにかかわってよいものか悩んでいた。しかも、遠方から引っ越してきて間もないこともあり、相談相手もおらず、不安感を抱いていたところであった。

　今回の親子行事には、複数の親子の参加があり、同じ年齢の子どもをもつ母親らと交流することができた。ほかの母親たちも同じような悩みをもっていることを知り、安心できる面もあった。また、乳児院の職員にL君とのかかわり方について質問すると、専門的な立場から、子どもの発達段階上、好奇心が出てきて活発になる時期であり、特に異常ではないということを聞くとともに、むしろそのような場合に、叱りすぎることで、子どもの自尊心を傷つけることのほうが心配されること、L君の成長を長い目でみることで、心に余裕をもち、できる限りL君のよいところをほめながらかかわるようアドバイスを受けた。

　母親は、アドバイスを受けたことにより、自信をもってL君とかかわることができるようになり、同様に、L君の行動面にも落ち着きがみられるようになった。また、L君の行動面に困るようなことがあっても、電話での相談を活用しながら、対応することができるようになった。

②児童自立支援施設における地域子ども会活動参加による支援例

　ある児童自立支援施設の男子小学生寮には、8名の子どもが入所している。小学校は敷地内の分校に登校していることから、閉鎖的な環境になりがちである。そのため、この児童自立支援施設では、子どもを地域の子ども会活動に参加させ、地域との交流を通じ、子どもの社会性をはぐくむことにした。

　施設の子ども会への参加に際して、当初は、地域の住民から否定的な意見なども聞かれていた。そこで、施設側としても地域活動に貢献する姿勢を示すことで、理解が得られるように努力した。例えば、子ども会行事のソフトボール大会が行われることから、施設の男性児童自立支援専門員は練習のコーチ役を引き受け、子ども会活動に協力した。そうした積み重ねにより地域住民から信頼が得られ、施設や施設の子どもに対する地域住民の理解につながった。やがて、地域の子どもたちが施設に遊びに来るようになったことで、施設の子どもたちの生活においてもよい影響が認められた。また、施設のグランドを地域に開放してスポーツ行事を行い、地域住民と施設職員の交流会を実施したことをきっかけに、地域に福祉教育の場を提供する機会にもつながるなど、双方にとってメリットをもたらす展開となった。

　施設側の積極的な地域活動への参加により、施設とそこで暮らす子どもたちに対する地域住民の理解が促進され、その結果、地域力の活用が進み、子どもの施設生活の改善や施設の地域開放が進んだ例である。

(2) 地域ネットワーク形成による支援

　施設と地域ネットワークの形成においては、前段で紹介したように施設独自の取り組みもなされているが、そのようなネットワークの形成を大きな目的として設置される児童福祉施設が児童家庭支援センターである。ここでは、センターにおける支援の現状とネットワークづくりの取り組みをみる。

　また、センターは、社会的養護を必要とする子どもの早期発見と適切な保護のために関係機関で構成される要保護児童対策地域協議会*4の組織機関の一つであることから、そのなかでの実際の役割を取り上げることとする。

①児童家庭支援センターを通じた地域ネットワーク支援例

　児童家庭支援センターは、その業務として、相談業務や、指導委託、関係機関との連絡・調整等を行う。子どもと家族の問題に対応できる専門性やノウハウがあり、24時間体制で、夜間・休日を含めた対応、および緊急時の一時保護を含めた対応等が可能であるといった児童福祉施設がもつ機能を活用するために制度化されたものであり、多くが児童養護施設等の児童福祉施設に附置*5されている。地元関係機関・委員などとのネットワークを形成し、地域に根ざした支援を行っている。

> **実践例　A児童家庭支援センターにおける支援**
>
> 　A児童家庭支援センターは、B児童養護施設に附置されている。このAセンターには、施設長（児童養護施設兼務）以下、主任相談員、相談員、心理士が配置され、業務として、電話、来所、訪問等による相談業務、指導措置委託に基づく指導、関係機関とのネットワークづくり、子育て短期支援事業の窓口・調整等を行っている。
>
> 　A児童家庭支援センターの特長としては、相談だけでなく支援にも力を入れていることである。例えば、児童相談所等では対処が難しいような、家から出ることが困難な段階にある不登校児に対しては、まずAセンターへの通所を促し、半日、あるいは一日過ごすことをめざして（教育委員会との連携により、条件によっては出席扱いとなる）、支援をしていく。Aセンターでは、相談員、心理士等によるかかわりを随時行い、それによって、登校意欲が芽生えてくれば、次は教育支援センター*6等へ結びつけていくといった段階的な計画のもとで支援を行っている。
>
> 　ネットワークづくりに関しては、できるだけ顔のみえる関係づくりをめざすという姿勢から、地区の主任児童委員や養護教諭に対する研修会を定期的（毎月1回）に開催している。また、福祉領域と教育領域との間でのより強固なネットワーク形成や相互支援体制の確立を図るため、相談員には元校長経験者などをあてて、教育領域とのつながり・関係の強化を図っている。
>
> 　さらには、教育領域でも、特に支援が途切れがちな高校に対する援助を重視し、地元の高校のアドバイザーとなり、生徒や学校に対する支援も継続的に行っている。

---

*4　要保護児童対策地域協議会
　第1部第5章p.44参照。

*5　この附置要件は、2008（平成20）年の児童福祉法の改正により必須から任意に変更となった。一定の要件を満たす医療機関やNPO等、地域で相談支援を行う機関での単独設置が可能となったことから、拡充が期待されている。

*6　教育支援センター
　不登校に関する相談のほか、不登校児童生徒に対して、カウンセリング、教科指導、体験活動などの通所指導や支援等を行うために教育委員会が設置する不登校児支援の場。
　文部科学省「不登校児童生徒への支援の在り方について」（2019年）において、「『学校に登校する』という結果のみを目標にするのではなく、児童生徒が自らの進路を主体的に捉えて、社会的に自立することを目指す」「不登校の時期が休養や自分を見つめ直す等の積極的な意味を持つことがある」等、不登校のとらえ方や対応の指針が大きく変わったことをふまえ、それまでの「適応指導教室」から名称変更された。

②要保護児童対策地域協議会における児童家庭支援センターの役割

要保護児童対策地域協議会は、市町村における児童家庭相談体制の強化を図るための協議会であり、要保護児童や要支援児童の早期発見と対応を図るため、地域の関係機関や民間団体等が情報や考え方を共有して、適切な連携をとりながら援助していくネットワークのことである。

設置主体は、地方公共団体（主に市町村）であり、構成員は市町村の児童家庭課、児童相談所、児童家庭支援センター等である。

> **実践例** ネグレクトにより不登校となった中学2年生女児に対する支援
>
> ある中学校より、2年生の女児が不登校、引きこもり状態となっているとの連絡が要保護児童対策地域協議会に寄せられた。その概要は、家庭環境が劣悪で、両親はいるものの、本児は弟2人と妹の世話もさせられており、ネグレクトにより登校機会と意欲を失った状態にあるというものであった。
>
> 行政の児童家庭課を中心とした家庭状況の把握により、早急に対応すべき事項とされ、要保護児童対策地域協議会の調整機関である行政の児童家庭課をはじめ、構成機関である児童相談所、児童家庭支援センター、学校、行政の保護課等による個別ケース検討会議が開催される。その結果、家庭の住環境、経済面、および本児（中2）を含み、2人の弟（0歳児と小1）と妹（小3）への対応が早急に必要であると判断された。
>
> 住環境と経済面に関しては、行政の保護課が中心になって対応した。住居は築100年近くと老朽化が進んでいるうえ、10畳1間のスペースに家族6人が住んでいる状況であったため、適切な環境の住居へと転居をさせた。また両親の就労も不定期で収入が低かったことから、生活保護受給の手続きを進めた。
>
> 弟や妹への対応については、児童家庭課の保健師の家庭訪問により、2人の弟は児童相談所に引き継ぐ必要があると判断され、一時保護を経て、0歳児は乳児院への措置入所、小1男児は知的障害があったため障害児入所施設への措置入所となる。小3女児は、何とか登校はできていたので、見守りながら登校を促すという対応となる。
>
> 中2の本児への対応については、学校への登校ができず引きこもり状態でもあったので、当面は、児童家庭支援センターへ通所という形にして（教育委員会と連携して出席扱いにする）、まずは、家から外に出て活動することをめざすことになった。
>
> 児童家庭支援センターでは、相談員、心理士による面接等のほか、本児をセンター内に設置している児童養護施設の子どものための園内保育室に誘い、保育補助のボランティア活動を行ってもらうことにした。その後、本児は、センターに日々通所することができるようになり、段々と元気が回復してきている様子が認められた。またその頃には、両親の生活状況も保護課の対応により安定化を図ることができていた。さらにその後の本児への対応として、午後のみ中学校に登校するといった形態から始めて、週に3回は登校する目標を定めて取り組んだ。途中、疲れ等もあり、センターで過ごす時間が長くなるなど後戻

> りすることもあったが、最終的には中学校への登校が可能となり、その後高校入試に合格し進学することとなった。

　このケースのように、児童家庭支援センターが、各関係機関と連携をとりつつも、不登校、引きこもり状態にある子どもに対する「居場所」としての役割を果たしながら主体的に支援を行うことが、子どもの育ちを支えるうえで大きな役割を果たすこともある。

❷——障害児入所施設と地域の連携の実際

　現在の障害者支援は、ノーマライゼーションやインクルージョンの理念の広がりのなかで、在宅生活の支援が基本となっているが、そのためには障害の特性に応じた発達支援および一人ひとりのニーズに応じた生活支援を実現する必要がある。つまり、障害児入所施設での事業や在宅生活支援サービスを多様に整備し、それらのサービスを組みあわせ、選択できるようにすることが地域生活（在宅生活）への移行にあたり必要になるのである。

1. 障害児入所施設と地域ネットワークの形成

　障害児入所施設が地域とのネットワークを形成する目的には、「地域で生活している障害のある子どもとその家庭を支援し、地域での発達と自立を促す」「現在入所している障害のある子どもが将来地域社会のなかで自立した生活ができるようにする」の２点があげられる。

　障害のある子どもとその家庭への地域生活の支援には、家族のレスパイトのためのサービス提供や養育に関する悩みの相談などがある。入所している子どもについては、退所後の地域生活をめざした「QOL」を高めることを目的とした療育訓練を計画的に実施している。また、地域での自立生活に備えて、地域の行事や共同作業などに参加するなど、地域の協力を得ながら、子どもが地域生活に必要な生活経験や社会的ルールを学習する活動も行われている。こうした「施設の社会化」に基づく活動は、障害や障害児・者に関する地域住民の認識を変え、地域と協力して障害のある子どもの養育と将来の社会的自立を図ることにつながっている。

　現在、障害のある子どもを支援するサービスは、施設入所中心の支援サービスから、地域生活を支援するための在宅サービスに移行している。また、

障害児入所施設では、入所している障害のある子どもが地域での生活に移行し、自己実現ができるように、その専門機能を活用しようとしている。

(1) 地域で生活する障害のある子どもと家族への支援
①短期入所（ショートステイ）等のレスパイトサービスの活用

短期入所[*7]とは、在宅で生活する障害のある子どものいる家族の育児疲れや仕事・冠婚葬祭への参加などの場合に対して、子ども本人を短期間預かり、家族の休息やリフレッシュを促すために活用されるものである。また、居宅介護（ホームヘルプ）や行動援護（ガイドヘルプ）等の介護給付サービスや、地域生活支援事業によるサービスとの連携により、より質の高い生活を組み立てていくことが可能となる。

しかし、これらのサービスは、保護者が障害児相談支援を通じて事業者と契約を結びサービスの提供を受けるしくみであるため、突然のニーズに対応することが難しい。また、環境の変化を苦手とする子どもが多いため、サービス内容や利用について事前に説明することはもちろんのこと、体験的利用から始めることが望ましい。そのほか、就学した子どもを対象とした放課後等デイサービス[*8]が、保護者のレスパイト機能のみならず、社会参加を支える社会資源として機能している。

②療育・リハビリテーション等の専門的サービスの提供

医療型障害児入所施設は、従来の肢体不自由児施設や重症心身障害児施設、第1種自閉症児施設らが一元化された施設である。理学療法士、作業療法士、心理療法士、言語聴覚士等の専門家が配置されているほか、これまでの専門的機能の強化を図り、医療の提供やリハビリテーション、短期訓練などを実施している。また、地域支援にも力を入れ、母子通園や療育訓練を通して親への育児・療育等のアドバイスを行ったり、子ども本人や家族を中心としたネットワークを形成し、適切なケアが行われるように努めている。

実践例　自閉スペクトラム症の子どもと家族に対する支援

> M君（16歳男児、自閉スペクトラム症）は、現在、特別支援学校高等部2年生で、卒業後の就職自立をめざして、就労移行支援事業所で職業実習をしている。
> M君は、3歳児健康診査で言葉の遅れを指摘され、保健師の勧めにより、小規模の保育所に通園し、小学校は校区の学校に通学した。環境の変化に弱いという障害特性から、場面転換での気持ちの切り替えを図ることが難しく、小学校では、友だちへのかみつきなどの行為があった。また、家庭では、特に長期休暇中に生活リズムが崩れやすくなるなど、両親はM君の養育に疲れ果てていた。そのため、障害児入所施設のショートステイを利用してきた。

[*7] 短期入所
障害者総合支援法に基づく障害福祉サービスの一つ。児童福祉法に基づく障害のある子どもを対象としたサービスには、本号で紹介する放課後等デイサービスなど通所・入所によるものがある（第1部第6章p.61参照）。子ども・子育て支援新制度下では、これらの専門施策に加え、保育所や子育て短期支援事業（第1部第2章p.23参照）の利用といったすべての子どもを対象としたさまざまな施設・事業（一般施策）においても障害児の受け入れ促進がめざされている。

[*8] 放課後等デイサービス
第1部第6章p.62参照。
支援を必要とする障害のある子どもに対し、個々の子どもの状況に応じた発達支援を行うことにより、子どもの最善の利益の保障と健全な育成を図るものであり、また保護者が障害のある子どもを育てることを社会的に支援する側面もある。

> 　中学生以降は特別支援学校に通学し、あわせて放課後等デイサービスの利用を始めた。現在は、高等部卒業後の進路を決めるために、就労移行支援事業所で職業実習をしたり、障害児入所施設で宿泊体験をしたりして自立に必要なスキルの獲得をめざしている。これら実習等の取り組みから、作業と休み時間の区別もできるようになった。また、余暇の使い方も体験でき、個室での時間も上手に過ごせるようになった。
> 　現在の支援上の課題は、卒業後の就職先をみつけることである。できればM君の特技や趣味を生かせる職場に就職してもらいたいが、こうした就職に関する情報は少なく、学校の地域コーディネーターと就労移行支援事業所を中心に、障害児入所施設とも連絡をとりながら情報収集をしている。さらに、将来、親が養育できなくなっても、安心して生活できるように生活の場を確保すること、生活訓練を継続することが課題となっている。

(2) 入所している子どもへの地域社会での自立生活に向けた支援例

①施設行事による地域との交流、および啓発活動

　施設で行われる「夏祭り」や「バザー」では、地域からボランティアを募り、地域住民を招待して行われる。子どもは家族や施設職員以外の人との交流のなかで社会性をはぐくみ、ボランティアや地域住民は、直接的に子どもらとふれあうことで、障害を理解し、地域の一員として認める意識が芽生えてくる。このような交流のなかで、地域に暮らす人々が、施設や施設で暮らす子どもたちの強力な支援者となってくる。

　そのため、地域住民も対象とした障害福祉等に関する研修会などを行い、障害理解を高めることで、子どもたちと交流することや支援することに対する不安の軽減に努めている。

②特別支援学校との連携

　障害児入所施設で生活する子どもは、施設から特別支援学校[*9]や地域の学校（特別支援学級）に通学するが、障害が重度で、学校等に通学・通園することが困難な子どもの場合、施設内に設置されている分校や通級学級を利用することもある。

　障害のある子どもの発達支援は総合的な視点から行われ、学習の内容も基本的生活習慣の獲得と学校での学習を明確に分けられない場合も多い。施設では、学校での学習を生活に応用し、子どもの興味関心を広げ、活動の範囲を広げるプログラムを組んでいる。一方、学校では、教科学習のなかに基本的生活習慣を学習する内容も含んでいる。また、卒業後の自立支援計画を立てるうえでも、教育機関との情報共有・連携が欠かせない。

　施設と学校は、子どもの障害の状況、行動特性や健康状態、日常生活の様

[*9] 特別支援学校
特別支援学校は、「視覚障害者、聴覚障害者、知的障害者、肢体不自由者又は病弱者（身体虚弱を含む）に対して、幼稚園、小学校、中学校又は高等学校に準ずる教育を施すとともに、障害による学習上又は生活上の困難を克服し自立を図るために必要な知識技能を授けることを目的」としている（学校教育法第72条）。この目的を実現するための教育を特別支援教育といい、特別支援学校ではこの教育を行うほか、幼稚園・小・中・高等学校等の要請に応じて、特別支援学級などにおける障害のある子どもや生活・学習上の困難を伴う子どもの教育について、「必要な助言又は援助を行う」役割も担う（同法第74条）。

子などについて綿密な情報交換を行い、一貫した対応を行うことが必要であり、このことは将来の自立生活に向けて重要となる。

③自立生活に向けての多機関連携

先の実践例のM君は、元々、手先が器用で、就労移行支援事業所での職業実習においてもその特技が生かされている。また絵を描くことが大好きで、学校が休みのときには絵具を使って緻密なデザイン画を描くといった余暇の過ごし方も身につき、行動面はずいぶんと落ち着きがみられるようになってきた。母親は、M君の手先が器用という特技を生かした仕事に就けることを希望している。しかしM君は、行動面が落ち着いてきたとはいえ、場面の変化に適応できず、周囲にあたってしまう姿が依然としてみられている。職場での人間関係を考えると、M君の卒業後の進路としてどのような職場がよいのか、在学中に決定しなければならないことを不安に感じている。

このように、施設の退所(学校の卒業)に向けて、地域での自立生活や就労または福祉就労を見通しての家族の希望や不安も考慮した支援が求められる。そのためには、前述した子どもの障害の状況、行動特性や健康状態、日常生活の様子などの綿密な情報交換に基づいた支援内容を、施設・学校に限らず、その後の企業などの就労の場などにも応用していく必要がある。

保育士などの施設職員は、障害児相談支援事業所の相談支援専門員、学校の地域コーディネーターや進路担当者らとともに、ハローワークや障害者就労支援センターなどとの連携による就労支援、地域生活支援事業、ホームヘルプの活用等による地域での自立した生活を支援するしくみづくりに参加し、強固かつ柔軟なネットワークを形成する必要がある。

④医療機関等との連携

行動障害[*10]を伴う障害のある子どもに対して適切な処遇を行うためには、これまでの専門機関による協力のみならず、医療機関等、特に児童精神科[*11]の医師の協力が欠かせないものとなる。自らの行動をコントロールできるように、さまざまな支援・療育・訓練に加えて医療的なサポートが必要である。

社会性やコミュニケーションに困難を示す障害では、二次的障害としての自尊感情の低下やパニック障害、精神疾患の発症のリスクも高まり、薬物療法の適応や、場合によっては入院治療が必要なケースも出てくる。障害児入所施設では、担当者が集まりケア会議を行い、子どもへの対応の一貫性と役割分担を明確にしつつ、薬物療法導入に伴う子どもの行動面の変化に留意して、医療機関等への連絡・報告を欠かさないことが重要となる。

社会生活上において問題視されるような行動障害を伴わないにしても、障

*10 行動障害
発達障害のある人たちの環境への著しい不適応を意味し、激しい不安、興奮、混乱の状態で、結果的には、多動、疾走、奇声、自傷、固執、強迫、攻撃、不眠、拒食、異食などの行動上の問題が日常生活のなかで出現し、現状の養育環境では処遇困難なものをいい、そうした行動面から定義する群である。行動障害は、その人が生来的にもっている資質そのものではなく、適切な働きかけをすることで軽減することが可能である。

*11 児童精神科(児童精神医学)
児童精神医学を実践している診療科が児童精神科である。児童精神医学とは、小児・児童期に起こる種々の精神的問題や精神障害、行動障害を研究対象とする精神医学の一分野である。日本児童青年精神医学会の定義によると、「子どもが示す多彩な問題行動や精神身体症状を検討し、発達レベル、気質および生物学的背景、家族力動、友人関係、保育所・幼稚園・学校における行動などを総合的に評価し、発達的視点を重視した診断・治療・予防を行いながら、子どもの精神的健康の達成を企図するもの」としている。

害のある子どもは、てんかん発作などのほか、健康の保持、管理といった健康面に不安定な要素を抱えていることが少なくない。将来、地域社会で自立した生活を営んでいくために、子ども期からの医療機関等との連携は欠かせないものといえる。

2. 障害児入所施設と児童発達支援センターとのかかわり

障害のある子どもが必要としているサービスは、ライフステージによって変化する。障害のある子どもとその家族の相談を受け、日常生活での基本動作の指導、集団生活になじむための訓練、技能や（スキル）や知識の習得などといった児童発達支援を提供する専門機関が児童発達支援センターである。

障害児入所施設は入所する子どもの生活の場として、その専門的機能を発揮するが、同時に、児童発達支援センターと連携をとりつつ、地域の障害のある子どもとその家族に必要な情報や適切な支援サービスを提供している。

> **実践例** 発達に遅れがみられる子どもとその家族への支援
>
> O君（4歳、男児）は、現在、保育所に通園している。
> 1歳半健康診査では要観察となったが、3歳児健康診査のときに言葉の遅れや集団のなかでのルールを理解できないなどの指摘があり、後に受診した医療機関で自閉症スペクトラム障害との診断を受けた。
> 保育所では、集団のなかでのルールを理解することや、ほかの子どもの意図を理解することが難しく、コミュニケーションもうまくいかないなど、集団活動になかなか参加できない。また、状況の変化に適応できず、保育室の環境が変わったり、自分のお気に入りのおもちゃをほかの子どもが使っていたりすると、奇声をあげたり、かみついたりする。日常生活では偏食がひどく、じっと座って食事ができない。睡眠のリズムもムラが多く、夜になっても眠れないことが多い。そのため保護者も子育てに疲れきっている。
> 保護者は、O君が自閉症スペクトラム障害との診断を受けたことから、児童発達支援センターで育児方法について相談にのってもらっている。また、言語訓練を受けている。担当相談員は、特に母親が仕事と育児に疲れきっていることから、障害児入所施設が実施するショートステイの利用を勧めた。
> 一方、保育所は、児童発達支援センターからO君の保育方法や日常生活の基本的なスキルを身につけるための援助方法などについて助言を受けている。

①育児支援の窓口として

1歳半健康診査、3歳児健康診査等により、発達の遅れや偏りが確認された場合、児童発達支援センターを紹介される。センターは、地域の障害児支援における中核的な役割を担い、身近な地域でニーズに応じた必要な発達支援を提供するため、障害の「早期発見・早期対応」の窓口として、相談や療

育の役割を担い、保護者らの育児困難の問題に対応する。

②保育所等への訪問支援——専門的知識の提供

児童発達支援センターの役割には、地域の障害のある子どもの療育や個別相談などの対応とともに保育所・幼稚園、学校等への支援がある。

保育所や幼稚園では、集団の保育活動を通して、子どもの養護と教育を一体的に行っているが、障害のある子どもについては特別な配慮が必要であり、言語訓練や機能訓練にかかわる専門職者の意見や助言、指導を必要とすることがある。その際、児童発達支援センターへ助言・支援を要請できる。

O君の通う保育所では、状況の変化への対応が苦手でコミュニケーションがうまくとれないO君への保育の手立てを考えようとしていた。しかし、具体的な保育の方法がなかなか明らかにできず、O君も保育所への登園をしぶるようになってしまった。保育所は、母親の了解を得て、こうした状況を児童発達支援センターに伝えた。センターでは、保育所への訪問支援を行い、センターで使用されている自閉症スペクトラム障害の子どものコミュニケーションを助ける絵カードなどのツールを紹介しながら、O君が落ち着いて過ごせるように具体的なアドバイスを行った。

また、上記以外に、福祉型障害児入所施設の支援・連携も行われる。入所している子どもが療育訓練やリハビリテーションで獲得した機能を日常生活で活用していく際に留意する点などについて、言語訓練や理学療法、作業療法などの各専門家と相談・連携が必要となることから、センターの医師や理学療法士らは、施設等を訪問し、職員の相談に応じている。

③地域生活の支援——入所施設のレスパイトサービスの活用

児童発達支援センターの利用児は基本的には在宅生活をしている。障害のある子どもを抱える家族、特に、養育の中心となる母親には負担が集中し、身体的な疲れにとどまらず、常に緊張を強いられて精神的な疲れも蓄積していることが多い。そのような状況でも、対応が難しい障害のある子どもの場合、親は他者に子どもを預けて休むことを躊躇してしまいがちである。障害のある子どもの在宅生活を支えるためには、家族が休息するための、ショートステイ等のレスパイトサービスの活用が必要であり、障害児入所施設と連携し、地域生活支援機能を生かすことができるようなマネジメントが求められる。

O君の母親もレスパイトサービス利用を躊躇していたが、センターの相談員の勧めを受け、障害児入所施設のショートステイを利用してみることにした。障害児入所施設では、はじめての利用となる幼いO君にとって負担のないショートステイ体験になるように、事前にO君の好きなことなどを聞いて

おき、十分な配慮のもとに実施されたため、O君も落ち着いて過ごすことができた。母親はレスパイトサービスのよさを実感でき、これからも利用してもよいと考えるようになった。また困ったときは預けるところがあるという安心感が得られ、精神的にもゆとりが生まれたようである。

④そのほか——虐待の予防と治療

近年、虐待の被害を受けた子どものなかに、発達障害のある子どもの割合が高いことが報告されている。このことから、障害のある子どもの社会性の発達やコミュニケーション能力の発達などへの療育的な支援だけでなく、虐待の予防・早期発見と「心のケア」も必要とされていることがわかる。また障害を早期に発見し、子どもとその家族への適切な支援を行うことは、子どもの発達を促進するとともに、虐待の発生を予防することにもつながる。

児童発達支援センターは、地域の障害のある子どもとその家族の相談窓口として役割を果たすと同時に、療育・訓練などの地域の障害児支援の中核として、その専門的機能を提供することの重要性がより高まっている。

❸——社会的養護と子育て支援事業との連携

1. 要養護問題の発生予防に向けて

児童虐待防止対策をはじめとするさまざまな社会的対策を講じているが、2024（令和4）年度には児童相談所の児童虐待相談対応件数が21万件を超え過去最多となるなど、依然として子ども、その保護者、家庭を取り巻く環境は厳しい状況がある。子育てに困難を抱える世帯がこれまで以上に顕在化してきている状況等をふまえ、子ども等に対する家庭および養育環境の支援を強化し、子どもの権利の擁護が図られた子ども家庭福祉施策を推進するため、要保護児童等への包括的かつ計画的な支援を実施できる市町村の体制強化、市町村における児童福祉および母子保健に関し包括的な支援を行うこども家庭センター*12の設置の努力義務化、子ども家庭福祉分野の認定資格創設、市区町村における子育て家庭への支援の充実等を内容とする児童福祉法等の改正が2022（令和4）年6月に成立した。

児童福祉法の改正を受けて、こども家庭庁は「次期都道府県社会的養育推進計画」の策定において、市区町村の子ども家庭支援体制の構築等に向けた都道府県の取り組みとして、乳児院、児童養護施設、母子生活支援施設等が児童家庭支援センターや里親支援センターを設置し、地域支援・在宅支援の

*12 こども家庭センター
妊娠届から妊産婦支援、子育てや子どもに関する相談を受けて支援をつなぐためのマネジメント（サポートプランの作成）等を担う。
第1部第5章p.42参照。

促進のあり方を示している。例えば、乳児院や母子生活支援施設は、こども家庭センターや医療機関等と連携・協働し、妊産婦や在宅で不適切な養育をされている乳幼児、実親、里親・里子に対し、妊産婦等生活援助事業や親子関係再構築支援[*13]、里親等への支援などを実施することが期待されている。また、児童養護施設は、入所施設の「可用性」（24時間365日稼働）と、「ノウハウ」（ネグレクトや障害のある子どもや保護者等への伴走支援で培われた経験知）を生かし、平日の通所・電話・メール・SNSでの相談に加え、夜間や緊急時の対応、ショートステイや一時保護に対応できる支援機関として期待されている。また、保育所・放課後児童クラブ・児童館等の付置施設を利用し、地域の子育て支援を通した虐待予防の役割も期待されている。

（1）児童養護施設の虐待予防教育と地域子育て支援拠点事業の連携例

A児童養護施設では、長年、施設入所児童と施設職員に対する「CAPプログラム」に取り組んできた。J-CAPTAによると、CAPとは、Child Assault Prevention（子どもへの暴力防止）の頭文字をとったもので、3歳以上の幼児から小学生、中学生以上を対象に、子どもたちがいじめ、痴漢、誘拐、虐待、性暴力といったさまざまな暴力から自分を守るための人権教育プログラムである[*14]。幼児を対象にしたプログラムでは、子どもの発達段階にふさわしい寸劇、歌、人形劇などを盛り込んで、子どもを怖がらせることなく暴力防止の具体的対処法を教えている。

そのノウハウを生かして、児童館で行われている地域子育て支援拠点事業と協働で子育て講座を実施した例を紹介する。

> **実践例　児童養護施設の専門性の周知**
>
> 　CAPプログラムに取り組んでいるA児童養護施設は、児童相談所と児童館による地域子育て支援拠点事業と協働で、地域の一般家庭の3歳以上の幼児とその保護者、地域の大人を対象に虐待予防を目的とした子育て講座を実施した。
> 　講座を通じて、A児童養護施設が蓄積してきた子ども自身で被害状況を早期に発信できる力を育てる方法と、問題解決力を高める方法を地域の一般家庭で育つ子どもにも提供することができた。また、子どもたちに地域に助けを求めることのできる大人の存在がいることを実感してもらう機会にもなった。また、A児童養護施設の職員が講師を務めることで、子どもの通う幼稚園や保育所の関係者や保護者、民生委員・児童委員などに児童養護施設の専門性を周知する機会にもなった。顔と顔とがみえる関係をつくることで、A児童養護施設の家庭支援専門相談員は、地域から子育て相談を受けるようになり、市の養育支援訪問事業にもかかわることにつながっていった。

*13　妊産婦等生活援助事業は児童福祉法第6条の3第18項に規定されるもので、産前・産後母子支援事業は、妊娠期から、出産後の養育への支援が必要と認められる妊産婦等への支援体制を強化するため、母子生活支援施設や婦人保護施設、産科医療機関等にコーディネーターや看護師を配置し、妊娠期から出産後までの継続した支援を提供する「産前・産後母子支援事業」と、支援の必要性の高い妊産婦等を通所又は宿泊で受け入れて、心理的ケアや生活相談支援等を行うための看護師等の配置や妊産婦等を受け入れた際に要する生活費等の支援を行うとともに、支援ニーズ等の実態把握や関係機関との連携に必要な費用の支援を行う「特定妊産婦等支援臨時特例事業」を実施する。

親子関係再構築支援は同法第6条の3第21項に規定される「親子関係形成支援事業」のことで、要支援児童、要保護児童およびその保護者、特定妊産婦等を対象に親子間の適切な関係性の構築を目的とし、子どもの発達の状況等に応じた支援を行う。例えば、講義・グループワーク・ロールプレイ等の手法で子どもとの関わり方等を学ぶ（ペアレントトレーニング）等がある。

*14　1978年にアメリカで開発され、1985（昭和60）年に森田ゆりによって日本に紹介された。

(2) 母子生活支援施設の養育技術訓練と地域子育て支援拠点事業の連携例

B母子生活支援施設では、大学教員と施設の心理療法担当職員と母子支援員の協働により入所中の母親を対象にグループワークによる虐待予防教育としてペアレントトレーニングを実施していた。ペアレントトレーニングでは、子育てに関する同じ境遇や悩みをもつ保護者同士が困りごとを解消し、楽しく安全な子育てを行うために必要な知識やかかわり方を体験的に学べる。

元々、知的障害や発達障害などの子どもをもつ家族を対象に、1960年代にアメリカで開発され、現在では、発達障害だけでなく、不登校や非行を繰り返す子ども、虐待を受けた子ども、里子や養子などに対応したプログラムが開発されるなど広がりをみせている。

①養育訓練技術の実際

ペアレントトレーニングでは、母親が子どもとのかかわりで困難を感じる場面をチェックリストで自己分析し、グループに参加するまでの経過や養育状況を母子支援員との個別面談で確認する。グループワークでは、6回シリーズのテーマに基づいて、母親と子どものやりとりをロールプレイで再現する。その後に、テーマごとにペアレントトレーニングの要点を盛り込んだかかわり方の実演をみせる。参加したほかの母親の考えや意見などを聞きながら、自身を内観する作業と家庭での試み（宿題）を繰り返す。

テーマは、①しつけの基礎となる親子の信頼関係を強めるかかわり、②子どもの困った行動の分析と理解、③かかわりの工夫により子どもを望ましい行動へと導くかかわり（環境や条件の工夫、ほめ方、指示や注意の仕方など）である。このような実践ノウハウを蓄積してくなかで、市からB母子生活支援施設の有する親と子どもの支援を両立させる専門性が評価され、地域子育て支援拠点事業の一環として実施される子育て講座の講師を要請されることになった。

> **実践例** 社会的養護施設の専門性の認知度の向上、支援につながる機会の創設
>
> 地域子育て支援センターや児童館で開催された子育て講座は、B母子生活支援施設の母子支援員が講師として派遣される形で行われた。講座では一般家庭の保護者を対象にペアレントトレーニングの一部を実施し、トレーニング後の座談会や個別での子育て相談にも対応した。
>
> 講座を通じて、講師として母子支援員の専門性を発揮することとあわせ、一般の子育て家庭には認知度の低い母子生活支援施設の専門性を身近に感じてもらえる周知啓発の効果がみられることになった。
>
> また、市の養育支援訪問事業の対象となっていた母子家庭の母親が市の担当者に付き添われて参加するうちに、結果として、B母子生活支援施設の入所にもつながった。

②市町村の事業との連携により社会的養護施設のアウトリーチの場の創設

　母子生活支援施設はDVの被害母子の保護的機能を有するため、自らの施設で一般家庭を対象にした子育て講座を主催することはセキュリティの問題もあり難しい。しかし、実践例のB母子生活支援施設のように他機関主催の講座に参加することで、地域のひとり親家庭の保護者のニーズを把握し、活用できる社会資源情報を直接周知できる機会につながることもある。

　地域支援機能を強化することで、人員不足が叫ばれる社会的養護の各施設においては職員の負担が大きくなるという課題もある。しかし、親子分離に至らない段階での支援を充実させることで、入所に至る問題の深刻化を防ぐ、あるいは入所児の増加を抑えるといった予防や地域でのケアにもつながるのである。

2. 早期発見・早期対応・地域ケア

(1) 乳児院の訪問技術と乳児家庭全戸訪問事業の従事者養成との連携例

　ある市では、市が行う乳児家庭全戸訪問事業の従事者研修の講師として、C乳児院の家庭支援専門相談員に派遣要請を行うことで連携している。

　研修プログラムは、①保健師（市保健センター）による「乳児期の発達と養育」、②助産師（助産師会）による「産褥期の母親の心理とかかわり方（産後うつ対応を含む）」、③家庭支援専門相談員（C乳児院）による「支援の必要があるのに自覚がない、支援に拒否的な母親への理解とかかわり方」、④社会福祉士（市子育て支援課）による「乳幼児期の子育て支援情報」となっている。

　家庭支援専門相談員は、C乳児院での保護者への面接や訪問経験を生かし、母親役と訪問者役の実際について実演を交えた実践的な指導を行った。参加した従事者からは、母親と子どもの何気ないやりとりに秘められた支援を要するサインや支援を要する状況を見抜くための生活環境の観察のポイントを具体的に学ぶことができると好評である。

　乳児全戸訪問事業の従事者の多くが、地域の子育て支援活動を担う民生委員・児童委員や主任児童委員、地域子育て支援センター職員を兼務している。C乳児院のように、これらの地域の子育て支援者と研修を通じて交流することで、認知度の低い乳児院職員の専門性を理解してもらい、顔のみえる関係づくりが図られ、地域での連続性のある支援が推進されることにもなる。例えば、早期発見後、早期対応に関する助言をC乳児院の家庭支援専門相談員に求めるようになったことで、各従事者が地域の子育て支援活動でかかわっ

ている「気になる子どもや家庭」への対応の質の向上につながっていった。

(2) 児童養護施設と養育支援訪問事業の連携による地域ケアの事例

　ある市の要保護児童対策地域協議会では、夏休み等の長期休暇中にネグレクト（育児放棄）されている子どもに対して、市の養育支援訪問事業だけでは、安心安全を守ることは十分ではないと検討を重ねていた。これまで、養育支援訪問事業担当職員、学校関係者、民生委員・児童委員、主任児童委員、青少年育成指導員とで定期訪問チームを組織化し、家庭訪問の回数を増やし見守り体制を強化してきた。さらに、「料理教室」を開催し、要支援家庭の子どもの外出機会、思い出づくりの機会を企画するなどの工夫もしてきた。しかし、安否確認には一定の効果があるものの、子どもの日々の生活に不可欠な食事や入浴などの世話や学習習慣の維持には対応できない状況があった。

①地域ケアのメニューづくりと既存の社会資源の有効活用

　このようななか、要保護対策地域協議会の一員であるD児童養護施設から、市が養育支援訪問を行っている世帯の小学4年生から中学3年生までの子どもを対象に、長期休暇中に「子ども版デイサービス」を試験的に運用することが提案された。同一法人が運営する特別養護老人ホーム内にある地域交流室を使って、ボランティアを中心に、午前は学習支援、施設で昼食を提供し、午後は併設の高齢者のデイサービスセンターでの交流事業に参加、あるいは敷地内での遊び、入浴などを提供するというプログラムであった。

　D児童養護施設をはじめ要保護児童対策地域協議会のメンバーの呼びかけで、県社会福祉士会の会員、保育士や社会福祉士養成施設の学生、保護司会や青少年育成指導員らがボランティアとして協働した。D児童養護施設の職員がボランティアへの事前研修を担当し、研修内容を企画し講師を務めた。研修では、要支援家庭で育つ子どもとの心理や行動の特徴を理解し、学習支援や遊びの場において適切にかかわるための要点について、ロールプレイなどを交えた学習を行った。市の養育支援訪問事業の担当者は、対象世帯への周知を担当し保護者への説明と同意を得るとともに、ボランティアには子どもにかかわる際に配慮すべき情報を提供した。

②地域支援が入所児の支援の質の向上に結びつく

　プログラムに参加した要支援家庭の子どもと保護者からは好評を得た。事後のアンケートでは、子どもからは、大人に世話をされる、遊んでもらうことに加えて、地域の異年齢の人々との交流への満足度が示された。保護者からは、利用後の子どもの満足した様子と、費用面を含めて負担が少ないことが満足度として示された。

事業を通じて、はじめて要支援家庭の実態を知ったというボランティアが多くいた。事前研修や試験的事業を通じて、児童養護施設の学習支援や就業支援の必要性を知ったことで、これらボランティア活動への参加希望者があらわれた。地域支援で得た地域の人的資源のつながりが施設の入所児童の支援へと発展した一例である。

○第1節第1項
〈参考文献〉
- 全国里親会ホームページ：里親の方へ（「季刊里親だより」「ZENSATO Monthly」）
  https://www.zensato.or.jp/satooya
- 全国里親委託等推進委員会編「里親・ファミリーホーム養育指針ハンドブック」2013年

○第1節第2項
〈参考文献〉
- 大迫秀樹「児童自立支援施設処遇における地域力の活用——小学生寮における子ども会活動への参加実践を通じて」『社会福祉研究』75号　鉄道弘済会社会福祉部　1999年

○第3節
〈参考文献〉
- こども家庭庁ホームページ：令和4年度　児童相談所における児童虐待相談対応相談対応件数（速報値）
  https://www.cfa.go.jp/assets/contents/node/basic_page/field_ref_resources/a176de99-390e-4065-a7fb-fe569ab2450c/12d7a89f/20230401_policies_jidougyakutai_19.pdf
- 厚生労働省「都道府県社会的養育推進計画の策定要領（概要）」2018年
- こども家庭庁ホームページ：令和4年6月に成立した改正児童福祉法について「児童福祉法等の一部を改正する法律（令和4年法律第66号）の概要」
  https://www.cfa.go.jp/assets/contents/node/basic_page/field_ref_resources/a7fbe548-4e9c-46b9-aa56-3534df4fb315/5d69bb89/20240415_policies_jidougyakutai_Revised-Child-Welfare-Act_76.pdf

資料

里親信条

乳児院倫理綱領

全国児童養護施設協議会倫理綱領

全国母子生活支援施設協議会倫理綱領

児童心理治療施設倫理綱領

全国自立援助ホーム協議会倫理綱領

日本ファミリーホーム協議会倫理綱領

索引

A－Z

ADL（日常生活動作） 168
CAPプログラム 201
DV（ドメスティック・バイオレンス） 13
PDCAサイクル 171
QOL 78
withの精神 159

あーお

愛着障害 16
アセスメント 78,107
新しい社会的養育ビジョン 32,33,56,86
アドミッションケア 80
アフターケア 82,95
意見表明権 29,36
石井十次 19
石井亮一 19
一時帰宅 85
一時保護 156
糸賀一雄 22
意図的な感情の表出 103
医療型障害児入所施設 61,195
インクルージョン 164
インケア 80
インフォームドコンセント 80
ウェルビーイング 34
ウェルフェア 34
エコマップ 107
エリザベス救貧法 15
援助指針 78,101
エンパワメント 83
岡山孤児院 19
親子関係形成支援事業 201
親子関係再構築のための支援体制強化に関するガイドライン 91

かーこ

外出 85

家族再統合 91,187
家族療法棟 189
家庭支援専門相談員 → ファミリーソーシャルワーカー
家庭調整 83
家庭的養護 53,126
家庭訪問 84
家庭養育 31,91
家庭養護 53
加齢児 164
感化法 20
看護師 72
棄児養育米給与方 18
虐待の再発防止 85
救護法 20
救貧院（プアハウス） 17
教育支援センター 192
居宅訪問型児童発達支援 62
記録 79
苦情解決制度 63
クライエントの自己決定 104
グループホーム 57,126
グループワーク 104
ケアリーバー 83
ケースワーク 103
言語聴覚士 73
権利擁護 36
工場法 15
行動障害 197
交流保育 181
国際児童年 28
国際人権宣言 28
国際連合子どもの権利委員会 31
孤女学院 19
子育て短期支援事業 23
こども家庭センター 42,94,200
こども基本法 30,47
子ども・子育て支援法 48
子どもの権利条約 28
子どもの権利ノート 63
子ども・若者ケアプラン（自立支

援計画）ガイドライン 109
個別化 103
個別支援計画 78,100,167
個別対応職員 71
コミュニティワーク 105

さーそ

サービス等利用計画 101
作業療法士 72
里親 23,58,110,184
里親委託ガイドライン 24,117
里親及びファミリーホーム養育指針 117
里親会 116
里親が行う養育に関する最低基準 47,116
里親研修 185
里親支援センター 43,91,116,184
里親支援専門相談員 71
里親制度 23,58
ジェノグラム 105
施設の社会化 194
施設養護 53,54
児童家庭支援センター 43,186,192
児童虐待の防止等に関する法律 23,48
児童権利宣言 27
児童指導員 68
児童自立支援施設 22,45,55,153,189
児童自立支援施設運営指針 161
児童自立支援施設運営ハンドブック 161
児童自立支援専門員 69
児童自立生活援助事業 → 自立援助ホーム
児童心理治療施設 45,55,144,189
児童生活支援員 69
児童精神科 197
児童相談所 41,101

児童相談所運営指針　109
児童の権利に関するジュネーヴ宣言　27
児童の権利に関する条約　→　子どもの権利条約
児童の代替的養護に関する指針　24,33,51
児童発達支援　62
児童発達支援ガイドライン　183
児童発達支援センター　62,176,198
児童福祉施設　21,44,66
児童福祉施設最低基準　→　児童福祉施設の設備及び運営に関する基準
児童福祉施設の設備及び運営に関する基準　21,45,68
児童福祉法　21,30,40
児童養護施設　21,45,55,134,188
児童養護施設運営指針　39,134
児童養護施設運営ハンドブック　86,134
児童養護施設等の小規模化及び家庭的養護の推進について　96,134
自閉スペクトラム症　179
社会的養護　11,36,60,100
社会的養護関係施設における親子関係再構築支援ガイドライン　91
社会的養護自立支援拠点事業　83
社会的養護の課題と将来像　25,31,33
社会福祉基礎構造改革　22
就労移行支援　174
就労継続支援　175
恤救規則　18
受動的権利　29
守秘義務　65
受容　104
障害児支援利用計画　101
障害児通所支援　62,176
障害児入所支援　61
障害児入所施設　61
障害児入所施設運営指針　171
障害者の日常生活及び社会生活を総合的に支援するための法律　47
小規模グループケア　58
小規模住居型児童養育事業　→　ファミリーホーム
小舎　53
小舎夫婦制　157
情緒障害児短期治療施設　→　児童心理治療施設
情緒障害児短期治療施設（児童心理治療施設）運営指針　152
情緒障害児短期治療施設（児童心理治療施設）ハンドブック　152
少年教護法　20
少年指導員　70
ショートステイ　23,118
職業指導員　69
自立　76
自立援助ホーム　36,45
自立支援計画　78,100
親族里親　58
心理療法担当職員　72
スモールステップ　181
生活の質　→　QOL
世界人権宣言　27
全国社会福祉協議会　66
全国保育協議会　66
全国保育士会　66
全国保育士会倫理綱領　66,67
専門里親　58
専門里親研修　59
総合環境療法　146
相対的貧困率　10
措置制度　49

たーと

第1回ホワイトハウス会議　17,26
第三者評価事業　63
大舎　53
高瀬真卿　19
試し行動　113,184
短期入所　195
短期入所生活援助事業　→　ショートステイ

地域子育て支援拠点事業　93
地域子ども・子育て支援事業　93
地域小規模児童養護施設　→　グループホーム
東京感化院　19
統制された情緒的関与　103
特定妊婦　11
特別支援学校　196
特別支援教育　196
都道府県社会的養育推進計画　13,33,88,200
留岡幸助　20,158
トワイライトステイ　23,118

なーの

乳児院　45,55,118,187
乳児院運営指針　125
乳児院運営ハンドブック　125
乳児家庭全戸訪問事業　93
能動的権利　29
ノーマライゼーション　22,35

はーほ

バーナード・ホーム　16
パーマネンシー　84
パーマネンシープランニング　18,84
バイスティック　103
反応性愛着障害　115
非審判的態度　104
被措置児童等虐待　64
秘密保持　104
評価　80
ファミリーソーシャルワーカー　70,84,188
ファミリーホーム　59,88
福田会育児院　19
ペアレントトレーニング　85,202
ヘッドスタート　17
保育士　65
保育所等訪問支援　62,182
放課後子ども教室　105
放課後等デイサービス　62,195
包括的性教育　160
ボウルビィ　16
母子支援員　69

母子生活支援施設　45,55,135
母子生活支援施設運営指針　143
母子生活支援施設運営ハンドブック　143
ホスピタリズム　21

まーも

面会　84

やーよ

夜間養護等事業　→　トワイライトステイ
ヤングケアラー　10
養育里親　58
養育里親研修　59
養育支援訪問事業　82,93
養子縁組里親　58
養子縁組制度　60,92
要支援児童　11
要保護児童　11,41
要保護児童対策地域協議会　44,82,193

らーろ

リービングケア　81
理学療法士　72
療育　176
利用契約制度　49
レジデンシャルワーク　74
レスパイト・ケア　24,115

わーん

枠のある生活　159

社会的養護Ⅰ・Ⅱ
――社会的養護の理念と実践

2024年9月15日　初版第1刷発行

編　　者	中野菜穂子・東俊一
発 行 者	竹鼻均之
発 行 所	株式会社 みらい 〒500-8137　岐阜市東興町40　第5澤田ビル 電話　058-247-1227(代) https://www.mirai-inc.jp/
印刷・製本	サンメッセ株式会社

ISBN978-4-86015-633-6　C3036
Printed in Japan　　　乱丁本・落丁本はお取り替え致します。